U0499228

中国收入分配与共同富裕调查报告

（2022 年）

杨灿明　等著

中国财经出版传媒集团

经济科学出版社
Economic Science Press

·北京·

图书在版编目（CIP）数据

中国收入分配与共同富裕调查报告. 2022 年／杨灿
明等著 . -- 北京：经济科学出版社，2024.1

ISBN 978 - 7 - 5218 - 5603 - 3

Ⅰ. ①中… Ⅱ. ①杨… Ⅲ. ①收入分配 - 调查报告 -
中国 - 2022 ②共同富裕 - 调查报告 - 中国 - 2022 Ⅳ.
①F124.7

中国国家版本馆 CIP 数据核字 (2024) 第 040680 号

责任编辑：白留杰 凌 敏
责任校对：齐 杰
责任印制：张佳裕

中国收入分配与共同富裕调查报告 （2022 年）

杨灿明 等著

经济科学出版社出版、发行 新华书店经销

社址：北京市海淀区阜成路甲 28 号 邮编：100142

教材分社电话：010 - 88191309 发行部电话：010 - 88191522

网址：www.esp.com.cn

电子邮箱：bailiujie518@126.com

天猫网店：经济科学出版社旗舰店

网址：http：//jjkxcbs.tmall.com

北京密兴印刷有限公司印装

710 × 1000 16 开 16 印张 270000 字

2024 年 1 月第 1 版 2024 年 1 月第 1 次印刷

ISBN 978 - 7 - 5218 - 5603 - 3 定价：68.00 元

（图书出现印装问题，本社负责调换。电话：010 - 88191545）

（版权所有 侵权必究 打击盗版 举报热线：010 - 88191661

QQ：2242791300 营销中心电话：010 - 88191537

电子邮箱：dbts@esp.com.cn）

前　　言

随着社会经济的快速发展与变迁，我国居民收入和财富分配发生了巨大的变化。收入和财富分配不断变化是适应生产力发展需要的表现，但是由于我国经济发展不均衡，收入财富分配机制尚不完善，居民收入分配的差距逐渐扩大，这就不可避免地会产生一些经济和社会问题，收入分配与经济的强相关关系以及它对经济的影响和作用已日益凸显出来。居民收入、财富积累和分配作为衡量贫富状况的尺度，对其进行分析具有深远的意义。

着眼于收入分配和共同富裕的研究有利于对现实情况有更深入的了解，探寻其中可能的原因和机制，对提出相应的政策建议大有裨益。《中国收入分配与共同富裕调查报告》（2022 年）是基于"中国收入分配与共同富裕"调查（ID-CPSCH）2022 年的数据所形成的研究报告，"中国收入分配与共同富裕"调查是由收入分配与现代财政学科创新引智基地开展的，由基地主任杨灿明主持。2016 年收入分配与现代财政学科创新引智基地进行了第一次全国调查，2017～2020 年在积累第一次调查经验的基础上开展了第二～第五次全国调查，2022 年的调查则更加完善和充分。此次调查覆盖全国 27 个省级单位，通过分层随机抽样的方法，在选择目标区域开展调查。

为保质保量地完成此次调查，收入分配与现代财政学科创新引智基地对调查问卷进行了全面的修订。本次调查严格遵照国家统计局抽样调查县级抽样框开展抽样工作，并就入户调查的基本方法和调查数据的录入、整理和校对工作进行了规范。相比于国内其他大型调查而言，本次调查所得到的有效样本基本相当，通过描述性分析亦可发现很多变量的数值具有较大程度的可比性，这表明本次调查所获得的数据在很大程度上能够真实地反映我国收入与财富的基本状况。

收入分配与现代财政学科创新引智基地

2023 年 3 月 16 日

目　　录

第一章

就　　业

第一节　引　　言

　　就业是最大的民生，就业状况关系到全国居民的生活保障和福利水平。本章主要使用 2022 年中国居民收入与财富调查数据针对中国居民就业问题进行分析。2022 年中国居民收入与财富调查数据库在全国县区层面采取分层抽样方法，获取县区名单后再招募调查员，该数据库具有较好的全国代表性。

　　本章第二节主要是针对就业状况的描述性统计分析，鉴于中国的城乡二元结构，我们还进行了城乡间对比分析。第三节主要是针对影响就业状况的影响因素分析，在已有研究的基础上，从家庭维度考察影响个体就业的影响因素，具体选取的家庭特征包括子女性别与数量特征、子女学业和婚配压力特征以及家庭是否有宗族祠堂，分别对应家庭生育决策对个体就业的长期影响、子女成长阶段对个体就业的影响以及社会网络对个体就业的影响。我们还分析了上述因素对个体就业状态影响因素在性别层面的差异，进一步从家庭分工角度考察家庭特征对个体就业的影响。

　　基于就业状况统计分析的主要研究发现可简述如下。从劳动参与来看，在包含农业生产的基础上，全国层面劳动适龄人口劳动参与率约为 88%；从失业比率来看，全国失业比率约为 9%；从就业地点来看，8.87% 的个体跨省就业，与 2021 年国家统计局发布的农民工监测调查报告相对比基本保持稳定，说明经过了两年的疫情，2022 年的新冠疫情对个体外出务工影响相对较小；由零散工和自由职业者所组成的非稳定就业比例约为 8.7%；当前工作的就业年限与未来职业发展有较大关系，我们基于个体就业年限研究发现，农村外出务工人员比城镇务工人员就业年限中位数小 6 年，在城乡融合发展目标下，农村外出务工人员的职业发展问题应予以高度关注。

　　基于就业影响因素回归分析的主要研究发现可简述如下：子女数量对个体就业状况存在显著影响，其中男性后代的影响显著大于女性后代的影响；子女升学压力和婚配压力会传导至父母的就业决策；接入宗族网络有利于改善个体的就业表现。子女数量、子女升学和婚配压力以及是否接入宗族网络对就业状况的影响在性别层面有显著异质性，表现为相比于女性个体，男性个体受上述影响更大。

第二节　就业统计分析

　　本节主要围绕就业状态、失业原因、就业性质、就业行业、就业地点以及就业年限等就业核心指标，针对就业状态进行统计分析，并基于中国城乡差异，根据个体的户籍信息进行划分，展开城乡对比分析，将就业状态的分析进一步延伸。

　　2022 年中国居民收入与财富调查数据较为详细地询问了个体就业情况，同时涉及个体基本的人口学信息。在进行就业统计分析之前，我们先对数据进行编辑和处理。首先，删除缺失重要信息的样本，包括就业状况信息和户籍信息。其次，对样本进行限定，根据对适龄劳动人口的界定，将个体年龄限制为 16～65 岁。最后，简化和纠正部分信息，例如将居民户口视作非农户口，将工作年限缩尾至 40 年。初始样本量为 4621 个，最终样本量为 4467 个，样本缩减率为 3.4%，说明样本收集质量较高。

一、就业状态

　　2022 年中国居民收入与财富调查数据将个体的就业状态分为两大类，即就业和失业，并针对失业原因展开了进一步询问，包括无合适工作、退休、健康原因、家庭原因、丧失劳动力以及不知道，共计 6 项。其中，将无合适工作视为在寻找工作中的摩擦性失业，将退休、健康原因、家庭原因、丧失劳动力以及不知道视作退出劳动力市场，即不作为劳动参与者。图 1-1 展示了 2021 年就业状态全国范围统计信息。

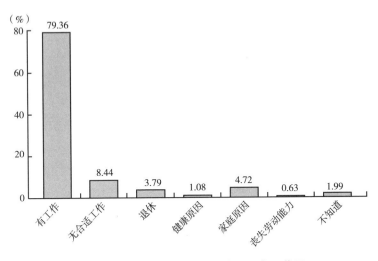

图 1-1 2021 年就业状态统计——全国范围

图 1-1 显示全国范围有工作的个体占比为 79.36%；无合适工作的个体占比为 8.44%。我们将有工作和无合适工作的个体视作劳动力市场参与者，所计算的失业率约为 9%①。2020 年中国居民收入与财富调查数据所显示的失业率约为 17%，说明 2021 年的失业情况相较于 2020 年有了较大的改观，一方面离不开国家层面疫情防控政策的精准实施；另一方面也得益于稳就业等相关政策的落地。然而，总体来看，失业率总体水平依旧偏高，随着疫情防控进入新阶段，经济复苏毋庸置疑，失业率也将逐步回落至合理水平。

导致个体退出劳动力市场的各项因素中，除年龄导致的退休以外，家庭原因是导致个体未进入劳动力市场的主要因素。从另一个层面看，家庭原因可能不仅会导致个体离开劳动力市场，很可能对已经进入劳动力市场的个体也会有较大影响。

图 1-2 和图 1-3 分别展示了 2021 年城市户籍人口和农村户籍人口就业状态的统计信息，从失业率来看，城市户籍人口失业率约 7.2%，农村户籍人口失

---

① 2022 年中国居民收入与财富调查数据显示劳动人口的劳动参与率约为 87.8%，2021 年全国劳动人口劳动参与率约为 68%，基于 2022 年中国居民收入与财富调查数据所获得的劳动人口参与率显著高于全国，可能的原因是，2022 年中国居民收入与财富调查数据的访问对象是该家庭的户主或者更加熟悉家庭经济状况的家庭事务决策者，通常来说，相比无劳动收入的个体，有劳动收入的个体其家庭议价能力和对收入情况的掌握程度更高，这导致 2022 年中国居民收入与财富调查数据更多地访问到了劳动力市场参与者，进而导致所获得的劳动人口参与率显著高于全国水平。

业率约为 13.5%，城市户籍人口失业率约农村户籍人口失业率的一半左右。可能的原因有两个，一个关乎制度，如户籍制度导致的就业差异；另一个关乎个体特征，相比于农村户籍个体，城市户籍个体往往拥有更高的人力资本，失业的概率也会更低。从导致个体离开劳动力市场的因素来看，城乡户籍人口之间的差异并不大，家庭因素都是导致个体选择不进入劳动力市场的最主要因素，相比较来看，农村户籍人口因家庭因素不进入劳动力市场的比例会更高。

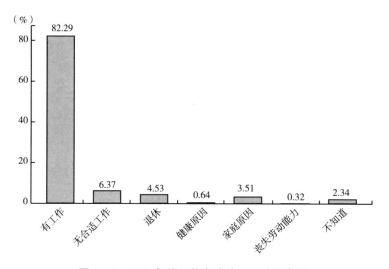

图 1-2　2021 年就业状态统计——城市户籍

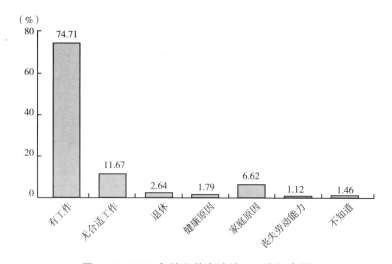

图 1-3　2021 年就业状态统计——农村户籍

二、就业性质

2022 年中国居民收入与财富调查数据将个体就业性质分为五大类，分别为农业工作、个体或私人经营、受雇于他人、零散工和自由职业者，此时我们将仅包含就业状态为有工作的个体，后续分析中将零散工和自由职业者合并，并视作非稳定就业。图 1-4 展示了 2021 年全国范围就业性质的统计信息。

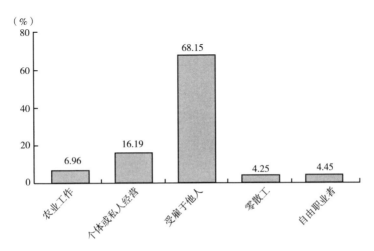

图 1-4　2021 年就业性质统计——全国范围

基于图 1-4，全国范围有工作的群体中，受雇于他人的占重最高，比例为 68.15%；其次为个体或私人经营，比例为 16.19%；从事农业工作的比例为 6.96%；从事零散工作和自由职业者的比例分别为 4.25% 和 4.45%。相较于 2020 年中国居民收入与财富调查，2021 年就业性质统计情况总体变化不大。说明因新冠疫情的暴发，劳动力市场在经历适度的调整后，总体上劳动力市场的就业结构保持了相对稳定。

图 1-5 和图 1-6 分别展示了 2021 年城市户籍人口和农村户籍人口就业性质统计信息。除受雇于他人外，农村户籍人口从事农业工作、个体或私人经营、零散工和自由职业者比例显著均高于城市户籍人口。以零散工和自由职业者为代表的非稳定就业在城乡户籍人口间的差异表明，城市户籍人口就业的稳定性显著高于农村户籍人口。这也与发展经济学理论相符，我国城市化水平还在进一步提高，城乡人口迁移是发展中国家城市化过程中的核心特征，加之平台经

济的快速发展，平台经济催生出更多非稳定就业岗位，这些非稳定就业岗位往往被迁移至城市的农村户籍人口所获得。

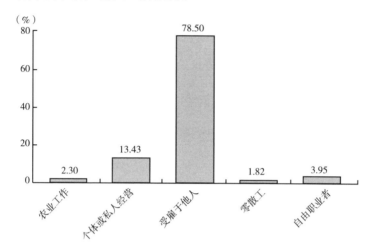

图 1-5　2021 年就业性质统计——城市户籍

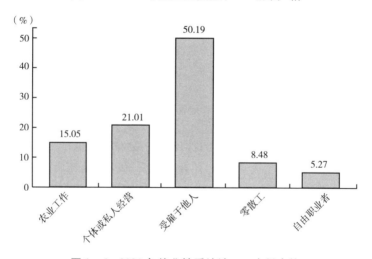

图 1-6　2021 年就业性质统计——农村户籍

三、就业行业

2022 年中国居民收入与财富调查数据将个体就业所处行业分为 20 个，与《中国城市统计年鉴》中对行业的划定保持一致，具体如图 1-7 所示。图 1-7

展示了 2021 年全国范围就业个体所处行业信息，其中教育、居民服务、制造业、公共管理、农业、批发零售、建筑业以及卫生行业合计就业比重超过 70%，说明就业量在各个行业的分布极不均匀，大量就业集中于数个行业。从三大产业分类来看，第一产业，即农业从业人员约为 8%。与之对应的是，2021 年中国第一产业的 GDP 比重约为 7.3%。对于第二、三产业，行业划分和产业结构划分存在一定程度的不匹配，例如信息软件行业既涉及第二产业的内容，例如信息设备制造，也有涉及第三产业的内容，例如软件开发。因此，无法将行业就业情况与产业 GDP 占比情况进行精确对接并展开分析。不过粗略地看，采矿业、制造业、电力能源、建筑业大部分属于第二产业就业，批发零售、住宿餐饮、房地产业、居民服务、教育以及卫生大部分是属于第三产业就业。总体上，第三产业就业比重高于第二产业。

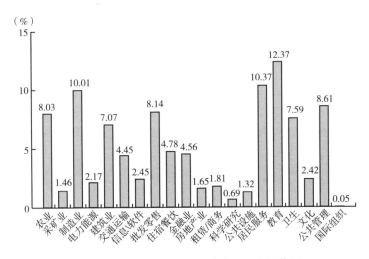

图 1 - 7　2021 年就业行业统计——全国范围

　　图 1 - 8 和图 1 - 9 分别展示了 2021 年城市户籍人口和农村户籍人口就业行业分布情况。对比来看，除农业外，农村户籍人口相对更多地集中于第二产业，城市户籍人口相对更多地集中于第三产业，尤其是具有生产性质的服务业，例如教育、金融等。城市户籍人口学历普遍高于农村户籍人口是导致上述情况出现的一个主要原因。

　　从不同行业背后的薪资来看，城市户籍人口就业更多地从事于薪资较高的行业，例如金融、信息软件、卫生以及公共管理，在这类行业大部分属于生产性服务业，基本上也都是人力资本外部性较高的行业。这导致上述行业从业者

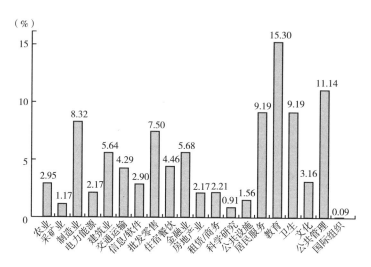

图 1-8　2021 年就业行业统计——城市户籍

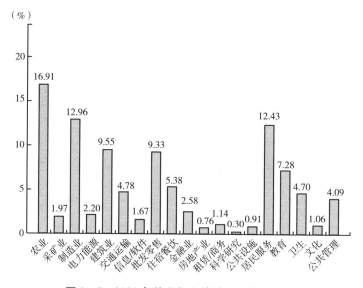

图 1-9　2021 年就业行业统计——农村户籍

高学历个体比重越高时，从事上述行业的所有个体其生产率均会提高，当劳动力市场相对处于竞争状态时，劳动者的边际生产率等于其薪资，此时上述行业从业者劳动生产率提升的同时其工资报酬也会上升。加之不同行业间的技能互补还能进一步提升高学历劳动者的生产率，例如居民服务行业从业者为金融行业从业者提供家政服务，这有利于金融行业高学历从业者更加专注本职工作，进一步提升生产力。

四、就业地点

基于就业地和户籍所在地之间的关系，2022 年中国居民收入与财富调查数据将个体就业地点分为四类，分别为本县区、市内流动、省内流动和跨省流动。市内流动是指就业地所在城市与户口所在城市一致，但县区不同，亦可称为市内跨区流动；省内流动是指就业地所在城市与户口所在城市不同，但上述两个城市都在同一省份，亦可称为省内跨市流动；跨省流动则指就业地所在省份与户口所在省份不一致。图 1-10 描述了 2021 年全国范围就业地点的统计信息。图 1-10 显示，约有 90% 的个体的就业地和户口所在地处于同一个城市。这也与城市经济学和劳动经济学中通常将一个城市视作局部劳动力市场（local labor market）的观点保持一致，即大多数个体将自身所在城市视作自己找工作的区域或地理范围。与此同时，约 10% 的个体离开户籍所在地，跨市或者跨省寻找工作，其中相较于跨省寻找工作，跨市寻找工作相对占比高一点。

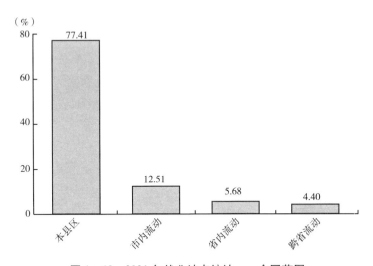

图 1-10　2021 年就业地点统计——全国范围

图 1-11 和图 1-12 展示了 2021 年城市户籍人口和农村户籍人口就业地点分布情况。相比于农村户籍个体，城市户籍个体更多在本县区寻找工作，数值上城市户籍个体在户口所在县区工作的比例为 81.71%，高出农村户籍个体在户口所在县区工作的比例约 12.73 个百分点。城市户籍人口和农村户籍人口就业

地点类型属于市内流动的比率比较接近。相比于城市户籍个体，农村户籍个体更多去往本省其他城市或者其他省份寻找工作，数值上农村户籍个体去往本省其他城市或者其他省份寻找工作的比例为 18.02%，高出城市户籍个体去往本省其他城市或者其他省份寻找工作的比例约 12 个百分点。这与中国从农村有大量人口迁移至城市工作的实际情况相一致。从农村户籍人口外出务工的比例来看，跨省务工的比例约为 8.87%，略高于国家统计局公布的 2020 年农民工比例

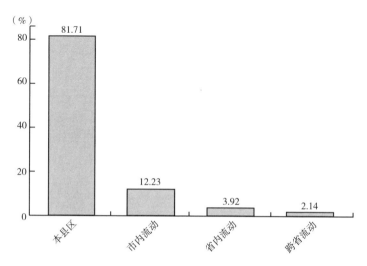

图 1-11　2021 年就业地点统计——城市户籍

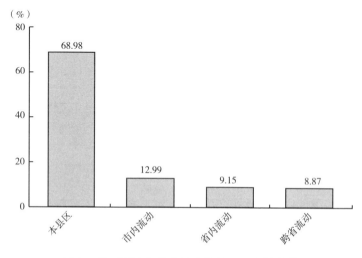

图 1-12　2021 年就业地点统计——农村户籍

(24.69%)。可能的原因有两个：其一，相比 2021 年，疫情冲击进一步减弱，农民工跨省务工的成本下降，农民工跨省务工的比例上升；其二，相比于国家统计局的数据，2022 年中国居民收入与财富调查数据更多地调查了家庭负责人，例如户主和家庭决策主要参与者，这类个体更有可能外出务工以期获得高收入。

五、就业年限

基于 2022 年中国居民收入与财富调查数据统计了有工作个体当下工作的年限，考虑到农业生产的特殊性，我们计算就业年限时在仅保留有工作个体的基础上进一步剔除了从事农业生产的个体。图 1 - 13 展示了非农就业年限在全国范围内的统计信息，其中曲线为工作年限的概率密度曲线，虚线为中位数所在点位标记线。图 1 - 13 显示，前 15 年随着就业年限的增加，相应的就业人数占比逐步减少；超过 15 年后，随着就业年限的增加，相应的就业人数呈现先增后减的趋势。这可能与就业结构有关，从业 15 年以上，很可能进入一个稳定期，后续就业时长的减少可能是由于退休的原因。平均意义上，全国范围内 50% 的个体其非农工作就业年限低于 14 年。在前 14 年中，第 7 年会是一个重要的节点，通常 6 年就业年限将决定该个体能否获得一份长期聘用合同。

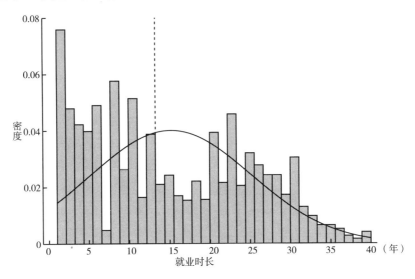

图 1 - 13　2021 年非农就业年限统计——全国范围

图 1-14 和图 1-15 分别展示了城市户籍人口和农村户籍人口就业年限分布情况。总体上，城市户籍人口就业年限长于农村户籍人口；农村户籍人口的就业稳定性低于城市户籍人口，这也与图 1-5 和图 1-6 的研究发现相吻合。从概率密度分布来看，城市户籍人口就业年限的分布呈现出双波峰形状；农村户籍

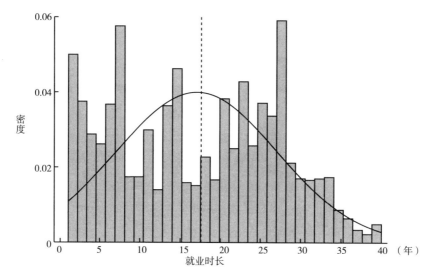

图 1-14　2021 年非农就业年限统计——城市户籍

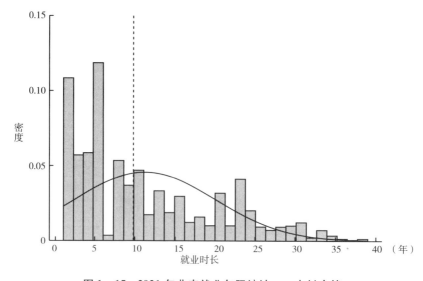

图 1-15　2021 年非农就业年限统计——农村户籍

人口就业年限的分布呈现单调递减的情况。从就业年限的中位数对比来看，城市户籍人口就业年限中位数为 17 年；农村户籍人口就业年限中位数为 9 年，且 40% 的农村户籍人口就业年限不超过 6 年。说明较高比例的非稳定就业岗位被农村户籍人口所获取，符合中国城市化进程中农村人口进城务工的就业现状。

需要指出的是，一份工作的就业年限不仅可以反映就业稳定问题，还反映了个体职业发展前景问题。如果农村户籍人口主要从事的工作倾向于不稳定，那么农村户籍人口将很难从该工作中享受"干中学"带来的好处，增加自身的劳动技能，提升劳动生产率，进而进一步提升收入水平。

综合来看，当前工作的就业年限在城乡个体间的差异也进一步反映了城乡融合问题。很多农村外来务工人员，在融入城市的过程中，从职业发展和稳定性上，当下劳动力市场很难给其提供一个相对较好的外部环境。

第三节　就业影响因素回归分析

一、实证设计

考虑到我们是家户调查数据，且由户主或者是家庭决策的主要参与者回答问卷，加之家庭原因是导致个体离开劳动力市场的主要原因，针对就业影响因素回归分析设计大致如下：首先，相较于关注个体特征，将影响就业的因素更多地关注于家庭特征。其次，为了与就业状态统计分析形成对应，同样的，从就业状态、就业地点、就业年限、就业类型等维度展开分析。最后，从家庭分工的角度，分析家庭特征对就业状态的影响在性别层面是否存在异质性。基于上述思路，设定了相应的回归方程，具体如式（1-1）所示。

$$Y_{ic} = \alpha_0 + \alpha_1 girl_{ic} + \alpha_2 boy_{ic} + \alpha_3 child\_edu_{ic} + \alpha_4 child\_mar_{ic}$$
$$+ \alpha_5 clan\_network_{ic} + \beta X + \gamma_c + \varepsilon_{ic} \qquad (1-1)$$

式（1-1）中，被解释变量 Y_{ic} 为城市 c 个体 i 的就业情况变量，具体包括就业状态、就业地点、就业年限和就业类型，分别使用是否有工作（虚拟变量）、是否跨市就业（虚拟变量）、当前工作就业年限、是否是创业（虚拟变量）。当被解释变量为虚拟变量时，此时可将式（1-1）视作使用线性概率模型。

核心解释变量由五个变量组成，具体如下：城市 c 个体 i 的女孩数量，由变量$girl_{ic}$表示；城市c个体i的男孩数量由变量boy_{ic}表示；城市c个体i的子女是否处于升学阶段（虚拟变量），由变量$child\_edu_{ic}$表示；城市c个体i的子女是否处于婚配阶段（虚拟变量），由变量$child\_mar_{ic}$表示；城市c个体i的家庭是否接入宗族网络（虚拟变量），由变量$clan\_network_{ic}$表示。其中，城市c个体i拥有还在学校就读且年龄处于 14 ~ 18 岁的子女，需要面对高中入学考试和高等教育入学考试，即认定为处于升学阶段，此时变量$child\_edu_{ic}$取值为 1，否则为 0；城市c个体i拥有年龄处于 20 ~ 28 岁且未上学的子女，一般面临一定程度的婚配压力，此时变量$child\_mar_{ic}$取值为 1，否则为 0；如果城市c个体i的家庭所在村庄有宗族祠堂，此时变量$clan\_network_{ic}$取值为 1，否则为 0。变量$girl_{ic}$和变量boy_{ic}为女性子女和男性子女的实际数量。

X代表控制向量，具体包括年龄、教育年限、性别（虚拟变量）、是否为农业户口（虚拟变量）、婚姻状态（虚拟变量）、健康状态（虚拟变量）、是否就读过重点高中（虚拟变量）、是否就读过重点大学（虚拟变量）、是否参与公共医疗保险（虚拟变量）以及是否参与养老保险（虚拟变量），用于控制个体的人口学信息、户籍情况、教育经历信息、健康状态以及社会保障参与程度等因素对个体就业情况的影响。γ_c为城市固定效应，用以控制城市层面难以观测的影响因素。ε_{ic}为经典误差项。

二、描述性统计分析

在进行回归分析之前，先对回归样本进行描述性统计分析。描述性统计分为两个部分，第一部分是个体层面特征与就业状态；第二部分是家庭层面特征与就业状态。相对地，我们更加侧重家庭层面的分析，这样可以与后续回归分析形成对应。将就业状态作为主要分析对象的原因是就业状态在各类就业情况变量中最为重要。

（一）个体层面特征

具体地，我们将样本分为有工作和无工作两组，然后统计各项个体层面特征指标的分布信息。图 1 - 16 展示了 2021 年个体层面主要特征与就业状态之间的描述统计分析。从图 1 - 16 可知，相比于男性，女性没有工作的概率更高；学历水平与是否有工作呈现正向关系；相比农村户籍人口，城市户籍人口就业概率更高；参加社会保障和健康情况与是否有工作正相关。

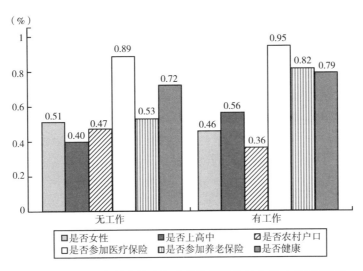

图 1 - 16 2021 年就业状态与个体特征的比较分析（全国范围）

（二）家庭层面特征

图 1 - 17 为 2021 年就业状态与家庭特征的描述性统计。我们发现，有工作的个体，其拥有的男孩数量、女孩数量均高于无工作个体，且有工作个体的子女其处于升学阶段和婚配阶段的比例更高。说明子女的数量和子女所处的阶段对个体就业选择有显著影响。

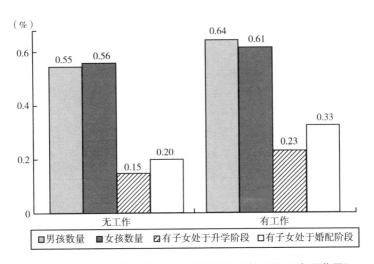

图 1 - 17 2021 年就业状态与家庭特征的比较分析（全国范围）

根据个体的户籍信息分为城市户籍个体和农村户籍个体，其中针对农村户籍个体加入其家庭是否接入宗族网络的信息变量。图 1－18 和图 1－19 分别为 2021 年城市户籍个体和农村户籍个体就业状态与家庭特征的描述性统计。平均意义上，农村户籍个体拥有更多子女，农村户籍个体的就业状态受男孩数量的影响更大，这与中国农村广泛存在的男孩偏好有一定关系，更加重视男性后代

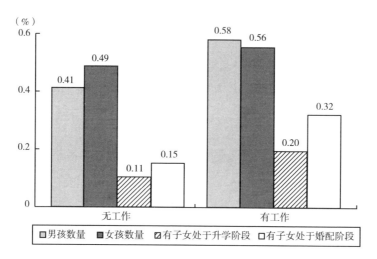

图 1－18　2021 年就业状态与家庭特征的比较分析（城市户籍）

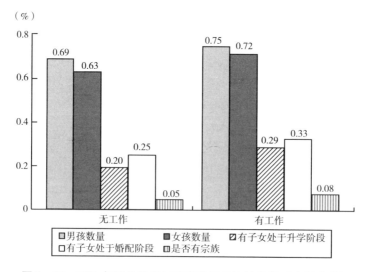

图 1－19　2021 年就业状态与家庭特征的比较分析（农村户籍）

的福利，父母将更有可能进入劳动力市场。子女升学压力对父母是否进入劳动力市场的影响在城市和农村差异不大。相比农村户籍个体，子女婚配压力对城市户籍个体是否进入劳动力市场的影响更大，可能的原因是城市个体婚配所需要的经济资源更多，所以父母为使子女能在婚姻市场更有竞争力，所以更多地进入劳动力市场。最后，针对农村户籍人口，我们基于宗族网络对就业的影响，我们发现相比于没有宗族网络的个体，接入宗族网络的个体其有工作的概率更大。以下将基于回归方程式（1－1）展开进一步分析。

三、回归分析

（一）就业状态——是否有工作

关于家庭特征如何影响个体就业状态的回归分析结果展示于表1－1。表1－1前三列分别展示了仅控制城市固定效应不加入控制变量时子女数量、子女学业和婚配压力以及家庭是否接入宗族网络三个因素与个体是否获得工作之间的关系。从子女数量来看，女孩数量和男孩数量的上升均会增加个体有工作的概率，具体影响为女孩数量增加1个，个体有工作的概率增加5.78个百分点；男孩数量增加1个，个体有工作的概率增加7.23个百分点，说明相较于女孩，男孩数量上升对个体有工作的影响更大，这一发现也与前文描述性统计分析结论相似。从子女学业和婚配压力来看，如果有子女处于升学阶段，个体有工作的概率将增加5.43个百分点；如果有子女处于婚配阶段，个体有工作的概率将增加8.04个百分点，说明相比于升学压力，子女所面临的婚配压力对个体是否获得工作的影响更大。从宗族网络来看，接入宗族网络对个体获得工作有正向影响。回归系数显示，相比于没有接入宗族网络的个体，接入宗族网络的个体其获得工作的概率要高出5.01个百分点。

表1－1中第4～第6列为加入控制变量的回归分析。考虑到不同家庭特征间可能存在相互联系，单独回归可能部分地包含其他特征的影响，所以在表1－1中最后一列，我们展示了加入所有家庭特征变量的回归结果。比较表1－1第（7）列所展示的回归系数，基本均小于前六列中所对应的回归系数，说明不同的家庭特征之间确实存在显著关联，但基于表1－1第（7）列所展示的回归系数分析结果不变，此处不再赘述。

表 1-1　　　　　　　　　　　回归分析——是否有工作

变量	不加入控制变量			加入控制变量			
	子女数量（1）	子女学业和婚配（2）	社交网络（3）	子女数量（4）	子女学业和婚配（5）	社交网络（6）	全部因素（7）
女孩数量	0.0578 ***（0.0105）			0.0424 ***（0.0110）			0.0336 ***（0.0111）
男孩数量	0.0723 ***（0.0111）			0.0558 ***（0.0116）			0.0472 ***（0.0118）
是否有子女升学		0.0543 ***（0.0140）			0.0513 ***（0.0141）		0.0341 **（0.0145）
是否有子女婚配		0.0804 ***（0.0128）			0.0502 ***（0.0142）		0.0410 ***（0.0142）
是否有宗族			0.0501 **（0.0254）			0.0526 **（0.0252）	0.0505 **（0.0252）
观测值	4333	4333	4333	4333	4333	4333	4333
城市固定效应	Y	Y	Y	Y	Y	Y	Y
控制变量	N	N	N	Y	Y	Y	Y
调整后拟合优度	0.0845	0.0803	0.0709	0.1946	0.1934	0.1897	0.1971

注：括号内为异方差稳健标准误；**、*** 分别表示 5%、1% 统计显著性水平。

资料来源：中国居民收入与财富分配调查（2022）。

（二）就业地点——是否跨市迁移

参照劳动经济学领域通常的做法，将一个城市视作一个局部劳动力市场。如果就业地与户口所在地不属于同一个城市，即视为发生跨市迁移，被解释变量取值为 1；反之为 0。我们将样本聚焦到有工作的个体，考察我们所选取的家庭特征如何影响个体就业地点决策，故样本量会有一定幅度的衰减，实际用于回归分析的样本量为 3521 个，相应回归分析的实证结果展示于表 1-2。表 1-2 的结构类似于表 1-1，我们直接关注最后一列回归结果。从子女数量来看，我们发现子女数量与个体是否跨市就业存在负向关系。平均意义上，子女越多越不可能去外地其他城市务工，但上述推断并未得到统计意义上的支持，且回归系数值比较接近于 0。从子女升学压力和婚配压力来看，当子女存在升学压力时，会提高该个体选择在本地就业的可能性，然而子女婚配压力似乎与个体就业地的选择无关。从宗族网络的角度来看，宗族网络会显著促进个体去往其他城市务工的概率，并且回归系数值较大，表现为相比于没有介入宗族网络的个体，拥有宗族网络的个体去往户口所在地以外的城市务工概率增加了 28.21%。与此同时，纵观表 1 - 2 第（3）、第（6）和第（7）列的回归结果，变量是否有宗族的回归系数值较为稳定，说明宗族网络对跨市务工的影响是比较稳健的。社会资本影响个体迁移和就业的重要因素，宗族网络为该网络中的个体提供了基于亲情血缘的高强度社会网络连接，增加了个体的社会资本，进而促进了个体去往外地务工的概率。

表 1 - 2　　　　　　　　　回归分析——就业地点

变量	是否跨市迁移						
	不加入控制变量			加入控制变量			
	子女数量（1）	子女学业和婚配（2）	社交网络（3）	子女数量（4）	子女学业和婚配（5）	社交网络（6）	全部因素（7）
女孩数量	- 0.0137 (0.0094)			- 0.0090 (0.0099)			- 0.0067 (0.0098)
男孩数量	- 0.0226 ** (0.0099)			- 0.0183 * (0.0104)			- 0.0139 (0.0103)
是否有子女升学		- 0.0247 ** (0.0116)			- 0.0224 * (0.0116)		- 0.0196 * (0.0116)
是否有子女婚配		- 0.0148 (0.0111)			0.0055 (0.0117)		0.0042 (0.0115)
是否有宗族			0.2947 *** (0.0381)			0.2824 *** (0.0375)	0.2821 *** (0.0373)
观测值	3521	3521	3521	3521	3521	3521	3521
城市固定效应	Y	Y	Y	Y	Y	Y	Y
控制变量	N	N	N	Y	Y	Y	Y
调整后拟合优度	0.1534	0.1530	0.1915	0.1665	0.1666	0.2018	0.2024

注：括号内为异方差稳健标准误；*、**、*** 分别表示 10%、5%、1% 统计显著性水平。

资料来源：中国居民收入与财富分配调查（2022）。

（三）就业年限——灵活就业

在分析家庭因素影响个体就业年限时将个体就业年限截尾至20年，因为根据图1-13，个体就业年限的分布随着就业年限的增加先增后减，一方面从技术层面上为了保证被解释变量基本符合一个正态分布，我们需要截断部分样本；另一方面从分析层面上看，一份工作持续了20年，那么大概率不会再变更，此时工作年限的增加将是一种随时间推移而自发变动。由于进一步删除了部分样本，此时样本量为2754个，相应的实证解构展示于表1-3。

表1-3　　　　　　　　　　　　回归分析——就业年限

变量	就业年限						
	不加入控制变量			加入控制变量			
	子女数量 （1）	子女学业和婚配 （2）	社交网络 （3）	子女数量 （4）	子女学业和婚配 （5）	社交网络 （6）	全部因素 （7）
女孩数量	2.0364 *** （0.2247）			0.6468 *** （0.2343）			0.4127 * （0.2385）
男孩数量	2.3486 *** （0.2411）			0.8326 *** （0.2595）			0.5622 ** （0.2596）
是否有子女升学		2.6942 *** （0.3467）			1.6105 *** （0.3460）		1.4315 *** （0.3521）
是否有子女婚配		3.3313 *** （0.3471）			0.7036 * （0.3889）		0.6220 （0.3885）
是否有宗族			-2.1210 *** （0.6434）			-1.3246 ** （0.6053）	-1.3312 ** （0.6079）
观测值	2754	2754	2754	2754	2754	2754	2754
城市固定效应	Y	Y	Y	Y	Y	Y	Y
控制变量	N	N	N	Y	Y	Y	Y
调整后拟合优度	0.1279	0.1375	0.0897	0.2732	0.2773	0.2713	0.2794

注：括号内为异方差稳健标准误；*、**、***分别表示10%、5%、1%统计显著性水平。
资料来源：中国居民收入与财富分配调查（2022）。

为了简洁，直接分析表1-3中第（7）列回归结果。从子女数量来看，子女数量越多，个体就业年限越长，且男孩数量对个体就业年限的边际影响高于女孩，具体数值为女孩数量增加 1 个，个体就业年限增加 0.4127 年；男孩数量增加 1 个，个体就业年限增加 0.5622 年。在给定个体婚姻状态和年龄的前提下，子女数量有利于延长个体就业年限，其背后的原因是父母对于自己的子女会表现出利他主义，进而关心子女的未来经济社会表现，进行人力资本投资是提高子女未来经济社会表现的核心途径，然而人力资本投资是一项时间相对较长且需要持续提供资源的经济活动，因此为了能够更好地为子女提供持续和稳定的人力资本投资，父母将减少更换工作的频率，表现为子女数量增加了个体的就业年限。

从子女学业和婚配压力来看，子女的升学压力会增加个体的就业年限，这与从人力资本投资角度分析子女数量为何会增加个体就业年限的内在逻辑保持一致。变量是否有子女婚配的回归系数值大于 0，但未在 10% 的统计意义上显著异于 0。

变量是否有宗族的回归系数一直为负，从数值上来看，介入宗族网络将会使得个体就业年限降低约 1.33 年。宗族网络可能降低了个体搜寻新工作的成本，进而促进个体以更低的时间成本更换工作，进而缩减了个体当前工作的就业年限。

（四）就业类型——创业活动

将个体的就业性质分为两类，即个体经营或私人经营和其他，其中个体经营或私人经营可视为个体的创业行为，以此生产了相应的虚拟变量，并将其作为被解释变量。个体创业行为一定程度上是企业家精神的表现，企业家精神对经济增长具有显著正向作用。考察家庭特征影响个体就业类型的回归结果展示于表 1-4。

表 1-4　　　　　　　　　回归分析——就业类型

变量	是否选择创业						
	不加入控制变量			加入控制变量			
	子女数量（1）	子女学业和婚配（2）	社交网络（3）	子女数量（4）	子女学业和婚配（5）	社交网络（6）	全部因素（7）
女孩数量	0.0680 *** (0.0108)			0.0390 *** (0.0120)			0.0313 ** (0.0122)

续表

变量	是否选择创业						
	不加入控制变量			加入控制变量			
	子女数量（1）	子女学业和婚配（2）	社交网络（3）	子女数量（4）	子女学业和婚配（5）	社交网络（6）	全部因素（7）
男孩数量	0.0894 ***（0.0113）			0.0565 ***（0.0123）			0.0488 ***（0.0125）
是否有子女升学		0.0765 ***（0.0163）			0.0480 ***（0.0165）		0.0319 *（0.0169）
是否有子女婚配		0.0777 ***（0.0145）			0.0537 ***（0.0158）		0.0460 ***（0.0159）
是否有宗族			0.0519（0.0324）			0.0529 *（0.0303）	0.0517 *（0.0299）
观测值	3521	3521	3521	3521	3521	3521	3521
城市固定效应	Y	Y	Y	Y	Y	Y	Y
控制变量	N	N	N	Y	Y	Y	Y
调整后拟合优度	0.0785	0.0711	0.0580	0.1159	0.1147	0.1107	0.1191

注：括号内为异方差稳健标准误；＊、＊＊、＊＊＊分别表示 10%、5%、1% 统计显著性水平。

资料来源：中国居民收入与财富分配调查（2022）。

从子女数量来看，子女数量有利于促进个体进行创业，且相比于女孩数量，男孩数量对个体创业的边际影响更大，数值上表现为，女孩数量增加 1 人，个体选择创业的概率增加 3.13 个百分点；男孩数量增加 1 人，个体选择创业的概率增加 4.88 个百分点。从子女的升学和婚配压力来看，相较于升学压力，子女婚配压力对个体创业的影响更大，可能是创业带来更高的平均收入；相较于升学，应对婚配压力更加依赖于收入的增加。从宗族网络来看，接入宗族网络也会增加个体创业的概率，这与研究社会资本促进个体创业的文献保持一致。

（五）性别差异——家庭分工角度

正如前文所强调的一样，访问对象基本是家庭户主或是主要经济决策的参与者。家庭内部会依据性别而进行分工，分工的内在驱动因素主要有两个，一是男性和女性面对不同经济社会活动时的比较优势；二是家庭内部的议价能力。

从家庭分工的角度考察家庭特征影响个体就业在性别层面的异质性，相应的实证结果展示于表1-5。表1-5第（1）列展示的是基准回归结果，目的是与后两列回归形成对照，表1-5第（2）列和第（3）列回归结果展示了男性样本和女性样本的回归结果。从家庭分工的角度来看，家庭特征因素对个体就业决策的影响会在性别层面存在较大差异。

表1-5 回归分析——性别差异

因变量	是否有工作		
	全部样本 （1）	男性样本 （2）	女性样本 （3）
女孩数量	0.0336 *** （0.0111）	0.0333 ** （0.0140）	0.0280 （0.0174）
男孩数量	0.0472 *** （0.0118）	0.0555 *** （0.0156）	0.0229 （0.0179）
是否有子女升学	0.0505 ** （0.0252）	0.0633 * （0.0326）	0.0527 （0.0385）
是否有子女婚配	0.0341 ** （0.0145）	0.0597 *** （0.0176）	0.0166 （0.0239）
是否有宗族	0.0410 *** （0.0142）	0.0337 * （0.0182）	0.0339 （0.0226）
观测值	4333	2250	2037
城市固定效应	Y	Y	Y
控制变量	Y	Y	Y
调整后拟合优度	0.1971	0.2444	0.1827

注：括号内为异方差稳健标准误；*、**、*** 分别表示10%、5%、1%统计显著性水平。
资料来源：中国居民收入与财富分配调查（2022）。

从子女数量来看，在统计意义上，女孩数量的增加和男孩数量的增加仅会显著提高男性获得工作的概率，对女性获得工作的概率影响不显著。从数值上来看，男性样本中女孩数量和男孩数量的回归系数均大于女性样本中对应的回归系数，说明确实女孩数量和男孩数量对男性样本就业的影响更大。可能的原因是，子女数量上升带来养育成本增加的同时，照料成本也在增加，此时既要获取工作增加收入以应对养育成本，也需要投入时间应对子女照料问题，此时男性往往更多地倾向于获取工作增加收入以应对子女的养育成本，女性的就业则受到养育成本和照料成本双重影响，最终导致子女数量对女性样本的就业状态不存在显著影响。

从子女升学和婚配压力来看，相比于女性样本，男性样本的就业状态受子女升学压力和婚配压力的影响更大，在统计意义上也更加显著。如果将就业和经济压力联系起来，这说明总体上男性更多地去工作以承担家庭的经济压力，女性既有去工作承担经济压力也有不工作通过加入家庭生产，以承担家庭事务，例如照料子女。

从宗族网络来看，表 1 – 5 最后两列相对应的系数值差异较小，但男性样本回归系数在 10% 的统计意义上显著异于 0，说明男性工作状态受宗族网络的影响更大，可能的原因是相较于女性，宗族更多是以男性姓氏传承，女性享受到宗族网络带来的社会资本相对较少。当然，统计显著性上的差异也可能是由于样本量差异导致的。

第四节 本章小结

本章使用 2022 年中国居民收入与财富分配调查，主要从就业状态、就业性质、就业年限、就业地点以及就业行业五个方面对个体的就业情况进行统计分析，考察了 2022 年中国居民的就业情况。总体来看，因疫情影响，2022 年的失业率总体处于相对较高的水平，不过相对于 2020 年有明显下降，且从劳动参与率的角度来看，失业率的下降并非是由于大量前期失业人员离开劳动力市场所致，其可能的原因是国家层面对疫情防控和经济发展之间的政策布局起到了积极作用。就业性质和就业行业的分布与 2020 年类似，受雇于他人占据了主要的就业方式，粗略地从三大产业的劳动力分布来看，第三产业占据最大比例的就业人口。从就业地点来看，相比于 2020 年，2022 年跨地区就业的比重有所上升，这也与 2022 年疫情防控精准度提升有着密切关系。随着数字经济的发展，平台经济兴起，这为劳动力市场提供了大量的非稳定就业，直接体现就是个体的就业年限会缩短，尤其是针对农村迁移人口的就业年限，前文的分析也支持上述推断。

进一步地，选取三个家庭特征开展微观个体层面的就业影响因素分析，这三个家庭特征分别为子女数量、子女升学压力和婚配压力以及宗族网络，并在此基础上从家庭分工的角度考察了上述三种因素对个体就业决策影响的异质性。

研究发现，子女数量对个体进入劳动力市场并获得长期工作有正向积极影响，也能促进个体进行创业，对个体是否决定外出务工无显著影响；当子女面临升学压力和婚配压力，个体也会积极地进入劳动力市场，获得工作，并提升其就业稳定性增加就业年限，其中当子女面临婚配压力时，还会促进个体进行创业活动；相比于没有介入宗族网络的个体，拥有宗族网络的个体其获得工作、外出务工和选择创业的概率均更高，但就业年限更低，这可能是宗族网络带来的社会资本降低了个体搜索新工作的成本，使得个体更频繁地更换工作，进而导致当前工作的年限更短。

从家庭分工角度展开了家庭因素影响男女就业状态的比较分析。实证结果显示，子女数量、子女学业压力和婚配压力以及宗族网络对男性就业状态的边际影响均大于或不低于女性，这表明男性和女性在应对家庭因素变化时存在明显的分工，表现为男性更多地融入劳动力市场以应对家庭的经济压力，女性则通常在是否进入劳动力市场和家庭事务当中进行权衡。

结合当下中国经济发展情况和疫情防控政策的调整，我们预期后续中国劳动力市场的规模会发生小幅度上升，失业率会进一步下降，外出务工尤其是跨地区务工人员会增加。随着数字经济兴起，个体每份工作的年限将会进一步下降，保持就业灵活性的同时还应注重个体职业发展，促进个体长期收入逐步增长。考虑到家庭因素对就业的影响在性别层面的差异，从家庭分工的角度来看，应该予以投入家庭事务甚至退出劳动力市场的女性更多关注，例如女性可能因为照料子女决定短期退出劳动力市场，随着子女的成长，这些女性能否更好地融入未来的劳动力市场，这既需要学界开展更多的相关研究，也需要政府保持足够的关注并制定相应的政策。

第二章

家庭收入

第一节　居民收入调查概述

随着中国特色社会主义进入新时代，我国社会主要矛盾已经转化为人民日益增长的美好生活需要和不平衡不充分的发展之间的矛盾。不断增进民生福祉，提高人民生活品质，让人民更多更公平地分享经济社会发展成果，是实现人民对美好生活向往的重要途径。而收入分配制度是推动更平衡更充分的发展，促进共同富裕的基础性制度。通过对我国居民收入进行系统的实地调查统计及分析，得出我国居民现阶段收入现状、影响因素以及收入差距的产生原因，可为政府政策决策提供重要支撑，对调节居民收入在国民收入分配中的比重，增加低收入者收入，扩大中等收入群体规模具有重要意义。

本章基于 2022 年收入与共同富裕调查数据，共获得了全国 4621 户家庭收入数据。为反映不同类型居民群体之间的收入分配差距，对居民家庭收入的调查主要集中在工资薪金收入、经营性收入、财产性收入以及转移性收入四个方面，基本包含了家庭所有类型的现金收入[①]。具体来说，工资性收入是指劳动者在企事业单位通过劳动获得的工资报酬；经营性收入主要分为第一、第二、第三产业的经营收入；财产性收入主要包括利息、股息以及各种租金收入；转移性收入即包括财政方面医疗、养老、失业、住房等财政转移性社会保障收支，还包括捐赠、赡养、赔偿等非财政转移性支出。

调查主要采用问卷填写方式，部分项目受访者难以填写具体数值，按分级金额进行提问并填入。数据清理方面，删除了与实际情况不相符的统计结果，

---

① 许宪春. 准确理解中国居民可支配收入［J］. 经济学报，2023，10（01）：1 - 14.

同时为保证数据可靠性，对计算得居民家庭收入指标进行了1%的缩尾处理，剔除极端值对统计的影响。

第二节　家庭收入调查统计分析

一、家庭收入统计分析

统计发现，2022年我国家庭总收入均值为155498.1元；收入中位数为110340元；人均收入中位数为31200元。如表2-1所示，根据户主或家庭主事者的禀赋特征，分别进行分类统计，发现城乡、政治面貌、受教育程度以及工作性质仍是居民家庭收入的重要影响因素。通过人均收入中位数对比分析发现，城镇居民人均收入中位数是农村居民的1.91倍；户主为党员的家庭人均收入中位数是非党员的1.30倍；户主受过大学教育家庭人均收入中位数为40060元，而小学及以下程度家庭人均收入仅为20286.7元，学历高层次家庭收入是低层次家庭收入的1.97倍；工作性质方面，个体或私人经营者家庭的收入要显著高于农业工作家庭。

表 2-1　　　　　　　　　　　家庭收入调查统计结果

群组	类别	样本数（个）	所占比例（%）	家庭总收入（元）	收入中位数（元）	人均收入中位数（元）
全国		4621	100	155498.1	110340	31200
性别	男	2445	52.94	159693.0	113000	31400.0
	女	2173	47.06	150899.1	107400	31026.7
城乡	城镇	2995	64.81	130000	104500	39875.0
	农村	1624	35.14	82090	79160	20907.5
政治面貌	中共党员	1034	22.38	171755	125919.5	39000
	非党员	3587	77.62	150811.9	106000	29910
受教育程度	大学（大专及以上）	2445	52.91	178602	131400	40060
	高中（含中专）	922	19.95	151056.8	106000	30000
	初中	890	19.26	114765.4	82050	21483.3
	小学及以下	364	7.88	111152.4	75620	20286.7

续表

群组	类别	样本数（个）	所占比例（%）	家庭总收入（元）	收入中位数（元）	人均收入中位数（元）
家庭子女	无	884	19.13	155887.5	105120	36961.5
	1 人	2093	45.29	166437.4	122600	37760
	2 人	1354	29.30	143136.6	99000	23420
	3 人及以上	290	6.28	133075.5	92240	19152
工作性质	农业工作	258	5.58	95268.0	73050	18693.3
	受雇于他人	2460	53.24	155132.8	116000	34000
	个体或私人经营	582	12.59	213486.3	162300	39600
	其他	1321	28.58	140631.3	94700	26055

注：类别统计中的性别、健康、受教育程度均指的是家庭主事人或者户主的个人信息。

二、分地区家庭收入统计分析

为更好地了解区域间居民收入的分布情况，本章通过统计省份间收入现状进行对比分析。如表 2-2 所示，综合来看，居民收入和地区经济发展水平密切相关，直辖市和沿海经济发达省份家庭收入高于西部欠发达地区。在统计的 28 个省份中上海市家庭总收入最高，达到 267810.9 元；家庭总收入超过 20 万元的省份有北京、广东、上海、浙江、江苏、重庆；家庭总收入低于 10 万元的省份有内蒙古和广西。从收入中位数来看，地区间具有一定的差异，北京市和上海市人均收入均超过了 6 万元；而广西、湖南和山西的人均收入中位数不足 2 万元。

表 2-2　　　　　　　　分地区家庭收入统计

地区		样本数（个）	占比（%）	家庭总收入（元）	家庭收入中位数（元）	人均收入中位数（元）
东北	辽宁	140	3.03	191613.9	128650	40041.7
	吉林	59	1.28	133113.2	73000	23666.7
	黑龙江	39	0.84	145792.3	99000	33150.0

续表

地区		样本数（个）	占比（%）	家庭总收入（元）	家庭收入中位数（元）	人均收入中位数（元）
华北	内蒙古	100	2.16	80598.7	68000	20600.0
	河北	205	4.44	117220.3	82100	22400.0
	北京	69	1.49	228237.8	182000	63000.0
	天津	60	1.30	184712.2	135400	52550.0
	山西	104	2.25	121081.5	57490	16326.7
华中	湖北	1040	22.51	126225.6	94400	28113.3
	湖南	88	1.90	109915.4	60740	15560.7
	河南	296	6.41	151038.6	98550	24700.0
华南	海南	90	1.95	158651.6	104151	27367.5
	广东	244	5.28	251084.1	177500	44375.0
	广西	117	2.53	98030.4	82450	18500.0
华东	山东	256	5.54	143759.2	110000	34950.0
	江苏	225	4.87	252427.3	191000	54643.3
	江西	84	1.82	130493.6	102825	24926.7
	安徽	218	4.72	173557.7	138265	39600.0
	上海	66	1.43	267810.9	201000	65480.0
	浙江	150	3.25	206581.5	177380	52035.0
	福建	154	3.33	184695.8	149900	41950.0
西北	陕西	85	1.84	123299.4	92550	23137.5
	甘肃	59	1.28	127628.1	82000	23000.0
	新疆	20	0.43	183110.0	167860	46130.0
西南	四川	288	6.23	156865.9	116150	33448.0
	贵州	115	2.49	110281.8	84400	23770.0
	重庆	96	2.08	225957.4	186650	50700.0
	云南	154	3.33	177362.0	85800	25938.8

三、家庭收入构成分析

对家庭收入具体来源的分析可以更清楚地了解居民家庭的收入情况。龚勤林（2022）总结分析了民族地区农村居民收入及其四项构成的差异特征，提出要巩固拓宽工资性收入和经营净收入的创造性财富规模，探索增大财产净收入和转移净收入的分配性财富收入①。表 2 - 3 的统计结果表明，我国家庭收入占比最大的工资薪金收入为 115869 元，占比 74.51%；其次是经营性收入达到 39073.87 元，占比 25.13%；财产性收入达到 14966.05 元，占比 9.62%。财政转移性净收入和非财政转移性净收入均为负，说明调查的家庭大多处于在职工作状态，在转移支付方面主要是支出方。在影响居民收入的众多影响因素中，家庭所属的城乡和地区环境一直是重要的影响因素，选取城乡和地区两个最主要因素进行分类统计发现，城镇居民工资薪金收入和财产性收入占比大于农村家庭；农村家庭经营性收入占比大于城镇家庭。地区方面，东部地区财产性收入占比最高；中部地区工资薪金收入占比最高；东北地区经营性收入占比最高。可以看出我国区域之间经济发展差异较大，不同地区之间居民收入结构有一定差异。

表 2 - 3 　　　　　　　　　城乡及各地区家庭收入构成　　　　　　　　　单位：元

群组		家庭收入	工资薪金收入	经营性收入	财产性收入	财政转移性净收入	非财政转移性净收入
全国		155498.1	115869 (74.51)	39073.87 (25.13)	14966.05 (9.62)	-9103.67 (-5.85)	-3306.79 (-2.13)
城乡因素	城镇	180880.8	139253.3 (76.99)	41086.25 (22.71)	19204.02 (10.62)	-12149.4 (-6.72)	-3904.013 (-2.16)
	农村	112185.9	75297.23 (67.12)	36199.36 (32.27)	7009.94 (6.25)	-3328.08 (-2.97)	-2203.03 (-1.96)
地区因素	东部地区	196663.1	145461.2 (73.96)	45495.13 (23.13)	24755.07 (12.59)	-12480.39 (-6.35)	-3839.72 (-1.95)
	中部地区	130004.9	100782 (77.52)	32211.45 (24.78)	8867.87 (6.82)	-7799.89 (-6.00)	-2756 (-2.12)
	西部地区	138979.1	102060.7 (73.44)	33832.61 (24.34)	14909.75 (10.73)	-6145.61 (-4.42)	-4078.18 (-2.93)
	东北地区	167435.1	103029.4 (61.53)	66073.53 (39.46)	9032.31 (5.39)	-9405.15 (-5.62)	-949.58 (-0.57)

注：括号内的数字为各类收入占比。

① 龚勤林，贺培科，曹邦英. 共同富裕目标下四川民族地区农村居民的收入结构差异与持续增收 [J]. 民族学刊，2022，13（09）：119 - 129，165.

如表2-4所示，对居民家庭收入四部分分项统计发现，经营性收入主要集中在第三产业；财产性收入主要集中在存款、债券等利息和房屋租赁收入；转移性收入集中在养老金和退休金上。

表2-4　　　　　　　　　家庭收入来源统计　　　　　　　单位：元

收入构成		全国	城镇	农村	东部地区	中部地区	西部地区	东北地区
工资薪金	税后年收入	121268.20	144792.20	77806.46	150398.70	107196.50	107574.70	103197.50
经营性收入	第一产业	5228.32	3935.14	7605.45	5571.89	4212.23	5317.20	10926.47
	第二产业	13436.12	13315.42	13676.08	13721.53	12259.33	13641.11	20352.94
	第三产业	23110.58	26281.48	17237.64	27618.43	20916.06	17229.76	35214.29
财产性收入	房屋租赁	4745.49	6439.15	1617.96	7462.34	3214.94	4254.07	1745.80
	存款、债券等利息	8903.38	11090.80	4860.94	16046.85	4424.88	7194.39	6335.25
	证券红利和股息	1844.31	2683.81	294.71	3514.94	782.48	1681.16	432.77
	转让土地经营租金	485.82	272.88	877.71	831.11	348.69	233.54	384.03
	其他收入	1914.01	2329.67	1145.52	2494.29	1031.08	2941.99	1336.13
财政转移性收入	养老金及退休金	6854.80	8750.15	3352.92	9458.11	5467.14	6288.96	3713.03
	社会救济和补助	197.98	128.30	326.19	101.78	230.97	308.91	109.24
	政策性生活补贴	175.53	157.51	208.52	143.99	126.83	219.75	598.15
	失业救济金	40.49	40.94	39.61	40.16	53.58	21.09	12.61
	其他收入	779.74	807.51	727.58	856.81	771.56	777.89	361.34
财政转移性支出	养老保险费用	6736.30	8411.89	3640.98	8300.45	5988.69	5756.35	6661.60
	医疗保险费用	3336.90	4003.27	2107.22	4416.99	2875.32	2629.51	2962.45

收入构成		全国	城镇	农村	东部地区	中部地区	西部地区	东北地区
财政转移性支出	失业保险费用	692.97	903.85	303.64	954.32	641.05	382.72	663.45
	住房公积金缴纳	5975.90	8205.17	1868.23	8772.55	4803.21	4337.63	4065.55
	其他缴纳政府费用	128.10	151.14	85.48	205.51	78.15	122.22	62.18
非财政转移性收入	亲友捐赠收入	2665.59	2662.32	2668.33	2151.86	3134.25	2152.89	4155.88
	赡养收入	244.30	229.83	270.68	184.40	224.05	391.22	214.29
	得到的赔偿收入	50.47	64.10	25.28	5.46	82.80	62.10	29.83
	其他经常性收入	104.01	122.47	69.86	116.89	58.86	190.58	48.32
非财政转移性支出	亲友捐赠支出	3586.48	3735.50	3308.64	3156.11	3723.21	4174.09	2918.49
	赡养支出	2526.50	3019.48	1617.84	3137.04	2069.74	2609.32	2008.82
	赔偿支出	162.82	186.55	118.88	190.05	138.81	207.51	8.40
	其他经常性支出	262.58	290.06	211.62	406.52	139.22	294.65	218.49

第三节　家庭收入的影响因素分析

一、分析方法与变量说明

为分析家庭特征对居民收入的影响，本章通过构建回归模型作进一步的实证探究。变量选取方面，借鉴前人研究成果，从家庭人员特征和所处的社会特征出发，选取家庭户主年龄、性别、政治面貌、教育程度、城乡、子女、职业因素。根据相对收入理论，不同年龄段居民收入有一定区别，因此年龄方面变量同时包含一次项和平方项。

教育方面，选用受教育年限和是否达到本科水平进行多方面衡量。由于两个变量存在共线性，所以实证过程中将分别进行回归。具体变量描述性统计分析如表 2 - 5 所示，其中 lnY 为降低异方差的影响，对收入变量进行对数化处理。

表 2 - 5　　　　　　　　　　描述性统计分析

变量名称	代码	观测值	均值	标准差	最小值	最大值	变量说明
收入	lnY	4507	11. 564	1. 003	4. 787	13. 674	家庭收入取对数
年龄	age	4616	43. 557	11. 333	15. 000	82. 000	年龄
年龄的平方	age^2	4616	20. 256	9. 922	2. 250	67. 240	年龄的平方/100
性别	$gender$	4618	0. 529	0. 499	0. 000	1. 000	男性 = 1；女性 = 0
政治面貌	$party$	4621	0. 224	0. 417	0. 000	1. 000	中共党员 = 1；其他 = 0
教育程度 1	$edu1$	4621	13. 066	3. 450	6. 000	16. 000	受教育年限
教育程度 2	$edu2$	4621	0. 369	0. 483	0. 000	1. 000	本科及以上 = 1；其他 = 0
城乡	$urban$	4619	0. 648	0. 478	0. 000	1. 000	农业户口 = 1；其他 = 0
子女	$child$	4621	1. 227	0. 827	0. 000	3. 000	子女个数
农业工作	$work1$	4621	0. 056	0. 230	0. 000	1. 000	农业工作 = 1；其他 = 0
个体或私人经营	$work2$	4621	0. 126	0. 332	0. 000	1. 000	个体或私人经营 = 1；其他 = 0
受雇于他人	$work3$	4621	0. 532	0. 499	0. 000	1. 000	受雇于他人 = 1；其他 = 0

注：受教育年限中，学历小学及以下统一按小学计算，学历大专以上统一按大学计算；子女个数大于三个，统一按三个计算。

基于此，采用最小二乘法回归模型进行分析，基本回归方程如式（2 - 1）所示：

$$\ln y = \varphi + \beta_1 age + \beta_2 age^2 + \beta_3 gender + \beta_4 party + \beta_5 edu1 \sim 2 + \beta_6 urban$$
$$+ \beta_7 child + \beta_8 work1 \sim 3 + \varepsilon_i \qquad (2 - 1)$$

式（2 - 1）中，$\ln y$ 为被解释变量；ε_i 为随机误差项；$\beta_{1\sim 8}$ 为各相关变量的待估计系数。

二、实证结果及分析

表2-6为实证分析结果，模型1为不加入工作性质因素的回归结果，模型3是在模型1的基础上加上工作因素的完整回归结果。模型2和模型4是更换了解释变量的稳健结果分析。模型5~模型7分别为居民收入的25%、50%、75%分位数回归结果。由模型1和模型4得出性别、教育水平、城乡、子女和工作性质对居民人均收入都有重要影响。

表2-6　　　　　　　　　　居民家庭收入影响回归结果

变量	模型1	模型2	模型3	模型4	模型5 ($q25$)	模型6 ($q50$)	模型7 ($q75$)
age	0.0176 ** (0.0072)	0.0251 *** (0.0073)	0.0071 (0.0078)	0.0119 (0.0078)	0.0233 ** (0.01)	0.0015 (0.0088)	−0.0116 (0.0089)
age^2	−0.0002 *** (0.0001)	−0.0003 *** (0.0001)	−0.0001 (0.0001)	−0.0001 (0.0001)	−0.0003 ** (0.0001)	0.000 (0.0001)	0.0001 (0.0001)
$gender$	0.0959 *** (0.0295)	0.0945 *** (0.0295)	0.0698 ** (0.0292)	0.0668 ** (0.0291)	0.0953 *** (0.0331)	0.0900 ** (0.0307)	0.0404 (0.0335)
$party$	0.0026 (0.0374)	0.0152 (0.037)	0.0554 (0.0373)	0.0629 * (0.0369)	0.0638 (0.0481)	0.0431 (0.0423)	0.0554 (0.0428)
$edu1$	0.0505 *** (0.0055)		0.0543 *** (0.0057)		0.0648 *** (0.0073)	0.0588 *** (0.0064)	0.0509 *** (0.0065)
$edu2$		0.3279 *** (0.0358)		0.3605 *** (0.036)			
$urban$	0.3172 *** (0.035)	0.3583 *** (0.0336)	0.2869 *** (0.0352)	0.3206 *** (0.0341)	0.323 *** (0.0454)	0.3720 *** (0.040)	0.2769 *** (0.0404)
$child$	0.0722 *** (0.0225)	0.0513 ** (0.0222)	0.0595 *** (0.0222)	0.0393 * (0.022)	0.046 (0.0287)	0.0377 (0.0253)	0.0258 (0.0255)
$work1$			−0.1658 *** (0.0682)	−0.1583 ** (0.0681)	−0.2197 ** (0.0881)	−0.1474 * (0.0774)	−0.2569 *** (0.0783)
$work2$			0.4912 *** (0.0509)	0.5301 *** (0.0508)	0.5455 *** (0.0657)	0.4980 *** (0.0578)	0.4864 *** (0.0584)

续表

变量	模型1	模型2	模型3	模型4	模型5 ($q25$)	模型6 ($q50$)	模型7 ($q75$)
$work3$			0.0192 (0.0386)	0.0639 * (0.0375)	0.0202 (0.0498)	−0.0686 (0.0438)	−0.0638 (0.0443)
常数项	10.2142 *** (0.1715)	10.599 *** (0.1563)	9.8907 *** (0.1795)	9.9932 *** (0.1598)	9.4625 *** (0.2318)	10.6054 *** (0.2038)	11.4923 *** (0.2061)
观测值	4500	4500	4500	4500			
R^2	0.0707	0.0705	0.0973	0.0990	0.0577	0.0583	0.0619
F统计值	48.84	48.68	48.41	49.32			

注：括号内为标准误；＊、＊＊、＊＊＊分别表示10%、5%、1%统计显著性水平。

首先，性别不平等观念会显著影响女性的就业参与[①]。统计发现，家庭收入与性别显著正相关，分位数回归来看，低收入家庭受性别影响更大。说明家庭收入会受户主性别的影响，男性在提高收入方面，会更占有优势，低收入家庭受性别不平等的影响更大。

其次，教育是人力资本积累的重要途径，对居民收入具有重要影响。邢春冰等（2021）发现，2018年我国城市教育回报率为8.3%；农村教育回报率为5.8%；城乡教育回报率差异为2.5个百分点[②]。回归分析和稳健性分析都证明家庭收入与教育在1%水平上正相关，即提高家庭受教育水平可以有效促进居民收入的上升。分位数回归来看，低收入家庭系数更大，即低收入群体收入提高受教育的影响更大。

再次，改革开放以来，我国城镇化不断推进，对地区经济发展、收入分配产生深远影响。实证发现居民收入和城镇化在1%的水平上正相关，即城乡二元结构作用下城镇居民收入比农村居民收入更高。

最后，工作性质方面，居民收入与农业工作显著负相关，与个体或私人经营显著正相关，可以看出农业工作不利于家庭收入的提高，相比较而言从事个体或私人经营收入获得的收入更高。

---

① 袁旭宏、张怀志、潘怡锦、刘思、陈攀. 性别不平等观念束缚了女性就业？来自中国综合社会调查（CGSS2017）的证据 [J]. 中国人力资源开发，2022，39（12）：112 - 130.
② 邢春冰、陈超凡、曹欣悦. 城乡教育回报率差异及区域分布特征——以1995—2018年中国家庭收入调查数据为证 [J]. 教育研究，2021，42（09）：104 - 119.

第四节　收入差距的度量与分解

一、收入差距度量

完善的分配制度，应当在确保效率的同时，促进公平的实现，即实现两者的统一[①]。实现共同富裕是中国式现代化的重要特征和社会主义的本质要求，收入差距关乎国家共同富裕建设，一直是收入分配的研究重点[②]。在中国特色社会主义市场经济体系下，生产与分配紧密相连，我们既要在生产领域促进居民收入的增长，也要在分配领域体现公平，缩小收入差距[③]。测量收入差距的指标有很多，既有相对指标，也有绝对指标，主要有泰尔指数、基尼系数、变异系数、阿特金森指数等。由于使用的数据和方法不同，学者们对我国收入差距测度的结果和得出的结论也有一定差别。其中使用最广泛、最常见的指标为基尼系数，具体的测算方法主要有平均差法（洪兴建等，2006）[④]、几何法（张建华，2007）[⑤]、协方差法（Anand，1983）[⑥]、矩阵法（Pyatt，1976）[⑦] 等。万海远和陈基平运用新近拓展的相对分布方法，分析了 1995~2018 年我国居民收入分配变动趋势[⑧]。

本章选用最直观的分组统计和基尼系数来测度和分析。将家庭收入按由低到高排序，再进行 10 等分分组，分别统计每组家庭的人均收入、各组收入占总收入比重，统计结果如表 2-7 所示。可以看出，居民收入最高的 10% 家庭收入

①　谢志华. 论收入分配公平和效率的统一 [J]. 北京工商大学学报（社会科学版），2023，38（01）：36-46，97.

②　谢伏瞻. 中国经济学的形成发展与经济学人的使命——《中国经济学手册·导言》[J]. 经济研究，2022（01）.

③　张建刚. 实现共同富裕的路径辨析：生产还是分配 [J]. 当代经济研究，2023（01）：62-70.

④　洪兴建，李金昌. 关于基尼系数若干问题的再研究——与部分学者商榷 [J]. 数量经济技术经济研究，2006（02）：86-96.

⑤　张建华. 一种简便易用的基尼系数计算方法 [J]. 山西农业大学学报（社会科学版），2007（03）：275-278，283.

⑥　Anand S. Inequality and Poverty in Malaysia：Measurement and Decomposition [M]. New York：Oxford University Press，1983.

⑦　Pyatt G. On the Interpretation and Disaggregation of Gini Coefficient [J]. The Economic Journal，1976（86）.

⑧　万海远，陈基平. 收入分配极化的最新变动与成因 [J]. 统计研究，2023，40（02）：117-131.

之和占总收入的比重为 33.51%，最低的 10% 家庭收入之和占总收入的比重为 0.67%，最高（10%）家庭收入是最低（10%）家庭的 50.31 倍。

表 2-7　　　　　　　　　我国家庭收入 10 等分分组统计

组别	组内家庭收入（元）	各组收入占总收入的百分比（%）	各组收入与最低收入组之比
1	10364.57	0.67	1.00
2	36953.43	2.37	3.57
3	57638.30	3.70	5.56
4	77561.46	4.98	7.48
5	98389.84	6.32	9.49
6	123698.70	7.95	11.93
7	157136.60	10.10	15.16
8	197356.50	12.68	19.04
9	275427.30	17.70	26.57
10	521415.20	33.51	50.31

我国 2022 年收入不平等指数测算结果如表 2-8 所示，2022 年我国居民家庭收入不平等的基尼系数为 0.467，其中农村家庭收入差距的基尼系数是 0.458；城镇家庭收入差距的基尼系数是 0.445。分地区来看，东部地区是 0.445；中部地区是 0.455；西部地区是 0.457；东北地区是 0.463，依据国际常用的基尼系数衡量标准我国收入差距仍比较大[①]。

表 2-8　　　　　　　　　我国家庭收入不平等测度结果

不平等指标	全国	城镇	农村	东部地区	中部地区	西部地区	东北地区
相对均值离差	0.337	0.322	0.332	0.322	0.326	0.330	0.345
变异系数	1.020	0.912	0.980	0.899	0.982	0.946	0.938
对数标准差	1.007	0.983	0.974	1.018	0.963	0.997	0.995
基尼系数	0.467	0.445	0.458	0.445	0.455	0.457	0.463
泰尔指数	0.382	0.336	0.364	0.334	0.361	0.356	0.359
均值对数离差	0.420	0.390	0.407	0.398	0.400	0.414	0.415

---

① 具体标准：基尼系数若低于 0.2 表示收入绝对平均；0.2~0.3 表示比较平均；0.3~0.4 表示相对合理；0.4~0.5 表示收入差距较大；0.5 以上表示收入差距悬殊。

为保证研究结果的稳健性，本章还运用多种不平等指标进行测度，在表 2 - 8 中，明显可以看出我国现阶段收入差距仍处在高位，其中，东部地区差距小于西部地区；农村收入差距大于城镇收入差距。

二、收入差距分解

（一）收入构成对收入差距的影响

收入差距包含城乡收入差距、地区收入差距和行业收入差距等类型，受到的影响因素也有很多类型。王小鲁和樊纲将收入差距因素归纳为经济增长、社会保障和收入再分配、公共服务和基础设施、制度性因素四类[①]。熊小林基于泰尔指数对 1949~2019 年的中国居民收入分配差距进行量化测度，实证研究了中国地区和城乡居民收入分配差距的影响因素，发现城乡收入不平等是居民收入分配差距总体偏大的主要成因[②]。特奥卡斯（Teokhas，2013）使用家庭收入和消费支出的合成数据估计发现，城乡收入差距对总体收入差距的贡献从 1990 年的 38% 增长到 2009 年的 43%[③]。杨灿明和孙群力（2011）基于 2010 年的调查问卷数据，采用基尼系数、广义熵（GE）指数等指标估计，认为城乡收入差距解释了中国总体收入差距的 50% 左右[④]。刘赫（2022）发现经济增长、资本密集度等指标有利于缩小城乡居民收入差距，而产业结构、教育差距则拉大了城乡居民收入差距[⑤]。万广华等（2022）认为我国收入不均等主要原因在于城乡二元分割、劳动占比过低、教育差距过大和社会保障不足[⑥]。

把家庭总收入的基尼系数分解到工资收入、经营收入、财产收入和转移性收入四类分项中，得到各分项对总收入不平等的贡献。如表 2 - 9 所示，收入差

① 王小鲁，樊纲. 中国收入差距的走势和影响因素分析［J］. 经济研究，2005（10）：24 - 36.

② 熊小林，李拓. 中国居民收入分配差距测算及其影响因素研究［J］. 统计与信息论坛，2022，37（10）：39 - 52.

③ Tsokhas K. Poverty，Inequality，and Inclusive Growth in Asia：Measurement，Policy Issues，and Country Studies［J］. Journal of Contemporary Asia，2013（01）：201 - 205.

④ 杨灿明，孙群力. 中国居民收入差距与不平等的分解——基于 2010 年问卷调查数据的分析［J］财贸经济，2011（11）：51 - 56.

⑤ 刘赫，洪业应. 欠发达地区"倒 U 型"城乡收入差距的新型城镇化路径——基于贵州省的经验分析［J］. 贵州财经大学学报，2022，（06）：98 - 108.

⑥ 万广华，江葳蕤，张杰皓. 百年变局下的共同富裕：收入差距的视角［J］. 学术月刊，2022，54（08）：32 - 44.

距主要集中在经营收入和财产收入上。

表 2 – 9　　　　　　　　　　　　收入构成对收入差距的贡献

收入构成	Sk（%）	Gk	Rk	Share（%）	% Change（%）
工资收入	0.7451	0.4665	0.8337	0.6104	– 2.1347
经营收入	0.2513	0.8071	0.7293	0.3116	0.0603
财产收入	0.0962	0.8289	0.6862	0.1153	0.0191
财政转移性收入	– 0.0585	– 1.453	– 0.0341	– 0.0061	– 0.0524
非财政转移性收入	– 0.0213	– 1.452	– 0.0032	– 0.0002	0.0211

注：Sk 为分项收入占总收入的比例；Gk 为分项收入的基尼系数；Rk 为公式中相关系数的比值部分；Share 为分项收入对总基尼系数的边际贡献率；% Change 指拟基尼系数集中率，即各分项收入 1% 的变化对不平等的影响。

工资收入和财政转移性收入的增加可以缩小收入差距。其中工资收入占比每增加 1% 可以降低 2.13% 的不平等水平；财政转移收入占比每增加 1% 可以降低 0.052% 的不平等水平。

（二）基于回归的收入差距分解

通过对不同收入来源的收入差距的结构分解分析发现，各分项收入对居民收入差距的影响效应有显著差异。为了更深入了解收入差距的影响因素，需要对家庭层面收入的影响变量进一步分解，从宏观角度结合微观因素对居民收入差距进行分析。现有研究发现，2010 ~ 2016 年，我国城镇化的转型促进了城乡收入差距的收敛[①]。穆红梅（2019）通过多元线性回归模型实证，得出城镇化率和国内生产总值的环比增速都会对城乡居民收入差距比值产生显著影响[②]。李晶和牛雪红（2022）从收入结构的整体及其分解两个层面评估了 2019 年个人所得税改革的收入分配效应[③]。

根据 Shorrocks 的分解原理，可以将各分项收入对收入不平等的贡献转化如式（2 – 2）的形式：

---

① 徐家鹏，张丹. 城镇化转型与中国城乡收入差距的收敛 [J]. 地域研究与开发，2019，38（01）：17 – 21.

② 穆红梅. 城镇化水平与城乡收入差距关系研究——基于收入结构视角 [J]. 经济问题，2019（08）：112 – 120.

③ 李晶，牛雪红. 基于收入结构的个人所得税收入分配效应研究 [J]. 宏观经济研究，2022（02）：16 – 26.

$$S(y_k) = \sum_{i=1}^{n} a_i(y) y_{ki} = \frac{1}{n} \sum_{i=1}^{n} (y_i - \mu) y_{ki} = \text{cov}(y_k, y) = S_k(\delta^2)$$

$$(2-2)$$

各分项收入对收入不平等的贡献率如式（2-3）所示：

$$s(y_k) = S(y_k)/I(y) = \text{cov}(y^k, y)/\delta^2(y) \qquad (2-3)$$

其中，FY 分解以回归方程为基础的不平等分解框架，可以量化分解出收入不平等的影响因素，这是一种把自然分解原理运用在对数收入方程中的分解方法，收入是以对数形式，并且是分解的收入不平等指标的变异系数平方（Shorrocks，1982）。

具体来说，首先估计如式（2-4）的收入对数方程：

$$\ln y = \varphi + \beta_1 x + \beta_2 x + \beta_3 x + \cdots + \beta_k x_k + \mu \qquad (2-4)$$

然后根据 Shorrocks 的分解公式，将 y_k 替换为 $\beta_k x_k$，则各因素 x_k 对收入不平等的贡献率如式（2-5）所示：

$$s_k(\ln y) = \frac{\text{cov}(\beta_k x_k, y)}{\delta^2(\ln y)} = \frac{\beta_k \text{cov}(x_k, \ln y)}{\delta^2(\ln y)} = \frac{\beta_k \sigma(x_k) \rho(x_k, \ln y)}{\sigma(\ln y)} \qquad (2-5)$$

其中，$\rho(x_k, lny)$ 是因素 x_k 与 lny 相关系数，量化分解出各因素 x_k 对不平等的贡献率。

最终结果如表 2-10 所示，教育、工作性质、城乡是收入差距的最主要因素，教育对收入差距的贡献率为 41.68%；工作性质对收入差距贡献率合计达到 28.10%；城乡对收入差距的贡献为 30.03%。因此，建立公平的教育制度，构建完善的社会保障体系，推动城乡一体化发展，可有效降低居民收入差距。

表 2-10　　　　　　　　　居民收入 FY 回归分解

Decomp.	100 * s_f	S_f	100 * m_f/m	CV_f	CV_f/CV（总合）
age	0.1117	0.0000	−0.0793	−0.2594	−9.6044
gender	0.7666	0.0002	0.3086	0.9422	34.8826
party	1.9420	0.0005	0.1093	1.8567	68.7388
*edu*1	41.6801	0.0113	6.1010	0.2648	9.8018
urban	30.0288	0.0081	1.6206	0.7364	27.2624
child	−2.6317	−0.0007	0.6938	0.6683	24.7426

Decomp.	100 * s_f	S_f	100 * m_f/m	CV_f	CV_f/CV（总合）
*work*1	4.3269	0.0012	− 0.0764	− 4.0976	− 151.7
*work*2	22.5991	0.0061	0.5535	2.6261	97.2216
*work*3	1.1766	0.0003	0.1549	0.9289	34.3878
合计	100	0.027	100	0.027	1

第五节　本章小结

一、研究结论

本章运用 2022 年收入与共同富裕调查数据，对我国家庭收入现状、影响因素以及不平等进行了多角度多方面分析，主要研究结论如下。

一是研究发现 2022 年我国家庭总收入均值为 155498.1 元；收入中位数为 110340 元；人均收入中位数为 31200 元。分类统计发现，性别、城乡、受教育程度以及工作性质仍是居民家庭收入的重要影响因素。通过人均收入中位数对比分析发现，城镇居民人均收入中位数是农村居民的 1.91 倍；户主为党员的家庭人均收入中位数是非党员的 1.30 倍；学历受过大学教育家庭人均收入是小学及以下程度家庭人均收入的 1.97 倍；工作性质方面，个体或私人经营要显著高于农业工作。在统计的 28 个省份中上海市家庭收入最高，达到 267810.9 元；家庭收入超过 20 万元的省份有北京、广东、上海、浙江、江苏、重庆；家庭收入低于 10 万元的省份有内蒙古和广西。收入中位数来看，地区间具有一定的差异，北京市和上海市人均收入均超过了 6 万元；而甘肃省和贵州省收入仅有 2 万多元。

二是通过居民收入构成统计分析来看，我国家庭收入占比最大的工资薪金收入为 115869 元，占比 74.51%；其次是经营性收入达到 39073.87 元，占比 25.13%；财产性收入达到 14966.05 元，占比 9.62%。财政转移性净收入和非财政转移性净收入均为负，说明调查的家庭大多处在在职工作状态，在转移支付方面主要是支出方。经营性收入主要集中在第三产业；财产性收入主要集中在利息和房屋租赁收入；转移性收入集中在养老金和退休金上。城乡和区域因素对家庭收入结构具有重要影响，城镇居民工资薪金收入和财产性收入占比大于农村家庭；农村家庭经营性收入占比大于城镇家庭。地区方面，东部地区财产性收入占比最高；中部地区工资薪金收入占比最高；东北地区经营性收入占比最高。可以看出我国区域之间经济发展差异较大，不同地区之间居民收入结构有一定差异。

三是影响因素分析发现，性别、教育水平、城乡和工作性质对居民人均收入有重要影响。说明教育水平的提升和城镇化建设有利于家庭收入的提高，教育和城乡因素对低收入水平的家庭影响效果更大。

四是收入差距方面，我国居民收入差距仍处于高位，居民收入最高的 10% 家庭收入占总收入的 33.51%，是最低 10% 收入家庭收入的 50.31 倍。居民家庭收入的基尼系数为 0.467，其中农村家庭收入差距的基尼系数是 0.458；城镇家庭收入差距的基尼系数是 0.445。分地区来看，东部地区是 0.445；中部地区是 0.455；西部地区是 0.457；东北地区是 0.463。

五是对收入差距的影响因素分析发现：收入差距主要集中经营收入和财产收入上。工资收入和财政转移性收入的增加可以缩小收入差距。其中工资收入占比每增加 1% 可以降低 2.13% 的不平等水平；财政转移收入占比每增加 1% 可以降低 0.052% 的不平等水平。教育、工作性质、城乡是收入差距的最主要因素，教育对收入差距的贡献率为 41.68%；工作性质对收入差距贡献率合计达到 28.10%；城乡对收入差距的贡献为 30.03%。

二、政策建议

共同富裕背景下，既要增加居民家庭收入，提高人民生活水平，还要降低收入差距，促进社会公平。基于以上研究结论，建议如下。

（一）推行新型城镇化建设，提高农村地区居民收入

城乡发展差异是居民收入差距产生的重要因素。一方面，在国家支持乡村振兴背景下，要提高对农村地区财政转移支付力度，提高农村家庭收入。通过特定政策引导，使城市资金、技术、人才、管理、信息等生产要素流向农村产业建设，促进城乡公共服务均等化，从而降低区域、城乡间发展差距，优化农村家庭的就业及发展环境。另一方面，积极推行新型城镇化建设，促进城乡融合发展[1]。统计

---

[1] 张文宏. 扩大中等收入群体促进共同富裕的政策思考［J］. 社会科学辑刊，2022（06）：86 - 93，209.

发现从事农业工作家庭收入普遍低，城镇化可有效提高居民收入。相比于农村，城镇居民在就业发展、生活质量提升方面有着巨大优势。引导城镇化健康发展，提高城镇化质量，逐步使农村人口不断向城镇转移，农村劳动力从事职业向城镇第二、第三产业转移，从而提高居民家庭整体收入。

（二）建设高质量教育体系，促进教育公平

首先，加快义务教育优质均衡发展，促进区域间、城乡间教育均等化。教育是居民收入提升的重要途径，而且低收入群体的教育回报率要高于高收入群体。其次，要完善省以下教育转移支付制度，优化教育资金资源配置和地方政府的激励结构，加大对中、西部地区的政策倾斜与支持，统筹城乡区域教育资源均衡配置，优化城乡及区域教育资源配置[1]。最后，积极实施人才强国战略，以国家战略需求为导向，统筹职业教育、高等教育、继续教育协同创新，提高社会整体受教育水平，从而推动科技创新和社会经济发展，最终提高社会整体收入。

（三）完善分配制度，促进共同富裕

研究发现，家庭收入结构在城乡和区域间差异巨大，而收入差距主要集中经营收入和财产收入上。一方面，要加强税收对收入分配的调节作用，调节居民家庭收入结构[2]。因此，要优化个人所得税专项附加扣除制度，提高生育、教育、医疗等方面的扣除精准度和力度，还要加大综合所得征税范围，把财产收入所得纳入征税范围，从而运用税收手段，合理优化经营收入和财产收入，降低居民收入差距。另一方面，要强化财政再分配功能，完善社会保障[3]。工资收入和财政转移性收入的增加可以缩小收入差距。可以增加基本医疗、基础教育、保障住房等公共支出水平，提高居民收入中财政转移性收入占比，来降低居民收入差距。

---

① 段义德. 财政支出促进教育公平的作用机制分解及验证——基于 CHIP2013 数据的分析［J］. 四川师范大学学报（社会科学版），2018，45（04）：94－102.

② 黄姝菡，张奎，谭永生. 新发展格局下构建高质量收入分配体系的路径研究［J］. 经济问题探索，2022（02）：58－66.

③ 杨灿明. 社会主义收入分配理论［J］. 经济研究，2022，57（03）：4－9.

第三章

家庭财富

第一节 引 言

改革开放以来，中国经济迅速发展，经济总量连上新台阶。在经济全球化的背景下，世界各国经济相互联系、相互依存的程度空前加深。在过去 40 余年中，中国取得了举世瞩目的经济成就，全面消除了绝对贫困，为发展中国家提供了有益的经验。另外，中国发展水平及富裕水平与发达国家相比还存在较大差距，发展不平衡、不充分的问题仍然突出（李实等，2021）。党的二十大报告提出以中国式现代化全面推进中华民族伟大复兴，中国式现代化是全体人民共同富裕的现代化。实现全体人民共同富裕是中国式现代化的本质要求之一。在新的历史起点上，要把推进全体人民共同富裕作为为人民谋幸福的着力点和落脚点，探索中国特色的共同富裕之路（杨灿明，2022）。因此，在当前时代背景下，了解我国财富不平等程度变化及其主要影响因素对于中国经济社会发展、实现共同富裕均具有重大意义。

在经济社会的发展进程中，我国居民家庭财富总量得到了快速增长，但受制于我国城乡二元经济结构、资源分配不均衡、区域经济发展不平衡、家庭资产结构单一以及遗赠观念浓厚等因素使得居民财富不平等形成机制更加复杂多样的特点，城乡之间、东西部之间的家庭收入差距和财富差距不断扩大，2020年中国财富排名前 1% 居民占总财富的比例从 29.0% 上升至 30.6%，财富分化程度显著高于收入分化。尽管库兹涅茨曲线指出不平等与经济发展存在倒 U 型关系，当经济发展到一定阶段时不平等程度会降低，但是世界各国的历史和现状表明市场力量难以自发抑制财富不平等。这不仅对经济增长具有损害作用，还可能诱发政治、社会问题，不利于社会和谐发展。虽然财富分配不平等一直备受学者关注，但目前关于城乡、东西部的财富差距研究很少。

由于财富是存量，包含资本与负债，并且资本投资收益增速高于劳动收入，相比于收入不平等，财富不平等程度会更剧烈。而房产和金融资产在家庭资产配置中并不均衡，是财富积累的主要推手。根据瑞信《2021 年全球财富报告》，2020 年中国人均资产总增长 14.6%，人均净资产（人均财富）增长 5.4%，其中，金融资产增长 9.6%；非金融资产增长 3.7%。据中国人民银行 2019 年调查数据，房产占家庭总资产的 70%；金融资产占家庭总资产的 20%。金融资产最高 10% 家庭所拥有的金融资产占所有样本家庭的 58.3%；而实物资产最高 10% 家庭拥有的资产占比为 47.1%，2000 年以来中国人均金融资产以每年 16.5% 的速度增长（任泽平，2021）。

我国财富基尼系数在全球范围内属于较高水平，财富不平等问题已经不容忽视。根据《中国统计年鉴 2021》，2019 年基尼系数为 0.465；2020 年基尼系数为 0.468，但并未公布城乡基尼系数。根据瑞信《2021 年全球财富报告》，财富基尼系数小于 0.7 为贫富差距较低；大于 0.8 为贫富差距较大。中国财富基尼系数从 2000 年的 0.599 持续上升至 2015 年的 0.711，随后有所缓和，降至 2019 年的 0.697。但受 2020 年疫情冲击，量化宽松的货币政策下不同资产的涨幅不同，拉大了贫富差距，中国财富基尼系数上升到 0.704（任泽平，2021）。此外，一些学者采用不同数据和方法对财富差距进行测度和分解，如孙楚仁和田国强（2012）采用胡润财富榜数据估算出全国财富差距基尼系数，从 2000 年的 0.826 逐年下降到 2004 年的 0.349，再逐步上升到 2010 年的 0.628；谢宇（2014）根据 2012 年 CFPS 数据，测算我国居民财富基尼系数达 0.727；李实等（2017）使用 CHIP 数据，测算得到 2002 年和 2013 年全国居民财富基尼系数分别为 0.494 和 0.617。杨灿明和孙群力（2019）利用 2017 年和 2018 年中国居民收入与财富调查（WISH）数据，分析得出 2016 年和 2017 年我国居民人均净财富差距的基尼系数分别为 0.65 和 0.61，并利用夏普里值（Shapley）分解方法，考察不同因素对居民财富的影响及其对财富差距的贡献度。

尽管上述研究为认识财富差距的趋势变化及影响因素提供了重要参考，但财富差距的度量和分解仍缺乏系统的、公认的研究结论。为此，利用 2021 年中国收入分配与共同富裕调查数据，对家庭财富进行描述性统计分析，并对财富差距进行度量和分解，进而为财富分配不均等问题提供新证据，为促进共同富裕提供了新思路。

第二节　中国居民家庭财富调查统计分析

一、财富规模

家庭财富是家庭持有的总资产与总负债之差，即家庭净资产；是一个家庭十分重要的经济资源。家庭总财富等于非金融资产加上金融资产减去非住房负债。其中，非金融资产包括生产经营性资产、房产净值和交通工具及耐用消费品的价值；金融资产包括家庭储蓄、投资理财资本及应收款项；非住房负债主要包括其他负债，不包括住房负债和信用卡负债。

（一）非金融资产

如图3-1所示，全国家庭非金融资产为1342470元，户均中位数为662000元。从户主户口所在地看，城镇家庭非金融资产为1740345元，户均中位数为662750元；农村家庭非金融资产为608910，户均中位数为662000元，城镇家庭非金融资产是农村家庭的2.86倍；从地区看，东部地区家庭非金融资产为2175827元，户均中位数为663000元；中部、西部地区家庭非金融资产相当，户均中位数分别为662000元和663000元，与全国平均水平持平和略高。

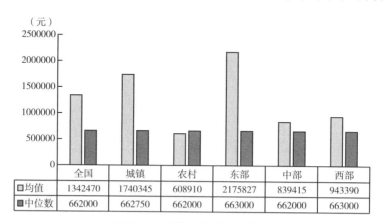

（元）

	全国	城镇	农村	东部	中部	西部
均值	1342470	1740345	608910	2175827	839415	943390
中位数	662000	662750	662000	663000	662000	663000

图3-1　家庭非金融资产情况

（二）金融资产

如图3-2所示，全国家庭户均金融资产为262265元，户均中位数为

104000 元，城镇、农村、东中西部地区中位数均与全国持平。城镇家庭金融资产为 332726 元，是农村家庭的 2.51 倍；从地区看，东部地区家庭金融资产为 320336 元；中部地区金融资产略高于西部地区，分别为 238994 元和 212489 元，均低于全国平均水平。

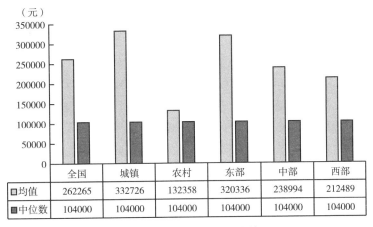

（元）	全国	城镇	农村	东部	中部	西部
均值	262265	332726	132358	320336	238994	212489
中位数	104000	104000	104000	104000	104000	104000

图 3 - 2　家庭户均金融资产情况

（三）非住房负债

如图 3 - 3 所示，全国家庭非住房负债为 18468 元。城镇家庭非住房负债为 21532 元，是农村家庭非住房负债的 1.17 倍。从地区看，中部地区家庭非住房负债最高，为 20082 元，高于全国平均水平 1614 元；东部地区家庭非住房负债为 17641 元。

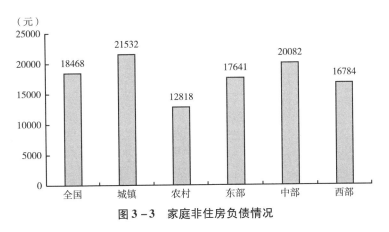

图 3 - 3　家庭非住房负债情况

二、财富构成

（一）家庭财富总构成

表3-1统计了家庭总财富构成。全国家庭户均总财富为1586268元。其中非金融资产1342470元，金融资产262266元，非住房负债-18468元。非金融资产、金融资产和非住房负债分别占家庭总财富的84.63%、16.53%和-1.16%。家庭总财富占比最大的是非金融资产，占家庭总财富的80%以上；城镇家庭非金融资产占家庭总财富的84.83%；农村家庭非金融资产占家庭总财富的83.59%。非金融资产中贡献最大的是房产净值，占家庭总财富的71.72%；城镇家庭房产净值占家庭财富的比重最大，为73.29%；农村家庭的占比为63.61%。金融资产方面，城镇、农村家庭分别为332726元和132359元，占总财富的比重农村略高于城镇。非住房负债方面，城镇、农村家庭的非住房负债占比相对较小，分别为-1.05%和-1.76%，农村家庭的非住房负债率略高于城镇家庭。

表3-1　　　　　　　　　　家庭总财富构成

家庭总财富构成	全国		城镇		农村	
	均值（元）	比例（%）	均值（元）	比例（%）	均值（元）	比例（%）
非金融资产	1342470	84.63	1740346	84.83	608910	83.59
生产经营性资产	48429	3.05	53856	2.63	38424	5.27
房产净值	1137719	71.72	1503475	73.29	463379	63.61
交通工具及耐用消费品	156321	9.85	183014	8.92	107107	14.70
金融资产	262266	16.53	332726	16.22	132359	18.17
家庭现金及储蓄	193559	12.20	233824	11.40	119321	16.38
投资理财	57202	3.61	85054	4.15	5852	0.80
应收款项	11505	0.73	13848	0.68	7186	0.99
非住房负债	-18468	-1.16	-21532	-1.05	-12818	-1.76
其他负债	-18468	-1.16	-21532	-1.05	-12818	-1.76
家庭总财富	1586268	100	2051540	100	728451	100

（二）非金融资产构成

1. 城乡家庭非金融资产构成。如表3-2所示，从全国来看，户均房产净值为1137719，占家庭非金融资产的84.75%。城镇家庭房产净值1503475元，是农村家庭的3.2倍，占比86.39%，高出农村10.29个百分点；城镇家庭交通工具及耐用消费品为183014元，是农村家庭的1.71倍；农村家庭生产经营性资产占比为6.31%，高于城镇3.22个百分点。

表3-2　　　　　　　　　城乡家庭非金融资产构成

非金融资产构成	全国		城镇		农村	
	均值（元）	比例（%）	均值（元）	比例（%）	均值（元）	比例（%）
生产经营性资产	48429	3.61	53856	3.09	38424	6.31
房产净值	1137719	84.75	1503475	86.39	463379	76.10
房屋现值	1234004	91.92	1625854	93.42	511555	84.01
房屋未还欠款	-96285	-7.17	-122379	-7.03	-48176	-7.91
交通工具及耐用消费品	156322	11.64	183014	10.52	107107	17.59
交通工具	103639	7.72	120706	6.94	72173	11.85
农用机械	1368	0.10	719	0.04	2565	0.42
耐用消费品	37326	2.78	43073	2.47	26728	4.39
贵重物品	13989	1.04	18516	1.06	5641	0.93
合计	1342470	100	1740345	100	608910	100

2. 分区域家庭非金融资产构成。如表3-3所示，从地区来看，不同地区非金融资产均值差异巨大，经济较为发达的东部地区无论是非金融资产还是非金融资产具体类别的资产均值，都远远高于其他地区相应的均值。中部和西部地区之间各类别非金融资产和非金融资产合计数的均值差异较小，其中西部地区非金融资产合计数略高于中部地区。对于非金融资产的具体分类来说，房产净值的均值远高于生产经营性资产和交通工具及耐用消费品的均值，东部地区房产净值占非金融资产的比重为87.72%；中部地区占比为78.88%；西部地区占比为83.50%。

表3-3　　　　　　　　　　分区域家庭非金融资产构成

非金融资产构成	东部		中部		西部	
	均值（元）	比例（%）	均值（元）	比例（%）	均值（元）	比例（%）
生产经营性资产	69726	3.20	42629	5.08	25074	2.66
房产净值	1908583	87.72	662106	78.88	787739	83.50
房屋现值	2036206	93.58	733541	87.39	880079	93.29
房屋未还欠款	-127623	-5.87	-71435	-8.51	-92340	-9.79
交通工具及耐用消费品	197518	9.08	134680	16.04	130577	13.84
交通工具	128375	5.90	91383	10.89	86805	9.20
农用机械	1131	0.05	1779	0.21	982	0.10
耐用消费品	46193	2.12	32254	3.84	32553	3.45
贵重物品	21819	1.00	9264	1.10	10236	1.09
合计	2175827	100	839415	100	943390	100

　　3. 家庭房产净值概况。图3-4呈现了家庭房产净值情况，从全国看，家庭户均房产净值为1137719元，城镇家庭房产净值1503475元，是农村家庭的3.24倍；从地区角度看，东部地区家庭房产净值最高，为1908583元，中部和西部地区家庭房产净值相差不大，但均低于全国平均水平，分别为662106元和787739元。

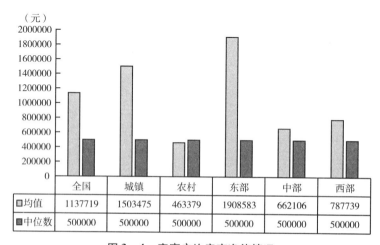

（元）	全国	城镇	农村	东部	中部	西部
均值	1137719	1503475	463379	1908583	662106	787739
中位数	500000	500000	500000	500000	500000	500000

图3-4　家庭户均房产净值情况

（1）家庭房产（建筑物）面积情况。如图3-5所示，全国家庭房产（建筑物）的面积均值为191平方米。从城乡来看，农村家庭居住房产面积是204平方米，是城镇家庭的1.11倍。相对于城镇紧张的土地资源，农村土地资源较广阔，人口分布相对松散，因此，农村家庭居住房产面积平均值略高于城镇家庭。分地区来看，中部地区家庭居住房产面积最低，为184平方米；而东部地区家庭居住房产面积略高于西部地区，东部地区家庭居住房产面积最高，为199平方米。

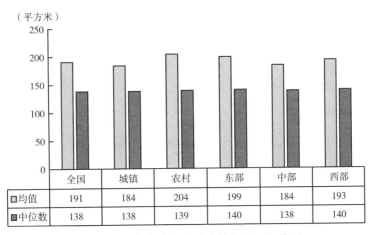

（平方米）

	全国	城镇	农村	东部	中部	西部
均值	191	184	204	199	184	193
中位数	138	138	139	140	138	140

图3-5　家庭户均房产（建筑物）面积情况

（2）户主学历与家庭房产净值。由图3-6可知，从户主学历来看，硕士及以上学历的户主家庭居住房产净值最大，为2605987元，是初中及以下学历家庭

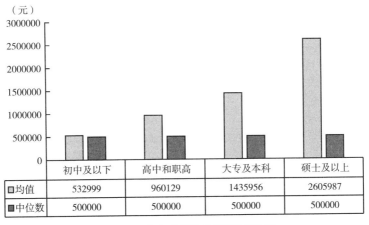

（元）

	初中及以下	高中和职高	大专及本科	硕士及以上
均值	532999	960129	1435956	2605987
中位数	500000	500000	500000	500000

图3-6　户主学历与家庭房产净值

房产净值的 4.89 倍。高中和职高学历家庭房产净值比全国平均水平低 177590 元。大专和本科学历房产净值为 1435956 元，表明随着学历的提高，户主拥有的房产净值也在逐渐增加。

（3）户主年龄与家庭房产净值。由图 3 - 7 可以看出，总的来说，户主的房产净值随着年龄的增长先增加而后减少。46 ~ 60 岁的户主家庭房产净值最高，为 1232617 元；61 岁及以上年龄的户主家庭房产净值最低，为 1011074 元。

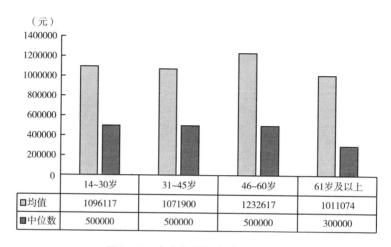

图 3 - 7　户主年龄与家庭房产净值

（4）户主行业与家庭房产净值。图 3 - 8 揭示了不同行业户主房产净值均值的差异，户主的工作行业不同，其拥有的房产净值之间差异较大。其中，科学研究、技术服务和地质勘察业房产净值产均值最高，为 3261818 元；拥有房产净值第二高的金融业的户主家庭，为 2636807 元；从事农林牧渔业的户主所拥有的房产净值最少，仅为 435986 元。金融业工作家庭房产净值是农林牧渔业的 6.05 倍。

（三）金融资产构成

1. 城乡家庭金融资产构成。如表 3 - 4 所示，从全国来看，户均家庭储蓄为 193558 元，占家庭金融资产的 73.8%。其中户均活期存款和定期存款分别为 79132 元和 85408 元，分别占家庭金融资产的 30.17% 和 32.57%。城镇家庭活期存款 96193 元，是农村家庭活期存款的 2.02 倍；城镇家庭定期存款 102941 元，是农村家庭的 1.94 倍。家庭户均投资理财为 57202 元；城镇家庭户均投资理财为 85054 元，是农村家庭的 14.54 倍。

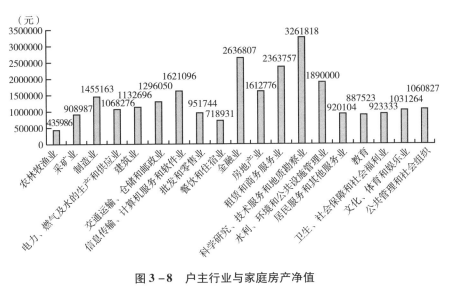

图 3 - 8　户主行业与家庭房产净值

表 3 - 4　　　　　　　　　　城乡家庭金融资产构成

金融资产构成	全国		城镇		农村	
	均值（元）	比例（%）	均值（元）	比例（%）	均值（元）	比例（%）
家庭储蓄	193558	73.80	233824	70.28	119321	90.15
现金	7461	2.84	8536	2.57	5479	4.14
活期存款	79132	30.17	96193	28.91	47677	36.02
定期存款	85408	32.57	102941	30.94	53083	40.11
网络金融	21557	8.22	26154	7.86	13082	9.88
投资理财	57202	21.81	85054	25.56	5851	4.42
有价证券	38129	14.54	57994	17.43	1505	1.14
金融理财产品（含基金）	16561	6.31	23918	7.19	2996	2.26
其他金融资产（黄金）	2512	0.96	3142	0.94	1350	1.02
应收款项	11505	4.39	13848	4.16	7186	5.43
合计	262265	100.00	332726	100.00	132358	100.00

2. 分区域家庭金融资产构成。如表 3－5 所示，从地区来看，不同地区金融资产均值差距较大，东部地区无论是金融资产还是金融资产具体类别的资产均值都远远高于其他地区相应的均值。中部和西部地区之间家庭储蓄的均值差异较小，分别为 162975 元和 162988 元。对于金融资产的具体分类来说，家庭储蓄的均值远高于投资理财的均值，东部地区家庭储蓄占金融资产的比重为 77.47%；中部地区占比为 68.19%；西部地区占比为 76.70%。

表 3－5　　　　　　　　　　　分区域家庭金融资产构成

金融资产构成	东部		中部		西部	
	均值（元）	比例（%）	均值（元）	比例（%）	均值（元）	比例（%）
家庭储蓄	248155	77.47	162975	68.19	162988	76.70
现金	8995	2.81	6880	2.88	6082	2.86
活期存款	103114	32.19	65787	27.53	65539	30.84
定期存款	109828	34.29	71073	29.74	72958	34.33
网络金融	26218	8.18	19235	8.05	18409	8.66
投资理财	59462	18.56	63996	26.78	40908	19.25
有价证券	31333	9.78	51488	21.54	24124	11.35
金融理财产品（含基金）	25308	7.90	9626	4.03	15456	7.27
其他金融资产	2821	0.88	2882	1.21	1328	0.62
应收款项	12719	3.97	12023	5.03	8593	4.04
合计	320336	100.00	238994	100.00	212489	100.00

（四）非住房负债

1. 户主学历与家庭非住房负债。由图 3－9 可知，有非住房负债户主家庭承担的负债按学历分组算得的平均数相差较大。初中及以下学历的户主平均负债最低，约为 13364 元。高中和职高学历户主的平均负债为 18493 元。大专及本科学历的非住房负债最高为 21374 元，是初中及以下学历负债水平的 1.6 倍。从中位数角度来看，各个学历层的其他负债中位数都为 0，都远低于平均数，这说明在每个组内，其他负债金额都差异较大。

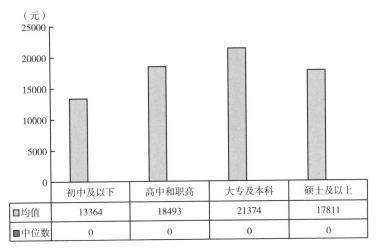

（元）

	初中及以下	高中和职高	大专及本科	硕士及以上
□均值	13364	18493	21374	17811
■中位数	0	0	0	0

图3－9　户主学历与家庭非住房负债

2. 户主年龄与家庭非住房负债。图3－10展示了各个年龄段，有非住房负债户主家庭之间承担债务的差异。总体来看，非住房负债随着年龄的增加先增加而后下降，在46~60岁达到最高点，此时非住房负债为21017元。61周岁及以上的非住房负债平均数最低，约为3074元。各个年龄段的非住房负债中位数都为0，都远远低于平均数，再次证明了各年龄段内非住房负债差距较大。

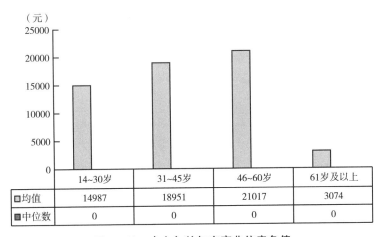

（元）

	14~30岁	31~45岁	46~60岁	61岁及以上
□均值	14987	18951	21017	3074
■中位数	0	0	0	0

图3－10　户主年龄与家庭非住房负债

3. 户主工作性质与家庭非住房负债。由图3－11可以看出，不同工作性质之间的户主承担的非住房负债相差较大，由此可见工作性质对非住房负债有着重要的影响。其中，个体或私人经营户主的其他负债金额最高，为 32136 元；农业工作者的非住房负债金额第二高，为 18953 元；从事零散工工作的户主负担的非住房负债最少，只有 13742 元，约是最高的个体或私人经营承担的非住房负债的 43%。

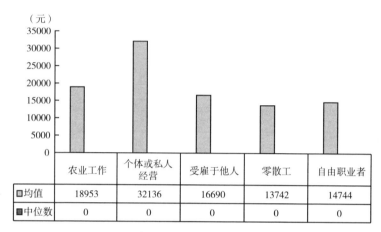

（元）	农业工作	个体或私人经营	受雇于他人	零散工	自由职业者
均值	18953	32136	16690	13742	14744
中位数	0	0	0	0	0

图 3-11　户主工作性质与家庭非住房负债

三、财富分布

（一）家庭财富及城乡分布

如图 3-12 所示，全国家庭户均财富值为 1586268 元，户均财富中位数为 800000 元。从户主户口所在地看，城镇家庭户均总财富为 2051540 元，户均财

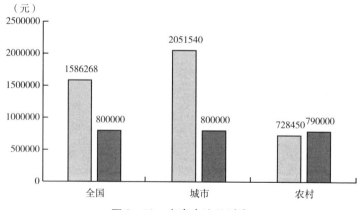

图 3-12　家庭户均总财富

富中位数为 800000 元；农村家庭户均总财富为 728450 元，户均财富中位数为
790000 元。

（二）家庭财富及地区分布

如图 3-13 所示，分地区看，全国户均家庭总财富 1586268 元，东部、西部、中部地区户均家庭总财富依次递减，分别为 2478522 元、1139094 元和1058327 元。东部地区家庭户均总财富最多，比中部地区多 1420195 元，比西部地区多 1339428 元。中部和西部家庭户均总财富相差不大，且都处于全国平均水平以下。西部地区的户均家庭总财富略高于东部地区，且西部地区的户均家庭总财富中位数与中部地区持平。

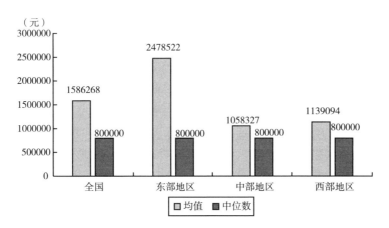

图 3-13　户主所在地区与家庭总财富

（三）户主教育与家庭财富

图 3-14 揭示了户主不同受教育程度的家庭总财富。从户主学历看，随着学历的提高，家庭户均总财富呈上升的趋势。户主是初中及以下学历的家庭户均总财富最低，为 807271 元。户主为硕士及以上学历的家庭户均总财富最高，为 3342634 元，是户主为初中及以下家庭 4.1 倍。

（四）户主年龄与家庭财富

图 3-15 报告了处于不同年龄阶段的户主拥有家庭总财富的情况。总体来看，户主家庭拥有的总财富随着年龄的增加而呈现出上下波动的趋势。年龄处

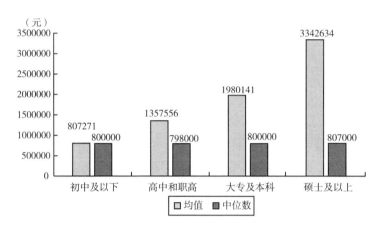

图 3 - 14　户主学历与家庭总财富

于 46 ~ 60 岁的户主拥有的家庭总财富最多，为 1724021 元；61 岁及以上的户主拥有的家庭总财富最少，为 1278485 元。14 ~ 30 岁与 31 ~ 45 岁的户主拥有的家庭总财富金额差距在四组中最小，分别为 1587123 元和 1478038 元。四组数据的家庭户均家庭总财富中位数差别不大，其中前三组均为 800000 元；61 岁及以上的户主拥有的家庭总财富中位数略高，为 807000 元。

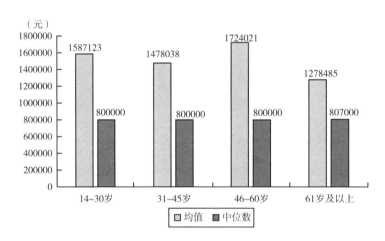

图 3 - 15　户主年龄与家庭总财富

（五）户主行业与家庭总财富

如图 3 - 16 所示，从行业看，不同行业的家庭户均总财富差异较大。户主就职于房地产业和金融业的家庭总财富最高，分别为2908893和3109255元；其次为科学研究、技术服务和地质勘察业及信息传输、计算机服务和软件业，分别为2771542元和1973503元。农林牧渔业家庭总财富最低，为649844元，仅为金融业的20.9%。

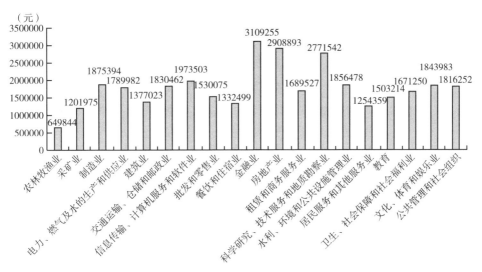

图3-16　户主行业与家庭总财富

第三节　财富积累机制分析

自改革开放以来，我国经济发展取得了举世瞩目的成就，实现了小康这个中华民族千年的梦想，打赢了人类历史上规模最大的脱贫攻坚战，近一亿农村贫困人口实现脱贫，历史性地解决了绝对贫困问题，居民家庭财富也获得了提升。21世纪以来，中国不断改进的公共政策体系和扶贫开发政策抑制了收入不平等的继续扩大，但其主要影响因素并没有完全消失，因而财富分配一直不平等。以下将分析财富差距扩大的主要原因，并结合收入、职业、受教育程度进行相关性分析。

一、家庭财富分位数分析

表3-6展示了通过剔除不同比例的最高财富所有者样本和最低所有者样本

所带来的基尼系数变化以及家庭财富平均水平变化情况，图 3 - 17 和图 3 - 18 分别展示了财富水平和基尼系数在剔除不同比例后具体的变化趋势。

表 3 - 6　　　　　　　　　　　　家庭财富分位数分析结果

类别	样本数（个）	家庭财富平均水平（元）	财富不平等程度（Gini）（%）
全样本	4621	1586268	0.6101011
剔除财富最高值1%	4575	1385861	0.565931
剔除财富最高值5%	4390	1107150	0.5054588
剔除财富最高值10%	4159	922508	0.4632276
剔除财富最低值1%	4575	1607303	0.6010483
剔除财富最低值5%	4390	1674102	0.585131
剔除财富最低值10%	4159	1761313	0.5673632

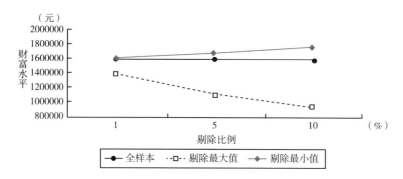

图 3 - 17　财富水平分位数分析

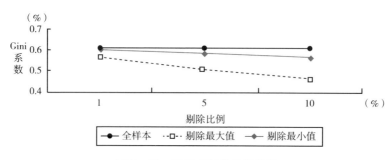

图 3 - 18　基尼系数分位数分析

　　观察财富水平变化，可以发现剔除不同比例样本的最大值后，平均财富水平迅速下降，低于全国平均财富水平；而剔除不同比例样本的最小值之后，平均财富水平缓慢上升，超过全国财富平均水平；此外剔除最大值样本带来的财富水平变化幅度远大于剔除最小值样本带来的财富水平变化幅度。这表明较少的人拥有了较多的财富，他们的财富水平变化可以左右社会平均财富水平的变化，由此缓解财富分配不平等可以从两方面考虑，除可以通过转移支付、社会保障、扩大就业、提高最低工资标准等政策提高低收入者收入，进而提高社会整体财富平均水平外，还可以通过利用税收政策、分配政策等限制过高收入，调节财富分配水平。

　　再观察基尼系数变化，总体来讲，当剔除不同比例的最高或最低财富样本后，相比全样本基尼系数大小，财富不平等程度均有所下降，即调整样本后基尼系数都有所降低，财富差距程度缩小。另外，比较剔除最高值样本和最低值样本所带来的基尼系数，不难发现剔除高样本后所带来的基尼系数下降水平远大于剔除最低收入群体样本后所带来的基尼系数变化水平，这表明居民家庭财富分配差距的扩大主要是由高净值人群财富的快速增加所带来的，这也为改善财富分配不平等程度提供了思路。

二、家庭财富相关性分析

　　财富不平等驱动机制是财富分配研究中的另一个重要核心议题。赛斯和祖克曼（Saez & Zucman, 2016）给出了个人财富积累的动态方程，提出收入不平等、储蓄率和财富回报率异质性是财富不平等的主要驱动力，任何驱动上述三种因素扩张的机制均有助于解释财富不平等现象。其中，收入尤其是工资性收入是家庭财富积累的主要来源，收入差距是推动财富不平等的重要力量（Piketty & Saez, 2003；Benhabib et al., 2017；Ashman et al., 2020），并且这一过程会因各阶层之间储蓄率异质性而加速（Saez & Zucman, 2016）。近年来，关于财富不平等驱动机制的研究视角日益多元化，本节利用被调查者家庭净收入、受教育程度和家庭净财富平均数，通过求彼此间的相关系数，从多个路径研究影响财富分配的因素，有助于解释财富不平等的微观形成机制。

　　表3-7为变量的统计指标，其中变量 y 代表居民家庭净财富平均数；$income$ 代表居民家庭净收入平均数；$educ$ 代表被调查者的受教育程度。表3-8

展示了三个变量之间的相关系数，由表中可知居民家庭净收入和受教育程度与居民家庭净财富存在相关关系。结果显示，居民家庭净收入与居民家庭净财富的相关系数为 0.431，且在 10% 水平上显著不为 0；受教育程度与居民家庭净财富的相关系数为 0.163，且在 10% 水平上显著不为 0。这表明居民财产分配与收入分配之间的关联性较高，可以通过收入分配制度改革，缩小收入差距，进而减缓居民财富分配不平等的程度，这也为规范财富积累机制提供了思路。

表 3 - 7　　　　　　　　　　　　　描述性统计结果

变量	Obs	Mean	Std. Dev.	Min	Max
y	4615	1586957.9	3100411	− 4729000	93155000
income	4615	188278.06	274337.25	− 233000	4162000
educ	4615	5.792	2.304	1	10

表 3 - 8　　　　　　　　　　　　各变量间两两相关系数

变量	(1)	(2)	(3)
(1) income	1.000		
(2) educ	0.163 * (0.000)	1.000	
(3) y	0.431 * (0.000)	0.187 * (0.000)	1.000

注：＊表示10%统计显著性水平。

图 3 - 19 为不同职业类别所拥有的家庭净财富平均数水平。如图 3 - 19 所示，农林牧渔水利生产人员的家庭财富平均值最低；而国家机关、企事业单位负责人所拥有的家庭财富水平最高，是农林牧渔水利职业家庭财富的 2.49 倍；此外专业技术人员、办事人员、商业、服务业人员家庭财富差距不大，但也远超农林牧渔水利生产人员的财富水平，表明不同职业间也存在较大的财富差距。为更好地实现共同富裕目标，实现财富分配均等化，也需要调整职业间的财富分配差距。

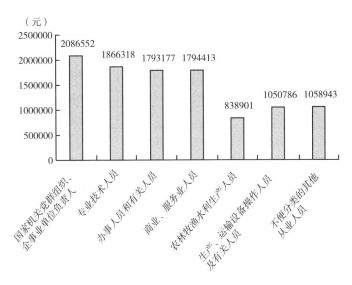

图 3 – 19　各职业的家庭财富平均数

第四节　家庭财富差距度量与分解

一、家庭财富差距度量

表 3 – 9 给出了按不同人群组划分的全国居民家庭财富描述性统计结果。结果表明，2021 年，全国家庭户均财富为 1586268 元，其中，城镇家庭户均财富为 2051540 元；农村居民家庭户均财富为 728450 元，城乡财富比为 2.82 倍。分区域来看，东部地区家庭户均财富最高，为 2478522 元；西部地区次之，为 1139094 元；中部地区最低，为 1058327 元。

表 3 – 9　　　　　　　　不同群组家庭户均财富情况

群组	分类	样本数（个）	所占比例（%）	房产净值（元）	户均总财富（元）
全国	分类	4621	100	1137719	1586268
城乡	城镇	2996	64.83	1503475	2051540
	农村	1625	35.17	463379	728450

群组	分类	样本数（个）	所占比例（%）	房产净值（元）	户均总财富（元）
全国		4621	100	1137719	1586268
区域	东部	1659	35.90	1908583	2478522
	中部	1928	41.72	662106	1058327
	西部	1034	22.38	787739	1139094

二、家庭财富差距分解

（一）财富差距的分解

图 3-20 统计了家庭户均总财富的分布。分财富等级看，将家庭财富由小到大进行排序，按家庭数量 5 等分进行分组，将所有样本分为 0~20%、21%~40%、41%~60%、61%~80%、81%~100% 五个样本组，分别代表低财富、较低财富、中等财富、较高财富、高财富五个财富等级。低财富组家庭户均财富为 118525 元，财富组家庭财富仅占全部家庭财富总和的 1.50%；较低财富组家庭户均家庭财富为 451277 元，占比为 5.69%。财富最低的 40% 家庭占全部家庭财富的比重仅为 7.19%。较高财富组家庭户均财富为 1453152 元，占比为 18.33%；高财富组家庭户均财富为 5096239 元，是低财富组的 43 倍，占比为

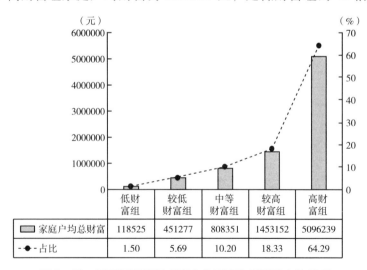

	低财富组	较低财富组	中等财富组	较高财富组	高财富组
家庭户均总财富	118525	451277	808351	1453152	5096239
占比	1.50	5.69	10.20	18.33	64.29

图 3-20 不同财富等级家庭户均财富和总财富占比情况

64.29%，财富最高的40%家庭财富占全部家庭财富的比重达到82.62%。随着财富等级的提高，不同样本组之间家庭户均财富的差距越来越大，高财富组户均财富比较高财富组高3643087元，是较高财富组的3.5倍。

表3-10和表3-11在按上述方法进行样本分组的基础上，统计了家庭各类资产和非住房负债总量和占比情况，低财富组家庭非金融资产占家庭户均总财富的比重为89.68%，金融资产占比为38.00%，非金融资产与金融资产的比值小于3，而非住房负债占比却最高，远远高于其他分组数据，占家庭总财富的-27.68%；高财富组家庭非金融资产占家庭总财富的比重为85.22%，金融资产占比为15.19%，总财富的积累更倚重非金融资产，而对于金融类工具和金融类产品的使用远远低于其他财富等级的家庭。

表3-10　　　　　　　　不同财富组的家庭户均财富　　　　　　单位：元

财富构成	低财富组	较低财富组	中等财富组	较高财富组	高财富组
家庭户均总财富	118525	451277	808351	1453152	5096239
非金融资产	106288	372424	672902	1214615	4342873
金融资产	45041	93802	148704	248917	774313
非住房负债	-32804	-14949	-13255	-10380	-20947

表3-11　　　　　　　　不同财富组的家庭财富结构　　　　　　单位：%

财富构成	低财富组	较低财富组	中等财富组	较高财富组	高财富组
家庭户均总财富	100	100	100	100	100
非金融资产	89.68	82.53	83.24	83.58	85.22
金融资产	38.00	20.79	18.40	17.13	15.19
非住房负债	-27.68	-3.31	-1.64	-0.71	-0.41

（二）财富差距的基尼系数

由于共同富裕目标的提出以及对社会公平的追求，各学者对于收入分配不平等和居民财富差距扩大关注度逐渐增加，因此本书在前文的基础上进一步对居民家庭财富的差距利用基尼系数进行测算，并绘制了洛伦兹曲线。

城乡间居民家庭财富差距的洛伦兹曲线如图3-21所示。城镇洛伦兹曲线在农村的下方，表明城镇居民财富差距大于农村。分城乡来看，全国家庭财富基尼系数为0.61；城镇家庭财富基尼系数为0.589；农村家庭财富基尼系数为

0.524。城镇基尼系数大于农村基尼系数，说明城市家庭的财富分配差距比农村大。此外，全国、城乡三者基尼系数均远高于基尼系数警戒线 0.4，表明当前财富差距不平等程度较深，需要加以防范。

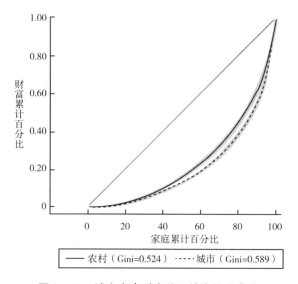

图 3－21　城乡家庭财富差距的洛伦兹曲线

图 3－22 展示了东中西部三个地区家庭财富差距的洛伦兹曲线，其中东部地区位于最下方，西部地区位于最上方，这表明东部地区的财富差距大于西部

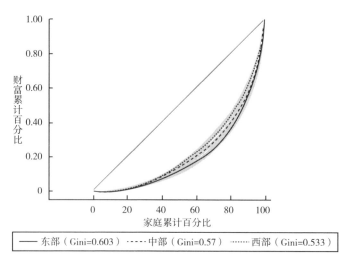

图 3－22　东中西部家庭财富差距的洛伦兹曲线

和中部地区。此外分区域来看，根据财富基尼系数的度量结果显示，全国家庭财富差距的基尼系数为 0.61，东中西部地区分别为 0.603、0.57 和 0.533；与全国相比，东部地区家庭财富差距的基尼系数与全国水平最接近，中西部地区略低于全国水平，说明东部城市财富分配差距较中西部地区大。此外，东中西部地区家庭财富的基尼系数均大于设定的警戒线标准，表明存在一定程度的财富不平等。但是由于调查样本有限，所计算出来的全国基尼系数大于统计年鉴公布的基尼系数水平。

（三）财富差距的 Theil 指数

泰尔指数是 1967 年由泰尔提出的，最初是西方经济学中用来衡量收入分布公平性的一种方法，主要通过考察人口与其相应的收入是否匹配来判断分布的公平性，通常用作衡量个人之间或者地区之间不平等度的指标。一般认为，当每个人所拥有的收入都是一样时，此时收入的分布是绝对公平的；而当部分人群占有比其他人群比例更高的收入时，就会产生收入不公平的现象。泰尔指数的大小表明所研究要素在各地间分布差异的大小，泰尔指数越小说明差异越小；反之说明差异越大。利用泰尔指数的时间序列分析可清楚地看到各年差异的动态变化过程。

利用 2021 年中国收入分配与共同富裕调查数据，分两个维度来进行泰尔指数测量，进而对财富差距进行度量。

1. 城乡间家庭财富差异以及 Theil 指数。从整体来看，由图 3 - 23 可以观察到相比较农村间家庭财差距，城镇 Tpi 为 0.6891533，这远大于农村 Tpi 的

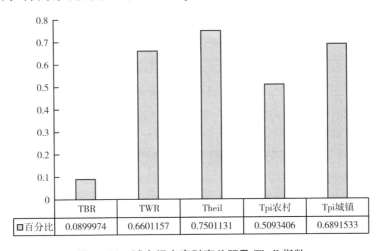

	TBR	TWR	Theil	Tpi农村	Tpi城镇
百分比	0.0899974	0.6601157	0.7501131	0.5093406	0.6891533

图 3 - 23　城乡间家庭财富差距及 Theil 指数

0.5093406，且用来表示总差异的泰尔指数也远超于 0.70。这表明城乡间财富分配不平等，城镇地区财富差距对财富不平等的贡献程度更大，财富差距进一步扩大。此外，从个体来看，农村 Tpi、城镇 Tpi 均大于 0.5，这表明城镇、农村内部的财富差距也较大，即农村、城镇各家庭间的财富不平等程度较高，城镇区域间的总不平等程度要大于农村地区的不平等程度。

2. 各区域间家庭财富差异及 Theil 指数。本部分将居民家庭财富按照区域分布，划分为东部、中部和西部三个区域，计算各区域总差异和区域间总差异，衡量区域内部以及区域间的财富差异程度。由图 3 - 24 可知，东部的指数最高，为 0.6950064；西部区域最低，为 0.5366914；中部城市 Tpi 略低于东部城市。这表明东部城市的财富不平等程度高于中西部城市，此外泰尔指数为 0.7510796，等于 TBR + TWR，表明居民家庭财富差距较大，而中部和东部地区为这一不平等程度贡献更多，这也为衡量财富不平等程度提供了有力的证据，为早日实现共同富裕目标提供了改变的方向。

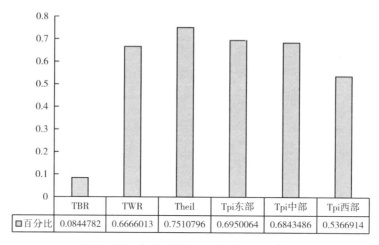

	TBR	TWR	Theil	Tpi东部	Tpi中部	Tpi西部
■ 百分比	0.0844782	0.6666013	0.7510796	0.6950064	0.6843486	0.5366914

图 3 - 24　各区域间财富差异及 Theil 指数

第五节　家庭财富决定因素分析

影响家庭财富积累的原因有很多，不仅与所有制结构、地域环境等因素密切相关，还与家庭收入、人力资本、政治资本、职业、个人地位等因素紧密相关（杨灿明和孙群力，2016；李实等，2005）。为更全面地分析居民财富的决定因素，本节利用中国收入分配与共同富裕调查数据，采用最小二乘法回归模型考察不同因素对居民财富的影响。并建立如式（3－1）所示的对数线性回归方程：

$$\ln Y_i = \alpha 0 + \alpha 1 \ln W_i + \alpha 2 age_i + \alpha 3 age_{i2} + \alpha 4 educ_i + \varepsilon_i \qquad (3-1)$$

在式（3－1）中，i 表示第 i 个调查样本，$\ln Y_i$ 是被解释变量，表示家庭净财富的自然对数。ε_i 为随机误差。解释变量包括：表示户主特征的年龄（age_i）、年龄平方（age_{i2}）、受教育程度（$educ_i$）、家庭净收入的自然对数（$\ln W_i$）。其中变量的描述性统计见表3－12。2021年中国收入分配与共同富裕调查数据样本总数为4621个，经过删除缺失值及无效变量后，可用样本数为4434个。其中 $\ln w$ 为家庭净收入的自然对数；$educ$ 为受调查者的最高教育程度，具体包括从未上过学到博士十个教育程度。

表 3－12　　　　　　　　　　　描述性统计结果

变量	Obs	Mean	Std. Dev.	Min	Max
$\ln Y$	4434	13.583	1.253	6.908	18.35
$\ln W$	4434	11.686	1.023	5.193	15.242
age	4434	42.672	11.293	14	81
age_2	4434	1948.411	968.071	196	6561
$educ$	4434	5.789	2.31	1	10

表3－13报告了家庭财富决定因素方程的回归结果。通过将2021年调查数据进行数据处理后剩余4434个样本值，并以此进行回归估计。结果表明，所有变量的回归系数都符合预期，且具有统计显著性。在其他条件不变的前提下，家庭收入增加显著提高家庭财富，收入增长率每提高1%，财富增长率提高0.52%；随着户主年龄增长，家庭财富增加，但具有显著的边际递减效应；受教育程度对家庭财富的提高幅度不大，教育程度每提高一个单位，财富增加0.14%。

表 3－13　　　　　　　　　　　回归方程估计结果

$\ln Y$	Coef.	St. Err.	t-value	p-value	[95% Conf	Interval]	Sig
$\ln W$	0.525	0.016	32.70	0	0.493	0.556 ***	
age	0.038	0.007	5.29	0	0.024	0.052 ***	
age_2	0	0	-3.92	0	0	0 ***	

续表

lnY	Coef.	St. Err.	t-value	p-value	［95% Conf	Interval］	Sig
educ	0.137	0.008	17.78	0	0.122	0.152 ***	
Constant	5.67	0.234	24.26	0	5.212	6.128 ***	
Mean dependent var		13.583	SD dependent var			1.253	
R-squared		0.292	Number of obs			4434	
F-test		456.743	Prob > F			0.000	
Akaike crit.（AIC）		13063.590	Bayesian crit.（BIC）			13095.575	

注：*** 表示 1% 统计显著性水平。

除此之外，其他学者也采用了不同的方式进行财富不平等分析。马歌、孙群力（2022）对家庭财富采用 RIF 无条件分位数回归分解的方法对城乡财富差距进行分解，RIF 回归结果表明，家庭年收入、户主年龄和受教育年限对均值和各分位家庭财富都有显著影响。家庭年收入随着财富分位的提高对城乡家庭财富的影响强度均呈 U 型变化。受教育年限、民族、健康状况和职务具有扩大城乡财富不平等的作用。这一研究结果与本节统计变量受教育程度对财富的作用方向一致，都认为受教育程度越高，居民家庭财富差距越大。杨灿明、孙群力（2019）采用 GE 和夏普里值（Shapley）分解方法，研究城乡之间和城乡内部、地区之间和地区内部的财富差距及其对总财富不平等的贡献，并测算了各影响因素对财富差距的贡献度，发现家庭收入、地区差异和城乡差异对财富差距的影响较大。本节家庭财富的回归方程估计结果表明收入增长率每提高 1%，财富增长率提高 0.52%，即家庭收入对于财富不平等程度的影响较大。

然而，郭杰（2022）构建包含预防性储蓄、生命周期、代际传递、个体异质性资产回报率和城乡差异的不完全市场模型，定量评估不同因素对财富不平等的相对影响。研究发现，异质性资产回报率是财富不平等和顶层财富集中的核心影响因素，城乡资产回报率差异是城乡财富差距的关键成因，调节劳动收入能够改善财富分布但是对顶层财富集中的影响小。这一研究结果也印证了前几节关于家庭财富构成的分析结果，顶层财富主要依靠房产净值、金融资产和投资理财商品等非劳动所得，而资本所得由于目前难以对其征税，故个人劳动所得负担了更多税收，即调节劳动收入更可能改善低财富所有者的财富分布，而对顶层财富影响甚微。尽管回归结果表明收入对于财富水平有正向影响作用，但仅仅依靠改善劳动收入水平去调节财富分配差距这一想法还需进一步斟酌，这也为本节的回归结果提供了新的解释，为改善财富分配不平等贡献新的想法。

第六节　本章小结

2021 年中国收入分配与共同富裕调查报告涵盖了对居民家庭财富情况的调查，本章从家庭户均总财富、非金融资产、金融资产和非住房负债四个方面反映中国居民的家庭财富情况。我国居民的家庭财富情况差异较大，户口、区位、学历、年龄、工作行业等对家庭财富的影响也各有不同。

从区域来看，总体上城镇居民家庭户均净财富远高于农村地区，东部地区户均家庭净财富也均高于中西部地区。此外，金融资产和非金融资产城镇家庭远远高于农村居民家庭；经济发展状况较好的东部地区，无论是持有的现金、存款、有价债券等金融资产，以及对网络理财工具的使用频率，还是拥有的房产、交通工具等非金融资产都是远远高于经济欠发达的中部和西部地区的。

从户主学历来看，随着户主受教育程度的提升，其拥有的各项金融资产和非金融资产数额均在逐步提高，证明了户主的受教育程度对财富的积累起着积极作用。例如户均家庭财富、房产净值、家庭存款等均随着学历的提升而提高。

从年龄来看，家庭户均财富随年龄增长而提高，在 46～60 岁达到户均家庭财富的最大值，青壮年户主拥有的家庭财富高于老年户主拥有的家庭财富；此外非住房负债也随着年龄的增长而增长，青壮年负担的非住房负债也远高于 60 岁以上的老年户主。

从行业来看，从事房地产业、金融业、科学研究、技术服务和地质勘察业以及信息传输、计算机服务和软件业的户主拥有的家庭财富高于从事其他工作的户主；从事农林牧渔业工作的户主拥有的家庭财富最少。从行业户均家庭财富均值可以清楚地观测到财富分配的不均匀程度。

对于非金融资产，具体划分为生产经营性资产、房产（建筑物）和交通工具及耐用消费品三类。房产净值的占比远远高于生产经营性资产和交通工具及耐用消费品的占比，从全国角度来看，房产净值占非金融资产占比达到

84.75%，东部和城市地区的户主拥有的非金融资产和非金融资产细化的三类的平均数额都是远远高于中部、西部地区和农村的。金融业户主拥有的房产净值是农林牧渔业工作的户主房产净值的 6.07 倍。高学历户主的房产净值平均数远高于低学历户主，硕士及以上学历的户主拥有的房产净值平均数最高，初中及以下学历的平均数最低，区域之间和城乡之间的不平衡问题在非金融资产拥有数额中都得到了很好的体现。

对于金融资产，具体包括家庭储蓄和投资理财产品。其中家庭储蓄的占比最大，为 73.8%。但农村地区投资理财产品占金融资产的比例仅为 4.42%，远低于城镇和全国水平，说明受区域影响，农村家庭金融资产仍较多采取储蓄或现金的形式，而较少参与债券、股票等投资理财行为。对于非住房负债，非住房负债率不是很高，全国占家庭财富的比例为 1.16%；城镇为 1.05%；农村为 1.76%，三个维度均小于 2%。

随着脱贫攻坚战取得全面胜利，我国全面消除了绝对贫困，居民人均可支配收入得到了提高，居民户均净财富也均实现了增长，但是通过观察家庭财富的构成比例，我们不难发现城乡地区非金融资产占家庭总财富的比重在 84% 左右上下波动。此外高财富组家庭户均财富为 5096239 元，占比 64.29%，是低财富组的 43 倍，财富最高的 40% 家庭财富占全部家庭财富的比重达到 82.62%。低财富组的非金融资产占财富的比例高达 89.68%，说明对于低财富家庭来说，家庭总财富的积累更倚重非金融资产，而对于金融类工具和金融类产品的使用远远低于其他财富等级的家庭。全国家庭净财富差距的基尼系数为 0.61；城镇家庭净财富差距的基尼系数为 0.589；农村家庭为 0.524；东中西部地区分别为 0.603、0.57、0.533；虽然受调查样本的影响，可能测算存在一定程度的误差，但如果以目前大多数学者认可的 0.4 作为贫富差距的国际警戒线，那么从家庭财富层面上来看，我国的居民财富差距已经很大。

此外利用 Theil 指数来度量家庭财富差距。从城乡分解来看，城乡内部的差异指数分别为 0.689 和 0.509，城乡之间的 Theil 指数为 0.75，表明城市地区内部的财富差距程度比农村地区更大，也为城乡区域间财富差异贡献更多，城乡区域间的不平等程度较大；从地区分解来看，东中西部地区内部的财富差异指数分别为 0.695、0.684 和 0.537，东中西部地区之间的 Theil 指数为 0.751，说明地区内部的财富不平等程度东部中部地区大于西部地区，而区域间总差异程度水平也较高。

李实（2022）指出，一定程度的收入不平等和财富分配差距有助于提高效率和经济增长，而收入差距过大和财富分配悬殊时，其对经济和社会发展的负面效应愈加明显，最终会演变成经济和社会进步的阻碍因素。从已有研究文献来看，收入和财富分配不平等问题会带来经济效率损失，阻碍代际流动，引发社会动荡等负面影响。易行健等（2022）也认为严重的财富不平等会抑制经济增长并诱发金融危机，甚至会阻碍人力资本积累和创业活动。综合本章所讨论内容可得，改善财富分配不平等程度是我国实现共同富裕目标、实现中华民族伟大复兴征程上必须要克服的关键问题。

第四章

家庭消费

第一节　引　　言

　　长期以来，投资、消费和净出口一直是中国经济增长的主要动力。其中，长期消费支出占中国 GDP 增长的 50% 以上；而城市居民的消费支出占全部消费支出的 70% 以上。因此，了解全国居民的消费模式以及影响其消费的变量至关重要。本书研究是为了更好地了解影响全国不同省市家庭人均消费的因素。调查员×××在 2022 年采用问卷访谈的方式进行了调查。4621 个家庭构成了调查的总体样本。最后，利用计量经济学方法建立了中国城市居民人均消费影响因素的多元线性回归模型。然后对其中的一些成分进行了调查。在对数据模型进行修改和优化，以消除串联性、异方差和其他难点和不明显的影响后，决定了最终的数据结论和分析。我们研究的最终结果表明，影响城市家庭消费结构的最重要变量是与收入、家庭特征、价格和经济社会制度有关的变量。未来，中国城镇居民收入的持续增长、人口老龄化、教育水平的提高、国家户籍制度和民生保障制度改革的加快，将促进中国城镇居民消费水平的提高。要通过稳定城镇居民收入增长、稳定物价、积极应对人口老龄化、减少居民消费顾虑等措施，加快消费增长和升级，从根本上消除影响居民消费的各种障碍。

第二节　家庭消费调查分析

一、家庭支出与消费

　　如表 4 - 1 所示，2022 年，受访居民平均年收入为 218624.3 元，平均年支出为 134932 元。相比全国平均年收入水平较高，这表明受访家庭普遍达到了小康水准。一方面，受访家庭的教育水平相对较高，平均学历处于中专学历水平，这表明这些家庭中的劳动力具备更高的竞争优势，可以获得更好的报酬。另一方面，受访居民家庭户口类别主要集中在城市，他们比起在农村的家庭具有更多的职位资源和创业机会。同时受访居民家庭的消费倾向为 61.7%，相比全国平均水平，呈现出高消费，低储蓄的特征。此外受访家庭的家庭规模平均接近于 4 口人，而全国家庭平均人口仅为 2.62 人，这意味着受访家庭普遍具有更多的有效劳动力。

表 4-1　　　　　　　　　　　　　　　描述性统计

变量	统计人数	均值	标准差	最小值	最大值
家庭收入（元）	4621	218634.3	223239.1	2800.00	1360000
家庭支出（元）	4621	134932	138710.1	10200.00	945000
受教育程度	4615	5.79	2.30	1.00	10.00
户口类型	4621	0.65	0.48	0.00	1.00
家庭人口数（人）	4613	3.68	1.24	1.00	9.00

注：受教育程度分别从未进学到博士为 10 个等级。户口类型中城市户口为 1，否则为 0。

二、消费结构以及边际消费倾向

居民消费结构是以受访居民的消费支出金额来衡量的，因此不同类别产品的价格变化必然会反映在消费结构中。即使某类消费品的数量没有变化，而相对价格的上升或下降都会引起该类消费金额的变化，进而导致消费比重的变化。根据消费升级的规律，服务的消费将继续上升。

如表 4-2 所示，从受访家庭的居民人均消费支出结构来看，食品和住房仍然作为主要消费支出类型，总计平均占比 44%，这反映出了一个家庭的平均生活成本。同时服务类消费占比较高（平均 11%），这体现了消费升级的特征。例如生活用品及服务消费支出平均占比为 11%。教育消费支出占比也较高，平均 14%，这反映了现阶段对教育的普遍重视。文化和娱乐消费支出占比 4%，受疫情影响，娱乐、文化活动和旅游消费都不同程度地受到了限制。其中，交通和通信消费支出占比 9%。通常来说，随着居民消费的不断升级，在该方面的消费应该会不断增长。然而随着公共交通的完善和疫情封控的影响，这一方面的支出比例并不高。另外，我们的受访者超过 65% 属于城镇居民，城市的医疗体系更加完善，因而医疗方面的支出也并不高。

表 4-2 居民消费结构描述

消费类别	统计人数	均值	标准差	最小值	最大值
食品	4621	0.29	0.15	0.03	0.75
服装	4621	0.07	0.05	0	0.27
居住	4621	0.15	0.14	0	0.69
服务	4621	0.11	0.09	0	0.53
交通通信	4621	0.09	0.07	0	0.40
教育	4621	0.14	0.14	0	0.62
文娱	4621	0.04	0.05	0	0.24
医疗	4621	0.05	0.07	0	0.43
其他	4621	0.05	0.06	0	0.29

第三节 消费差距度量与分解

分析不同收入水平下的消费差距（见表 4-3），最高收入水平家庭的消费与其他收入水平家庭差距最大；排在第二梯队的家庭，消费差距次之；中部和最后几个梯层的居民家庭消费差距保持差不多的水平，没有明显差异。同时值得注意的是，高收入者将更多财富用于各方面的投资和储蓄等，而用于消费的较少。收入水平仍然是制约低收入群体消费的重要因素。鉴于此，政府需要发挥再分配调节功能，缩小收入分配差距，同时加强社会保障体系建设，完善低收入群体的最低生活保障制度，缩小区域间低收入群体的消费差距。缩小收入分配差距的同时，稳步提高中高收入群体的消费能力。区域间市场发展不足，特别是高端商品市场发展不足，以及高端商品市场发展的区域不平衡，使得低收入地区难以满足这一群体的消费需求。这将阻碍区域消费潜力的释放。

表 4 – 3 　　　　　　　　　　　消费差距度量

收入分位数	收入均值（元）	总消费（元）	食物（%）	服装（%）	居住（%）	服务（%）
前 10%	749178	292367	0.26	0.07	0.19	0.12
11% ~20%	375914	183501	0.29	0.07	0.16	0.12
21% ~30%	274218	157137	0.28	0.07	0.16	0.10
31% ~40%	214568	143644	0.29	0.07	0.16	0.11
41% ~50%	170795	116931	0.30	0.07	0.14	0.11
51% ~60%	134417	110049	0.30	0.07	0.14	0.11
61% ~70%	106297	103225	0.30	0.07	0.14	0.11
71% ~80%	81947	87103	0.31	0.06	0.14	0.10
81% ~90%	55449	82883	0.28	0.07	0.15	0.11
最后 10%	22412	32139	0.30	0.06	0.15	0.08

收入分位数	交通通信（%）	教育（%）	文娱（%）	医疗（%）	其他（%）	
前 10%	0.09	0.11	0.06	0.04	0.07	
11% ~20%	0.09	0.12	0.05	0.04	0.06	
21% ~30%	0.09	0.13	0.05	0.04	0.06	
31% ~40%	0.09	0.14	0.04	0.04	0.05	
41% ~50%	0.09	0.15	0.04	0.04	0.05	
51% ~60%	0.10	0.14	0.04	0.04	0.04	
61% ~70%	0.10	0.16	0.03	0.05	0.04	
71% ~80%	0.10	0.15	0.03	0.06	0.05	
81% ~90%	0.10	0.16	0.03	0.06	0.04	
最后 10%	0.09	0.14	0.02	0.06	0.03	

注：按 10% 的受访者划分为 10 组。

此外，在食品消费方面，高收入群体在该项目消费的比重较低；服装和交通通信消费方面，各梯队之间的消费比重没有明显差异；居住消费比重方面，高收入群体的居住消费比重更高。特别需要指出的是，教育消费方面，尽管前 10% 收入家庭的比重最低，但是其消费基础高，因此总额上也是高过最低收入群体的，但是可以看到的是，对于收入排名中等的家庭来说，教育投入是家庭消费中很大的一个开支。

为进一步分析受访者消费差距情况，下文将从四大地区消费结构着手（见表4－4），主要分析食品、服装、居住、生活用品及服务、交通通信、教育，文化娱乐、医疗保健等其他方面存在哪些差距。

表4－4 各地区居民消费结构

地区	家庭收入（元）	家庭消费（元）	恩格尔系数	服装	居住	服务	交通	教育	收入	医疗	其他
总计平均值	218634	134932	0.29	0.07	0.15	0.11	0.09	0.14	0.04	0.05	0.05
东部地区	282731	166580	0.27	0.07	0.20	0.10	0.09	0.12	0.04	0.04	0.05
中部地区	179660	116228	0.29	0.07	0.15	0.10	0.10	0.15	0.04	0.05	0.05
西部地区	185681	118540	0.29	0.07	0.15	0.13	0.10	0.14	0.04	0.06	0.05
东北地区	188049	155351	0.31	0.08	0.14	0.11	0.09	0.14	0.05	0.05	0.04
北京	322780	257864	0.18	0.07	0.44	0.07	0.05	0.08	0.03	0.03	0.04
辽宁	238216	229867	0.30	0.07	0.15	0.13	0.11	0.15	0.06	0.07	0.05
江苏	368117	213688	0.29	0.06	0.16	0.11	0.09	0.13	0.04	0.04	0.06
上海	364794	204465	0.29	0.06	0.22	0.11	0.09	0.10	0.04	0.04	0.04
云南	203598	188391	0.31	0.08	0.17	0.10	0.10	0.10	0.04	0.06	0.04
广东	359570	178988	0.30	0.06	0.17	0.11	0.09	0.13	0.05	0.04	0.05
浙江	300353	175809	0.29	0.07	0.18	0.10	0.10	0.14	0.04	0.03	0.04
天津	275469	143578	0.27	0.06	0.15	0.11	0.08	0.10	0.06	0.06	0.06
吉林	166500	141508	0.35	0.07	0.15	0.09	0.09	0.07	0.04	0.04	0.05
重庆	275813	139263	0.27	0.07	0.14	0.12	0.07	0.15	0.05	0.06	0.05
福建	254368	137335	0.32	0.07	0.18	0.11	0.07	0.11	0.04	0.03	0.04
海南	220592	136379	0.33	0.06	0.13	0.10	0.10	0.14	0.04	0.05	0.05
安徽	235424	134860	0.29	0.06	0.15	0.10	0.10	0.16	0.04	0.04	0.04
甘肃	175732	126715	0.26	0.06	0.15	0.12	0.11	0.13	0.05	0.06	0.06
湖南	154034	125893	0.27	0.08	0.11	0.11	0.11	0.15	0.02	0.06	0.05

地区	家庭收入（元）	家庭消费（元）	恩格尔系数	服装	居住	服务	交通	教育	收入	医疗	其他
四川	214602	119342	0.29	0.06	0.14	0.11	0.09	0.15	0.04	0.06	0.05
山东	193556	113990	0.30	0.07	0.16	0.11	0.09	0.12	0.04	0.04	0.06
河南	204036	111979	0.28	0.07	0.15	0.10	0.09	0.16	0.05	0.05	0.05
江西	159903	111784	0.31	0.05	0.19	0.08	0.09	0.14	0.03	0.04	0.04
湖北	182543	111113	0.31	0.07	0.13	0.11	0.10	0.15	0.04	0.04	0.05
广西	138138	106432	0.25	0.05	0.14	0.12	0.10	0.18	0.04	0.07	0.04
河北	167714	103708	0.28	0.07	0.14	0.14	0.09	0.14	0.03	0.04	0.06
山西	142020	101738	0.29	0.07	0.14	0.11	0.10	0.16	0.03	0.04	0.05
陕西	184104	101416	0.23	0.06	0.20	0.12	0.09	0.14	0.04	0.04	0.05
贵州	155124	101130	0.28	0.07	0.17	0.09	0.10	0.18	0.04	0.03	0.03
内蒙古	125178	95500	0.27	0.08	0.15	0.09	0.10	0.14	0.05	0.06	0.04
黑龙江	159431	94678	0.27	0.08	0.12	0.11	0.07	0.20	0.03	0.04	0.03
新疆	198837	88668	0.23	0.08	0.13	0.24	0.10	0.07	0.04	0.04	0.07

首先，我国各省市居民消费水平存在较大的差距，且差距不断扩大。从表中可以看到东部地区的居住成为居民生活消费中除食品以外开支最大的一部分，占比20%，与第一大支出食品的差距越来越小，这也反映出我国现在越来越多的人将生活消费中的绝大多数用于房屋等支出。四大地区中除食品以外消费支出前三类始终包含教育、居住以及服务三项消费内容。随着我国医疗保障的逐步完善，居民在医疗保健上承担的支出逐步减少，随之教育方面的支出逐步增多。

与东部地区不同的是，东北部和中西部地区在饮食方面的占比一直处于较高水平。总的来说，无论是东部地区还是中部和西部地区，居民消费支出绝大多数主要由食品、居住、服务、交通通信以及教育构成，这五大支出一般占到居民消费总支出的65%~80%。

进一步分析我国四大区域消费状况，将我国各地区居民消费进行对比，可以看到东部居民家庭消费明显高于中部、西部地区，和东北部地区接近。东北、西部及中部地区的人均居民消费分别居于第二、第三、第四位。东部地区的居民消费总量是全国最高的，经济也是全国最发达的，这主要是因为东部地区地处东亚大陆东部、太平洋西岸，港口贸易比较发达，对外开放程度比较高。居民的消费环境和消费观念与其他地区相比更加开放，所属辖区有长江三角洲和珠江三角洲，国家政策的支持使我国东部地区的经济发展水平进一步提高。中部地区由于靠近内地、交通便利，是中国的一个交通枢纽。东北地区毗邻朝鲜和俄罗斯、蒙古国，邻近黄海和渤海。中部和东北地区在地理位置上具有天然优势，发展较为稳定，与东部地区相比，消费水平还有发展空间。

第四节　家庭消费决定因素分析

一、理论与研究假设

居民家庭消费受到诸多因素的影响，对于这些影响因素的研究可以被用于解释消费水平和消费模式不同的原因。基于以往研究理论，提出如下三种假设：

假设1：居民家庭消费能力与收入水平是正相关的，即收入越高的家庭消费能力越强。凯恩斯的绝对收入理论认为居民的现期消费决定于现期收入。

假设2：消费水平与家庭的人力资本也是正相关的。人力资本包括劳动者的受教育水平及累积的知识和技能的总和，这些决定着家庭的收入能力和消费结构的比例。

假设3：居民家庭户籍影响家庭消费能力。户籍制度的实行导致了我国劳动力市场的二元分割，这种分割使不同区域、行业和职业间的劳动者在收入、工作条件、晋升机制等方面存在巨大差异。当前，在我国拥有农业户口的流动人口因为户籍限制很难进入正规劳动力市场，这是导致他们工资收入难以保持稳定和正常增长的制度障碍，继而造成他们消费水平的低下。

二、变量选择

（一）因变量选择

本章以连续变量即城乡居民家庭消费年支出作为被解释变量。

（二）自变量

1. 家庭可支配收入。居民家庭可支配收入是通过居民家庭日常获得的总收入计算得来的。同时个人所得税、养老基金、住房公积金、失业基金、医疗基金等是居民家庭总收入中的内容。

2. 受教育水平。根据人力资本理论，受教育程度、流动迁移经历均属于人力资本投资，因此，将户主的受教育水平作为人力资本的测量指标。

3. 城乡居民储蓄余额。储蓄包括城乡居民家庭银行定期账户余额、活期账户余额和其他网络支付工具余额以及现金余额的总和。储蓄余额的高低可以从侧面反映居民的消费情况，一般而言，在居民收入一定的情况下储蓄年末余额越高则用于消费越少。

4. 家庭户口类型。户籍类型影响着人口在劳动力市场上的行业分布，这进一步影响着居民的消费能力。

5. 其他控制变量。将性别和年龄作为人口学特征变量的测量指标。

三、模型设定

由于因变量为连续变量，故采用多元线性回归方法来探究城镇居民家庭消费的影响因素。根据前述理论和变量设定，建立了如式（4-1）计量模型：

$$\ln(Y_i) = \beta_0 + \beta_1 \ln(income_i) + \beta_2 edu_i + \beta_3 \ln(save_i) + \beta_4 urban_i + \beta_5 families_i$$
$$+ \beta_6 gender_i + \varepsilon_i \qquad (4-1)$$

式（4-1）中，Y_i 是城乡居民家庭年消费支出变量，为被解释变量。解释变量分别为 $income_i$（家庭可支配收入）、edu_i（户主受教育水平）、$save_i$（家庭年末储蓄结算）、$urban_i$（家庭户口类型，包括城市以及农村户口）、$families_i$（家庭人口数）、$gender_i$（户主性别），i 代表居民家庭，β_0 代表截距项，β 分别代表回归系数，ε_i 代表随机扰动项。

四、分析结果

（一）描述性统计

整体而言，样本家庭平均年收入值达到 218634.3 元（见表 4-5），但是城乡之间存在显著差异。如表 4 - 5 所示，家庭支出方面，城市家庭平均支出比农村家庭高约 6 万元，且存在显著差异。储蓄方面，城市家庭是农村家庭的两倍。接受本调研的城市居民中，男女比例较为平均，农村居民样本中 60% 为男性。

表 4 - 5　　　　　　　　　　　城乡家庭基本特征描述

	样本量	城市居民			农村居民			P 值
		人数（人）	均值（元）	标准差	人数	均值（元）	标准差	
家庭收入	4621	2995	255788	243698	1626	150198	158222	<0.01
家庭支出	4621	2995	156273	154151	1626	95623	92386	<0.01
受教育程度	4615	2990	6.57	2	1625	4.35	2.17	<0.01
储蓄	4621	2995	212888	312392	1626	115626	176333	<0.01
家庭人口数	4613	2989	3.42	1.08	1624	4.15	1.35	<0.01
性别	4618	2993	0.49	0.50	1625	0.6	0.49	<0.01

注：受教育程度分别从未进学到博士为 10 个等级。户口类型中城市户口为 1；否则为 0。性别男性为 1；否则为 0。

（二）多元线性回归结果

总体而言，根据模型分析结果（见表 4 - 6）表明，除性别的影响外，几乎所有的解释变量都对受访居民家庭的消费有着显著影响。具体来说：

表 4 - 6　　　　　　　　　　　消费影响因素分析

消费	系数	St. Err.	t-value	p-value
收入	0.26 ***	0.011	23.20	0
受教育程度	0.051 ***	0.005	10.34	0
储蓄	0.098 ***	0.007	14.41	0
城市户口	0.237 ***	0.024	9.78	0
家庭人口数	0.098 ***	0.008	11.67	0
性别	0.013	0.02	0.66	0.51
Constant	6.478 ***	0.128	50.51	0
样本量	4446			

注：因变量为消费的自然对数，收入和储蓄均为自然对数；*** 表示 10% 统计显著性水平。

1. 家庭收入水平越高，消费水平也越高，收入每增长 1 个单位就会引起 0.26 个单位的消费变化，在所有影响因素中起决定性的作用。这验证了收入是消费前提的理论，收入水平的高低决定着消费能力的高低，并直接影响居民消费类型、消费欲望和消费潜能。收入是消费的来源和基础，是影响消费的最重要因素。不同收入群体的消费倾向不同，一般来说，高收入居民的消费倾向低于低收入居民的消费倾向。

2. 受教育水平也显著影响着家庭的消费水平。拥有更高劳动技能的家庭能够获得更多的薪酬，进而增加消费。

3. 家庭人口数量与家庭消费水平也存在正向的线性关系。具体而言，当家庭人口数量较低时，人口数量增加与消费水平之间存在正相关关系。

4. 家庭户口类别与消费水平存在正相关关系，即城市户口家庭比农村户口家庭的消费能力更强，这也验证了关于不同区域能够提供给居民劳动资源所带来的影响。

5. 拥有储蓄更多的家庭也会在消费上进行更多的支出。这和人们所认知的不同，通常人们普遍认为选择储蓄更多的家庭的消费意愿更低，然而这一理解建立在同等的收入水平上。在本研究中，受访者的收入水平是不同的，因而储蓄更多的家庭往往有着更多的收入，这导致他们的消费也随之增长。

6. 家庭人口数量也在一定程度上正面影响着家庭支出。这也验证了前文中所提到的关于家庭劳动力多少对于家庭收入的影响。

最后，性别对于消费的影响虽然也有一定的相关性，但并不显著。

第五节　本章小结

根据前述模型的分析，中国城镇居民人均可支配收入与其人均消费支出之间存在明显的正相关关系，当然也受到受教育水平、城乡区域等因素的影响。

这表明收入的增加实际上可能导致消费支出的增加。要提高城镇居民人均可支配收入，政府在制定适当的政策时可以考虑以下因素：首先要建立健全劳动报酬制度，大幅度提高劳动报酬在初次分配中的比重。其次，在再分配过程中，我们必须缩小城市居民之间的收入差距，增加政府在公共产品上的支出，增强社会保障和福利制度，增加政府收入。只有通过增加就业、改善工作条件、加强薪酬和福利制度，才能提高人们的收入水平；改善居民消费环境，完善消费市场治理，深入保障消费者权益。制定有效的消费政策，合理调整居民消费税率；鼓励居民文化、医疗、保健、旅游等高层次消费，提高居民生活质量。

中国经济将不可避免地继续增加其人均可支配收入，这必然要求相应的人均消费支出增加。随着两者之间的关系进入正反馈循环，这不仅将支持中国经济发展模式的优化和经济结构的调整，而且将对中国城市居民的收入产生积极和持久的影响，提高他们的生活水平。

第五章

数字经济与收入分配

第一节 引 言

近年来，互联网、大数据、云计算、人工智能、区块链等技术加速创新，日益融入经济社会发展的各个领域。中国信息通信研究院调研显示，2021 年，全球 47 个主要国家数字经济增加值规模达到 38.1 万亿美元，占 GDP 的 45%。其中，中国数字经济规模达到 7.1 万亿美元，占 47 个国家总量的 18% 以上，位居世界第二。数字经济发展速度之快、辐射范围之广、影响程度之深前所未有，这赋予了经济社会发展的"新领域、新赛道"和"新动能、新优势"。

为更细致地展现数字经济发展进程，感受数字产业价值，中南财经政法大学收入分配与现代财政学科创新引智基地的抽样调查数据基于 1016 个农村以及 4619 多户家庭数据，使我们对数字经济发展状况、数字经济形成的影响因素，以及数字经济带来的社会经济效益进行深入研究，并提出相关政策建议。

我们的研究发现，我国居民家庭的数字及信息化产品的普及率相对较高，就具体差异而言，智能手机、宽带网络的普及率城乡差距正在逐步缩小，而在电脑、智能家电层面的家庭普及率方面，城乡差距还比较大；其中差距最大的为智能家电，相差接近 20%。在电脑使用熟练程度方面，我国大部分居民都会使用电脑，其中大约有一半的居民能够较为熟练地使用电脑。在利用网络平台寻找工作方面，大部分居民很少利用网络来寻找工作机会，只有相当少的一部分居民会更多地利用网络平台来寻找工作。在使用网络认识新朋友方面，在网络上没有或很少认识新朋友的居民占比达到了六成，而在网络上认识比较多和非常多朋友的居民只接近一成，说明大部分居民很少利用网络来结识新朋友，而只有小部分居民主要通过网络认识新朋友。在使用网络学到新知识或技能方面，我国绝大部分居民在互联网上能够学到一定的新知识或新技能。在使用网络增加家庭收入方面，目前绝大多数居民平时几乎或很少通过开网店、做直播等方式赚钱。在网络借贷方面，大多数居民并没有在网络平台上借钱或贷款的经历，约有1/4的居民曾在网络平台上借过钱，其中通过网络平台上频繁借钱的居民占比较小。在网络购物方面，网购已成为我国居民日常生活中不可缺少的一部分。在网络销售方面，超过一半的居民没有过网络售卖商品的经历，但是相对于农村居民，城市居民利用网络平台售卖商品的行为更为频繁。利用网络开展工作方面，对于大多数居民的工作来说，网络都是必不可少的辅助工具，居民目前所做的工作中或多或少地都要使用网络来进行。在使用网络关注政府网站和政策咨询方面，虽然大部分居民平时没有或较少从网上了解政府的相关政策或消息，但有一部分的居民平时会利用网络来了解政府的相关政策或消息。

在数字经济发展影响因素方面，我们发现完善的基础设施，能为电商发展打下坚实的"地基"。就2022年当地电商数量占家庭数量比重来看，道路数量5条以上的村庄比仅有一条道路的农村高0.9%；与地级市中心最近村庄比偏远村庄高1.5%；物流资源丰富的农村比匮乏的农村高2.52%；有宽带的村庄比未通宽带的村庄高0.5%；金融服务网点充足的农村比匮乏的农村高0.7%。人文环境也是电商发展的"软动力"。首先，教育培训有利于电商发展。有培训服务机构的村庄，电商密度高于没有培训服务机构的农村。其次，优秀人才的引进能为电商发展增添新翼。淘宝村等农村电商项目在农村地区遍地开花的同时，农民的生活和生产经营环境也大为改善。

首先，农村电商发展丰富了农民的钱袋子。在家庭特征类似的条件下，与无电商村庄家庭比较，电商提高家庭平均收入2.05万元，提高家庭财富21.3万元。其次，电商发展"留下"外出务工者。与类似村庄相比，有电商村庄外出务工人数平均比无电商村庄少133人，全国来看农村电商发展减少外出务工人口约1200万人。再次，电商发展缓解留守之痛。有电商的村庄，留守老人和留守儿童比重低于无电商的村庄。最后，农村电商发展提升村民幸福感。有电商村庄61%的受访者感到幸福，高于无电商村。有电商村庄村民的文化娱乐服务满意度、社区劳动就业满意度、道路交通建设满意度和义务教育满意度均高于无电商村庄。电商发展能促进当地特色产业腾飞。有电商村庄人均特色产业产值为11870元，无电商村庄为460元，约为无电商农村的25.8倍。电商发展提升主动创业。有电商村庄创业比重为18.9%，高于无电商村庄的11.1%，并且有电商村庄创业家庭中主动创业比重为81.0%，高于无电商村庄的78%。总而言之，中国农村电商发展正处于快速成长时期，农村电商不仅是农民增收的重要手段，还能为农村经济建设带来新契机，成为促进城乡协调发展的有效途径。

第二节　数字经济发展概况

一、数字及信息化产品普及率

此次调查共得到关于数字及信息化产品普及率的有效样本量为4619人，其中，农村被调查户为1624人；城市被调查户为2995人。由图5－1可知，从全国层面来看，有98.63%的居民家里拥有智能手机；有84.03%的居民家里拥有电脑；有92.79%的居民家里连通宽带网络；有60.77%的居民家里拥有智能家电。仅有2.43%的家庭均没有智能手机、电脑、宽带网络或智能家电等电子设备的情况。上述电子设备的普及率由高到低依次为：智能手机（98.63%）、宽带网络（92.79%）、电脑（84.03%）和智能家电（60.77%）。其中智能手机的普及率（98.63%）最高；宽带网络（92.79%）、电脑的普及率（84.03%）处于中间位置；而智能家电的普及率（60.77%）则相对最低。综合来看，我国居民家庭的数字及信息化产品的普及率相对较高，说明我国目前的网络基础设施发展状况较为良好。

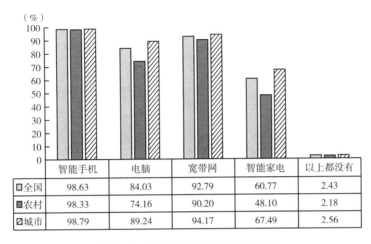

图5－1　数字及信息化产品普及率

根据样本性质，从农村与城市的角度进行分析，城市家庭的数字及信息化产品普及度高于农村。具体而言，智能手机在城市居民中普及率达到98.79%，在农村居民中普及率达到98.33%；电脑在城市居民中普及率达到89.24%，在农村居民中普及率达到74.16%；在城市家庭中通宽带网络普及率达到94.17%，在农村家庭中通宽带网络普及率达到90.20%；智能家电在城市居民中普及率达到67.49%，而在农村居民中普及率不到一半，仅达到48.10%；而选择"以上"都没有的城市居民占比为2.56%，农村居民占比为2.18%。由此可见在这四件产品中，城市居民的普及率均大于农村。就具体差异而言，智能手机、宽带网络的普及率城乡差距正在逐步缩小，而在电脑、智能家电层面的家庭普及率方面，城乡差距还比较大；其中差距最大的为智能家电，相差接近20%。

二、电脑使用熟练程度

图5-2反映了我国居民使用电脑的熟练程度。回答上述问题的有效样本量有4616个，其中，选择"完全不会"的人数有428个，占比9.27%；选择"不太熟练"的有774个，占比16.77%；选择"一般"的有1435个，占比31.09%；选择"比较熟练"的有1496个，占比32.41%；选择"非常熟练"的有483个，占比10.46%。可以看出，多数人选择了"比较熟练"和"一般"，选择"完全不会"和"不太熟练"的人占比共为26.04%，说明我国将近74%的居民都会使用电脑，其中有40%以上的居民回答中认为自己能够较为熟练地使用电脑。

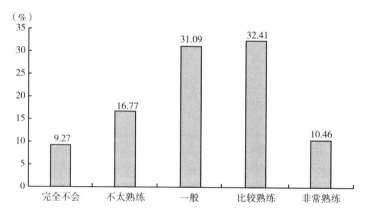

图5-2 居民电脑使用熟练程度分布

图 5-3 展示的是居民利用网络查找信息的熟练程度。居民对此做出有效回答的样本量为 4618 个，其中，选择"完全不会"的有 238 人，占比 5.16%；选择"不太熟练"的有 593 人，占比 12.84%；选择"一般"的有 1362 人，占比 29.49%；选择"比较熟练"的有 1717 人，占比 37.18%；选择"非常熟练"的有 708 人，占比 15.33%。可以看出，将近 82% 的居民认为自己可以使用网络查找相关信息，选择"完全不会"和"不太熟练"的人数占比约 18%，而选择"比较熟练"和"非常熟练"的人数占比为 52.51%，说明我国绝大多数居民都会利用网络来搜寻相关信息，并且超过一半的居民能够较为熟练地在网上查找信息。

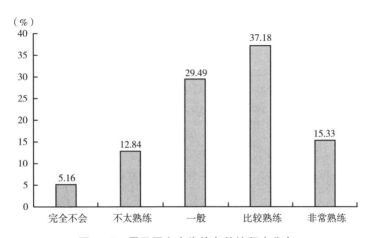

图 5-3　居民网上查找信息熟练程度分布

三、居民网络利用程度

（一）使用网络寻找工作

关于"您利用网络来找工作（包括搜寻就业信息和投递简历）的经历多吗？"这一问题，问题作出有效回答的样本共计 4598 人。如图 5-4 所示，其中，有 2113 人选择了"没有"，占比 45.95%，说明有将近一半的居民并非使用网络来寻找工作机会；有 1014 人认为自己"比较少"使用网络来找工作，所占比例为 22.05%；有 890 人选择了"一般"，占比 19.36%；有 445 人选择了"比较多"，占比 9.68%；有 136 人选择了"非常多"，占比仅为 2.96%。由此可见，大部分居民不曾或很少利用网络来寻找工作机会，只有相当少的居民会更多地利用网络平台来寻找工作。

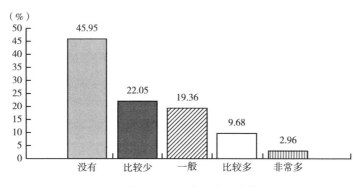

图 5 - 4　居民利用网络寻找工作的经历

（二）使用网络认识新朋友

关于"您通过网络认识的朋友多吗？"这一问题，共获得有效样本 4617 人。如图 5 - 5 所示，其中，有 1310 人选择了"没有"，占比为 28.37%；有 1586 人选择了"比较少"，所占比例为 34.35%；有 1290 人选择了"一般"，占比27.94%；有 371 人选择了"比较多"，占比 8.04%；有 60 人选择了"非常多"，占比为 1.30% 。数据显示，在网络上没有或很少认识新朋友的居民占比达到了六成，而在网络上认识比较多和非常多朋友的居民只接近一成，说明大部分居民很少利用网络来结识新朋友，而只有小部分居民主要通过网络认识新朋友。

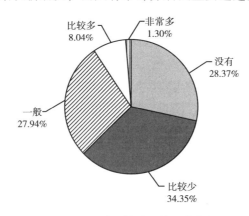

图 5 - 5　通过网络认识的朋友数量

（三）使用网络学到新知识或新技能

关于"利用网络学到的新知识或新技能多吗"这一问题，有效样本量是 4619 个，其中，农村样本为 1624 个；城市样本为 2995 个。如图 5 - 6 所示，农村样本中，有 14.50% 的居民认为自己没有通过网络学习到新的知识或技能；有 23.41% 的居民认为自己利用网络学习到的新知识或技能比较少；有 36.78% 的居民选择了"一般"；有 21.81% 的居民认为自己通过网络学习到的新知识或技能比较多；有 3.39% 的居民认为自己利用网络学习到非常多的新知识或技能。城市样本中，有 4.65% 的居民认为自己没有通过网络学习到新的知识或技能；有 13.54% 的居民认为自己利用网络学习到的新知识或技能比较少；有 39.65% 的居民选择了"一般"；有 33.20% 的居民认为自己通过网络学习到的新知识或技能比较多；有 8.96% 的居民认为自己利用网络学习到非常多的新知识或技能。比较农村与城市样本数据可知，城市居民利用网络学到的新知识或新技能要更多。

从全国层面来看，有 8.15% 的居民认为自己没有通过网络学习到新的知识或技能；有 17.01% 的居民认为自己利用网络学习到的新知识或技能比较少；有 38.64% 的居民选择了"一般"；有 29.19% 的居民认为自己通过网络学习到的新知识或技能比较多；有 7.00% 的居民认为自己利用网络学习到非常多的新知识或技能。多数人选择了"一般"和"比较多"，说明我国大部分居民在互联网上能够学到一定的新知识或新技能。

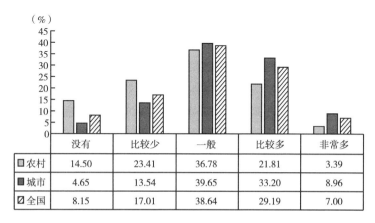

（%）	没有	比较少	一般	比较多	非常多
农村	14.50	23.41	36.78	21.81	3.39
城市	4.65	13.54	39.65	33.20	8.96
全国	8.15	17.01	38.64	29.19	7.00

图 5 - 6　居民利用网络学到新知识或新技能

（四）使用网络增加家庭收入

关于"您平时利用网络赚钱多吗（包括开网店、做直播及其他方式）"这一问题，有效回复的样本量为 4619 个。其中，有 3467 人选择了"没有"，所占比例为 75.06%；有 680 人选择了"很少"，占比 14.72%；有 376 人选择了"一般"，占比 8.14%；有 81 人选择了"比较多"，占比 1.75%；有 15 人选择了"非常多"，占比仅为 0.33%。如图 5－7 所示，绝大多数居民平时几乎或很少通过开网店、做直播等方式赚钱。

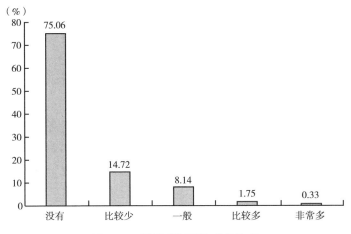

图 5－7　居民利用网络赚钱情况

（五）网络借贷

关于"您在网络平台（支付宝、京东白条及其他网络借贷平台）上借钱情况"这一问题，共获得有效样本 4348 个。如图 5－8 所示，其中，有 3146 人表示自己从未在网络平台上借过钱，占比 68.12%；有 655 人在网络平台上借过的钱比较少，占比 14.18%；有 439 人选择"一般"，占比 9.51%；有 97 人在网络平台上借钱较多，占比 2.1%；有 11 人表示自己在网络平台上借过非常多的钱，占比 0.24%。数据显示，大多数居民在网络平台上没有过借钱或贷款的经历，约有 1/4 的居民曾在网络平台上借过钱，其中通过网络平台上频繁借钱的居民占比较小。

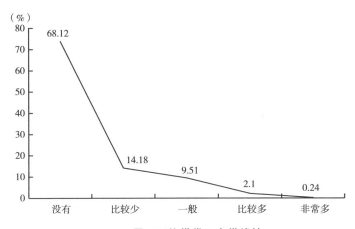

图 5 - 8　居民网络借贷平台借钱情况

（六）网络购物

图 5 - 9 反映的是居民通过网络进行购物的情况，有效回答的样本为 4619 个，其中，农村样本为 1624 个；城市样本为 2995 个。根据农村样本，有 9.54% 的居民表示自己没有网购经历；有 22.17% 的居民表示自己网购次数较少；有 31.40% 的居民表示网购次数一般；有 29.86% 的居民网购次数比较多；有 7.02% 的居民表示自己网购次数非常多。城市样本中有 3.54% 的居民表示自

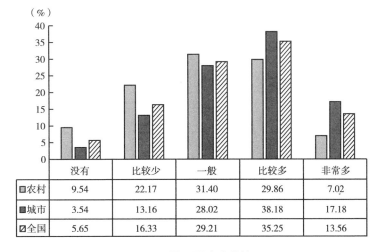

	没有	比较少	一般	比较多	非常多
农村	9.54	22.17	31.40	29.86	7.02
城市	3.54	13.16	28.02	38.18	17.18
全国	5.65	16.33	29.21	35.25	13.56

图 5 - 9　居民网购次数情况

己没有网购经历；有 13.16% 的居民表示自己网购次数较少；有 28.02% 的居民表示网购次数一般；有 38.18% 的居民网购次数比较多；有 17.18% 的居民表示自己网购次数非常多。虽然大部分城市和农村居民都有网购经历，但城市居民网购使用频率总体上高于农村居民。

根据总体样本，在全国层面上，有 5.65% 的居民表示自己没有网购经历；有 16.33% 的居民表示自己网购次数较少；有 29.21% 的居民表示网购次数一般；有 35.25% 的居民网购次数比较多；有 13.56% 的居民表示自己网购次数非常多。数据显示，有 94.35% 的居民都网购过，其中选择"一般"和"比较多"的居民人数较多，说明在网购已成为我国居民日常生活中不可缺少的一部分。

（七）网络售卖

图 5 - 10 反映的是居民在网上（包括淘宝、微信朋友圈以及京东等网络平台）销售过商品的情况。有关该问题所获得的有效样本为 4619 个，其中，农村样本量 1624 个，城市样本量为 2995 个。按照社区性质划分，农村样本中有 65.43% 的居民表示自己没有在网上卖过东西；有 13.92% 的居民表示在网上卖过的东西较少；有 11.77% 的居民选择"一般"；有 7.09% 的居民在网上卖过的东西比较多；有 1.79% 的居民表示自己利用网络平台卖过的东西非常多。城市样本中，有 51.19% 的居民表示自己没有在网上卖过东西；有 18.83% 的居民表

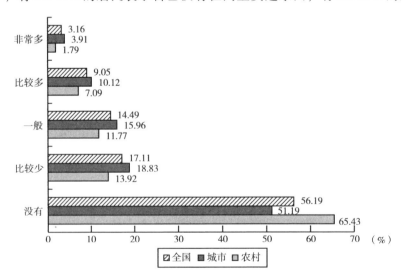

图 5 - 10　居民利用网络销售情况

示在网上卖过的东西较少；有 15.96% 的居民选择"一般"；有 10.12% 的居民在网上卖过的东西比较多；有 3.91% 的居民表示自己利用网络平台卖过的东西非常多。由此可见，对比农村居民，城市居民利用网络平台售卖商品的行为更为频繁。

在总体样本上，有 56.19% 的居民选择"没有"；有 17.11% 的居民选择"比较少"；有 14.49% 的居民选择"一般"；有 9.05% 的居民在选择"比较多"；有 3.16% 的居民选择"非常多"。数据显示，超过一半的居民没有网络售卖商品的经历，而在有利用网络售卖商品经历的居民中，少部分在网络上卖出过较多商品。

（八）使用网络进行工作

在 2022 年中国收入分配与共同富裕调查问卷中，衡量居民在工作中利用网络程度的问题是"您觉得网络对您目前所做的工作重要吗？"问卷共获得有效样本量 4605 个，其中农村样本 1620 个；城市样本 2985 个。如图 5 – 11 所示，总的来说，只有 6.82% 的居民选择"完全不重要"；有 16.26% 的居民选择"不重要"；有 27.45% 的居民选择"一般"；有 36% 的居民选择"比较重要"；有 13.46% 的居民选择"非常重要"。说明对于大多数居民的工作来说网络都是必不可少的辅助工具，居民目前所做的工作中或多或少地都要使用网络来进行。

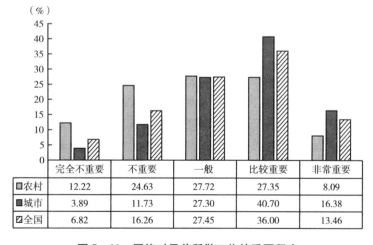

（%）

	完全不重要	不重要	一般	比较重要	非常重要
农村	12.22	24.63	27.72	27.35	8.09
城市	3.89	11.73	27.30	40.70	16.38
全国	6.82	16.26	27.45	36.00	13.46

图 5 – 11　网络对目前所做工作的重要程度

根据社区性质划分，我们发现，农村样本中有 12.22% 的居民选择"完全不重要"；有 24.63% 的居民选择"不重要"；有 27.72% 的居民选择"一般"；有 27.35% 的居民选择"比较重要"；有 8.09% 的居民选择"非常重要"。但在城市中有 3.89% 的居民选择"完全不重要"；有 11.73% 的居民选择"不重要"；有 27.30% 的居民选择"一般"；有 40.70% 的居民选择"比较重要"；有 16.38% 的居民选择"非常重要"。由此可见，城市居民可能因工作性质和岗位不同对网络的依赖程度远远高于农村居民。

（九）使用网络关注政府网站和政策咨询

图 5-12 反映的是居民平时登录政府网站的情况。问卷中获得有效样本 4617 个，其中，有 1391 人选择"没有"，占比 30.13%；有 1676 人选择"比较少"，占比 36.30%；有 1107 人选择"一般"，占比 23.98%；有 367 人选择"比较多"，占比 7.95%；有 76 人选择"非常多"，占比 1.65%。说明我国大部分居民平时查看政府网站的数量还有待提高。

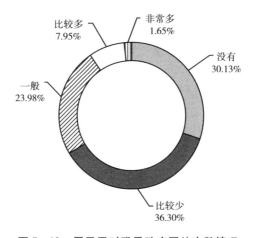

图 5-12　居民平时登录政府网站次数情况

图 5-13 反映了居民平时从网上了解政府的相关政策或消息情况。我们获得的有效样本量为 4619 个，其中，有 775 人选择"没有"，占比 16.78%；有 1468 人选择"比较少"，占比 31.78%；有 1577 人选择"一般"，占比 34.14%；有 703 人选择"比较多"，占比 15.22%；有 96 人选择"非常多"，占比 2.08%。说明我国有近一半的居民平时没有或较少从网上了解政府的相关政策或消息，但也有超过一半的居民平时会利用网络来了解政府的相关政策或消息。

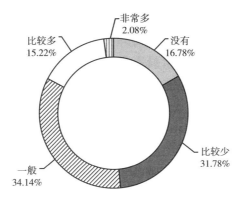

图 5 - 13　居民平时从网上了解政府的相关政策或消息情况

四、居民网络使用时长与影响

（一）每天网络使用时长

图 5 - 14 反映的是居民每天使用电脑或手机的时间长短。关于该问题所获得的有效样本量为 4618 个，其中有 163 人选择"非常少"，占比 3.54%；有 474 人选择"比较少"，占比 10.26%；有 1428 人选择"一般"，占比 30.92%；有 1990 人选择"比较多"，占比 43.09%；有 563 人选择"非常多"，占比 12.19%。数据显示，超过一半的居民每天使用电脑或手机的时间较多，而仅有 13.80% 的居民每天使用电脑或手机的时间没有或较少，说明现如今手机与电脑已经深入居民日常生活之中，成为我国居民必备的通信设备之一。

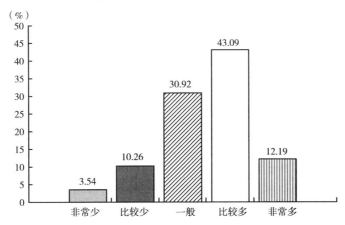

图 5 - 14　居民每天手机或电脑使用时间

（二）对学习或工作的影响

图5－15反映的是玩手机或电脑对居民正常工作或学习的影响程度。所获得的有效样本量为4617个，其中，有468人选择"没有"，占比10.14%；有862人选择"比较小"，占比18.67%；有1663人选择"一般"，占比36.02%；有1341人选择"比较大"，占比29.04%；有283人选择"非常大"，占比6.13%。说明每天玩手机或电脑对绝大部分居民正常工作或学习或多或少有影响，其中认为影响一般和比较大的居民较多，只有极少部分居民表示对自己正常工作或学习影响非常大。

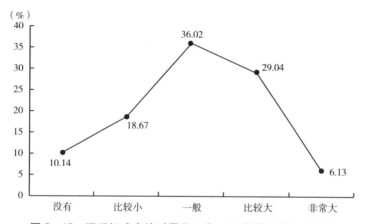

图5－15　玩手机或电脑对居民正常工作或学习的影响程度

五、快递与快递站点

（一）快递站点分布情况

图5－16反映的是居民所在社区有无快递配送站点的情况。对此获得的有效样本量为4619人，其中，农村样本数量为1624人，城市样本数量为2995人。其中有78.85%的农村居民表示其所在村有快递配送站点，有18.62%的农村居民表示其所在村没有快递配送站点，另有2.53%的居民表示不知道；有92.18%城市居民表示其所在社区有快递配送站点，有5.25%的城市居民表示其所在社区没有快递配送站点，另有2.57%的居民表示不知道。说明无论是在城市社区还是农村社区，快递网点的覆盖率都呈现了较高的态势，大部分居民所在住宅

区都设有快递配送站点。其中，城市社区覆盖率（92.18%）超过农村社区（78.85%），说明城乡网点渗透度还存在一定的差距。

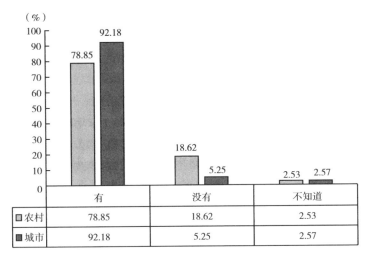

	有	没有	不知道
农村	78.85	18.62	2.53
城市	92.18	5.25	2.57

图 5 – 16　所在村/社区有无快递配送站点

（二）快递配送到家情况

图 5 – 17 反映的是居民所在社区的快递配送站点是否将快递配送到家的情况。对此获得的有效样本量为 4040 个，其中，农村样本数量为 1280 个；城市样

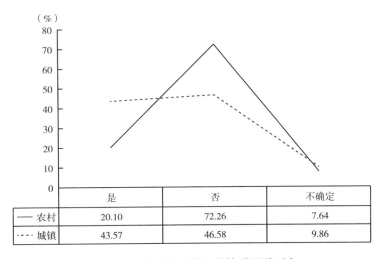

	是	否	不确定
农村	20.10	72.26	7.64
城镇	43.57	46.58	9.86

图 5 – 17　快递站点是否将快递配送到家

本数量为 2760 个。其中有 20.10% 的农村居民表示其所在村快递配送站点有将快递配送到家的服务，有 72.26% 的农村居民表示其所在村快递配送站点没有将快递配送到家的服务，另有 7.64% 的居民表示不确定；有 43.57% 城市居民表示其所在社区的快递配送站点有将快递配送到家的服务，有 46.58% 的城市居民表示其所在社区的快递配送站点没有将快递配送到家的服务，另有 9.86% 的居民表示不确定。数据表明了大部分快递配送站点并不能将快递配送到家，并且相较于城市，农村能将快递配送到家的站点数量更少。

（三）与最近快递配送站点的距离

图 5－18 反映的是农村和城市最近的快递配送站点距离。问卷共获得有效样本量 4534 个，其中，农村样本量为 1603 个；城市样本量为 2931 个。在农村样本中，有 2.74% 的居民认为距离家最近的快递配送站点在 0.5 公里以内；有 50.29% 的居民最近的快递配送站点在 0.5～1 公里；有 19.08% 的居民认为最近的快递配送站点在 1～2 公里；27.89% 的居民认为最近的快递配送站点在 2 公里以外。说明有一半多的农村居民在 1 公里以内就有至少 1 个快递配送站点，而 2 公里以内拥有快递配送站点的居民达到了 72.11%。

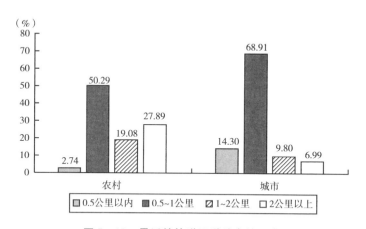

图 5－18　最近的快递配送站点的距离

在城市样本中，有 14.3% 的居民认为距离最近的快递配送站点在 0.5 公里以内；有 68.91% 的居民认为距离最近的快递配送站点在 0.5～1 公里；有 9.80% 的居民认为距离最近的快递配送站点在 1～2 公里；6.99% 的居民认为距离最近的快递配送站点在 2 公里以外。说明在城市中大部分家庭 1 公里以内就有快递配送站点，占比高达 83.21%。由此可见，相较于农村，城市家庭与快递配送站点距离更近，多数在 1 公里内就存在快递配送站点。

（四）收寄快递业务量

图 5－19 分别展示了全国、农村和城市居民平均收寄快递包裹数。如图所示，全国居民年平均收寄快递件数为 57 件，其中，农村居民年平均收寄快递件数为 49 件；城市居民年平均收寄快递件数为 77 件。相比农村居民，城市居民年平均收寄快递件数更多，差距为 28 件。城市居民年平均收寄快递件数较多的原因可能与上述快递配送站点的数量、距离以及是否配送到家等原因有关。

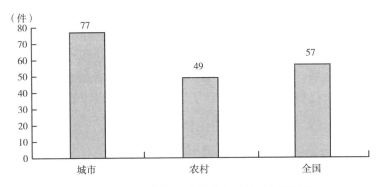

图 5－19　2022 年居民平均收寄的快递包裹件数

六、网络与直播平台

（一）直播平台账号注册情况

图 5－20 反映的是居民在抖音或快手等直播平台的注册情况。问卷调查共收集有效样本量为 4612 个，其中，有 1514 人表示自己没有直播平台的账号，占比为 32.83%；有 2526 人表示自己有一个直播平台的账号，占比为 54.77%；有 572 人表示自己有两个及以上直播平台的账号，占比为 12.40%。上述数据表明，67.17% 的居民拥有网络直播平台的账号，即大部分居民都注册了抖音或快手等网络直播平台的账号。

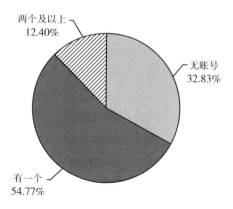

图 5-20　是否注册了抖音或快手等直播平台账号

　　如图 5-21 所示，在拥有直播平台账号的居民中，有 24.24% 的居民最早注册账号的时间在 1 年以内；有 24.22% 的居民最早注册的账号至今为 1～2 年；有 23.91% 的居民最早注册的账号至今为 2～3 年；有 11.40% 的居民最早注册的账号至今为 3～4 年；有 10.47% 的居民最早注册的账号至今为 4～5 年；有 5.76% 的居民最早注册的账号至今已达 5 年以上。说明注册网络直播平台账号的行为集中在近五年以内，并且大部分居民是在近三年内注册的账号。

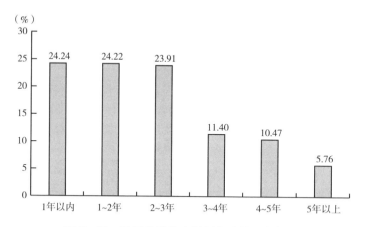

图 5-21　最早注册的直播平台账号至今年限

（二）通过直播平台购物或销售

　　图 5-22 反映的是居民在网络直播平台上购买或销售商品的情况，共获得有效样本量 4587 个。在销售方面，有 88.51% 的居民选择了"没有"；有

6.54%的居民选择了"比较少";有3.62%的居民选择了"一般";有1.05%的居民选择了"比较多";有0.28%的居民选择了"非常多"。由此可见,绝大部分居民并没有在网络直播平台上售卖商品,而即使在有售卖经历的居民中,大部分也只是售卖了少量东西。

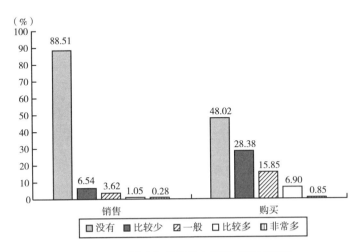

图 5 – 22　居民在直播平台销售或购买商品

在网购方面,有48.02%的居民选择了"没有";有28.38%的居民选择了"比较少";有15.85%的居民选择了"一般";有6.90%的居民选择了"比较多";有0.85%的居民选择了"非常多"。由此可见,有超过一半的居民有在网络直播平台上购买商品的经历,但购买较多商品的也只占少部分。因此,相比在网络直播平台上销售商品,购买商品成为居民日常生活的重要组成部分。

(三) 直播平台与传统购物认知差异

图 5 – 23 反映的是居民认为抖音或快手等直播平台销售商品跟传统电视购物或网购的主要不同点。直播带货互动性可以实时观察其他顾客购买情况、精挑细选的优质商品、销售目标对象、直播带货价格、传播载体都是其不同点。其中,有50.47%的居民选择"直播带货互动性更强";有9.47%的居民选择"可以实时观察其他顾客购买情况";有4.95%的居民选择"精挑细选的优质商品";有6.93%的居民选择"销售目标对象不同";有14.40%的居民选择"直播带货价格优势更强";有13.78%的居民选择"传播载体不同"。有一半的居民认为主要不同点在于"直播带货互动性更强"。

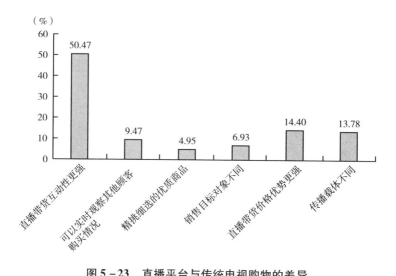

图 5-23　直播平台与传统电视购物的差异

第三节　数字经济发展的收入效应

一、电商普及度与村民收入增长

如图 5-24 所示，无电商村庄，村民家庭收入为 3.1 万元。对于有电商的村庄，按照电商密度从高到低分为三等分，电商密度低的村庄家庭收入为 5.9 万元；电商密度中等的村庄为 8.8 万元；电商密度高的村庄为 9.3 万元。上述描述

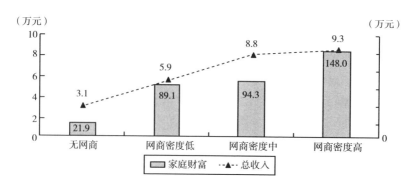

图 5-24　网商带来农村发展好"钱途"

注：网商密度为当地网商数量占家庭数量的比重。

性结果表明，有电商的村庄家庭收入高于无电商村庄。而对于有电商村庄样本中，电商渗透度越高，家庭收入越高。进一步回归分析表明，在家庭特征类似的条件下，与无电商村庄家庭比较，电商可以提高家庭收入 2.05 万元，并提高家庭财富 21.3 万元。

二、电商普及度与劳动力回流

如图 5 - 25 所示，就外出务工人口占当地户籍人口比重来看，东部有电商的村庄为 9.7%；中部有电商的村庄为 18.0%；西部有电商的村庄为 12.5%，均低于无电商村庄。从整体来看，全国有电商的村庄为 11.1%，低于全国无电商的村庄。进一步回归分析表明，与类似村庄相比，有电商村庄外出务工人数平均比无电商村庄少 133 人，全国来看农村电商发展减少外出务工人口约 1200 万人。

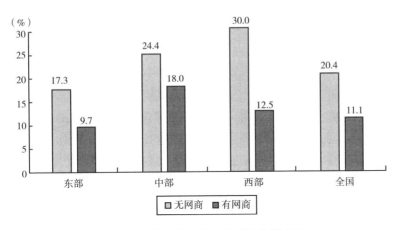

图 5 - 25　外出务工人口占当地户籍人口

三、电商普及度与留守家庭

如图 5 - 26 所示，就留守老人占当地户籍人口比重来看，东部有电商村庄为 2.4%，中部有电商村庄为 3.5%，西部有电商村庄为 2.3%，低于无电商村庄；从整体来看，全国有电商村庄为 2.7%，低于全国无电商村庄。

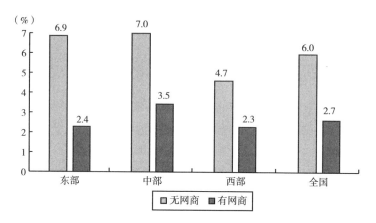

图 5 - 26 留守老人占当地户籍人口比重

如图 5 - 27 所示，就留守儿童占当地户籍人口比重来看，东部有电商村庄为 0.6%，中部有电商村庄为 2.0%，西部有电商村庄为 1.8%，低于无电商村庄；从整体来看，全国有电商村庄为 1.2%，低于全国无电商村庄。

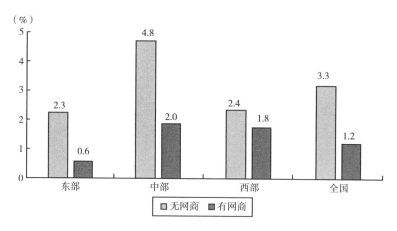

图 5 - 27 留守儿童占当地户籍人口比重

四、电商普及度与居民主观幸福感

如图 5 - 28 所示，我们将回答幸福和非常幸福的居民归并，发现有电商村庄 61% 的受访者感到幸福，高于无电商村庄的 56.4%。

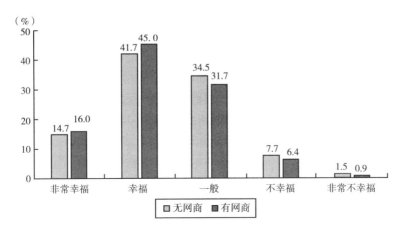

图 5 - 28 提升村民幸福感

如图 5 - 29 所示，我们将非常幸福和幸福的受访者样本加总在一起发现，有电商村庄居民的文化娱乐服务满意度为 63.1%；社区劳动就业满意度为 42.5%；道路交通建设满意度为 82.2%；义务教育满意度为 92.1%，均高于无电商村庄。

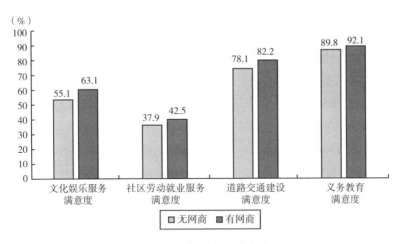

图 5 - 29 提升村民满意度

五、电商普及度与产业发展

如图 5 - 30 所示，相对于类似村庄，有电商村庄的人均特色产业产值为

11870元，无电商村庄为460元，约为无电商农村的25.8倍。

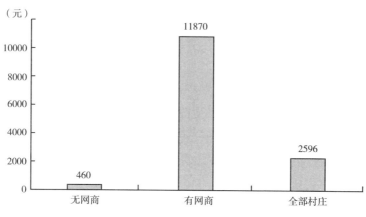

图 5－30　人均特色产业产值

六、电商普及度与家庭创业活动

如图 5－31 所示，有电商村庄人口的创业比重为 18.9%，高于无电商村庄的 11.1%，并且有电商村庄创业家庭中主动创业比重为 81.0%，高于无电商村庄的 78%。

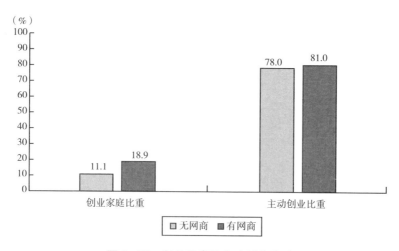

图 5－31　创业家庭及主动创业比重

第四节　数字经济与收入不均等

一、问题提出

《论"三农"工作》一书中强调，中国要强，农业必须强；中国要美，农村必须美；中国要富，农民必须富。农业基础稳固，农村和谐稳定，农民安居乐业，整个大局就有保障，各项工作都会比较主动。以电商平台为代表的数字经济是破除农村信息障碍，促进市场融合的重要载体（Couture et al.，2021）。从发展的眼光看，电商助农势必将成为新趋势、新未来和新主流。因此，电商平台对巩固脱贫攻坚成果和全面推动乡村振兴具有重大意义。尤其在农村的供给侧结构性改革方面，电商助农可以发挥积极作用①。事实上，在新农村建设中，电商已经成为广大农民致富的新手段。电商具备的低门槛、上手快、易掌握的特点，让农民看到勤劳致富的新希望。实际上，我们可以看到，经过近些年的蓬勃发展，在广大农村已经涌现出不少"三农"自媒体大咖，他们熟练掌握了短视频创作和电商销售技巧，在这片新兴领域中如鱼得水、收获颇丰，成为农村致富的新带头人。农村供给侧结构性改革的核心就是优化农产品的结构，让其生产、销售和运输符合现代商业的规则和方法，能够让农产品走进千家万户，让他们吃上田间地头的真正新鲜食品，用上经过深加工的农村商品。因此，可以预期，以电商平台为代表的数字经济变革，有助于畅通城乡商品流动，拓展市场边界和规模，从而推动收入增长不均等改善。但是，至少在目前的知识范围内，我们对电商平台在构建市场融合中的角色和作用，进而改善农村发展不平等的认识是十分有限的。

然而，探究上述问题面临两大实证挑战：一是难以寻觅合适的指标衡量电商平台发展状况；二是如何有效地将数字平台发展的经济效应从其他传统营销平台中剥离出来。基于此，本研究我们以电商平台为例，分析数字经济与农村收入不平等的关系。首先，电商平台是数字经济的重要载体，其服务对象涉及工商企业和个体消费者，例如淘宝、京东和苏宁等也是目前我国居民使用最为

---

① 2022年中共中央、国务院颁布《加快建设全国统一大市场的意见》中要求，建设高标准市场基础设施，加强物流基础设施数字化建设、推动国家物流枢纽网络建设、促进全社会物流降本增效、完善国家综合立体交通网等举措，进一步降低商品流通成本，实现市场的高效衔接。

频繁的一项电商平台①。其次，本研究选取村庄内是否存在电商服务作为切入口，并使用截面 OLS 估计提高研究结论的可靠性。那么，以电商平台为代表的数字经济发展能否推动农村收入增长和不平等改善呢？这是本文实证研究的主题。

实证结果表明，电商服务促进了农村居民收入增长。具体而言，电商平台建设使农民收入增长 6.1 个百分点，尤其是改善了经济相对落后、山地和位置偏远村庄的家庭收入水平。因此，电商服务不仅具有收入增长效应，而且有助于缩小农村内部收入不平等，从而帮助改善城乡发展不平衡，促进农村内部平衡发展。进一步的机制分析发现，电商服务在很大程度上有助于城乡统一大市场的形成，这带来了市场和消费机会的均等化，表现为"农产品进城"效应和"消费品下乡"效应。就前者而言，便利的消息交互条件，扩大了消费市场，为农产品提供了更加多元的销售渠道，进而直接为农民创收；对于后者而言，电商平台的出现也为消费可及性提供了可能性，为以更低的支出成本购置同质商品创造了可能，有助于进一步降低家庭消费成本，间接起到家庭财富积累的作用。最后，通过对村庄经济发展条件的异质性分析，发现电商平台特别有助于促进经济相对落后村庄的农产品销售和消费成本降低，从而推动了中国农村内部的均衡式发展。

二、制度背景与理论框架

（一）制度背景

数字鸿沟（digital divide）是刻画数字技术变革负向社会影响的通用术语。人们常把由数字基础设施供给（digital supplies）及其产生的接入性（digital accessible）差异视为导致数字鸿沟的主要因素。中国十分重视数字基础设施建设，尤其对农村地区。2013 年国务院印发的"宽带中国"战略将"宽带网络"定位为经济社会发展的"战略性公共基础设施"。2019 年《中国数字乡村发展报告》显示，截至 2018 年底，行政村通光纤比例达到 96%，贫困村通宽带比例提升至 97%，接入可及性不再是导致数字鸿沟的主要因素。

电商技术与发展机会在数字接入普惠（digital accessible inclusiveness）环境中，接入性差异视角不再对数字鸿沟具有解释力。后继的数字赋能（digital em-

---

① 国家邮政局数据显示，2021 年人均快递使用量为 76.7 件。按照第七次全国人口普查结果 14.12 亿人推测，2021 年平均每人每月快递量超过 6 个。

powerment）视角认为，数字技术变革为传统弱势群体分享数字红利（digital dividends）提供了可能性。赋能视角来源于阿玛蒂亚·森，其中的"能"（capability）指人们获得的发展机会。他的基本观点是，人们通过在机会中自由选择而获得自身发展。中国乡村的电商创业创新、电商生态的自发涌现的确带来了普惠性增长（inclusive growth）。

本书认为，赋能视角强调技术的影响，却忽视了农户的能动性（agency）。数字基础设施的完善在供给侧弥合了接入性鸿沟，赋予农户运用数字技术的机会。不过，面对新的发展机会，农户的反应可能非常不同。实地调查数据显示，农户有两种主要利用途径：一是从事电商经营，利用互联网进行生产和销售，从而获得数字红利。二是参与电商相关工作，从而分享数字红利。一个地区从事电商经营的人数越多，规模越大，生产与销售相关的延伸服务需求量也会越大，电商经营户为其他农户提供相关工作的机会也越多。一些低技能工作（例如快递打包）还会吸引丧失部分劳动能力的人（例如老年人、残疾人）参与。不过，机会并非同时出现，而是分阶段逐步呈现的。案例数据表明，电商经营活动在一个乡村的兴盛至少要经历四个阶段。第一阶段，在村里开店；第二阶段，从事电商经营的农户不断增多；第三阶段，当模仿农户的规模影响群体收益时，开始创新，以保障自己的收益；第四阶段，差异化经营逐步覆盖电商的上下游和前中后端，形成村落电商生态。这与世界银行调查数据相一致。该数据显示，在淘宝村，电商户考虑开店的年份大致分三个阶段。第一阶段为2010年及以前已经考虑的农户，数量少，占电商户总数的比例不足20%，分年度考虑开店的农户占比也不高，在3%~6%之间。第二阶段为2011~2014年考虑开店的农户，数量明显增多，占电商户总数的35%，且分年度增速明显加快，截至2014年，已累计超过了50%。第三阶段是2015年及以后考虑开店的农户，数量几乎是前两阶段之和，每年新增农户占比也较高，且相对稳定。那么，在电商技术变革提供的发展机会面前，农户究竟是如何利用它们的呢？其产生了怎样的经济效应呢？接下来，我们将从理论和实证上进行考察。

（二）电商平台与农村包容性增长的理论逻辑

电商发展对农民增收的影响主要通过两个机制来实现：政策实施促进农户、企业、合作社等经营主体采纳电子商务；获得数字赋能的农户等经营主体更有效地参与互联网市场活动并从中获益。具体分析如下。

1. 政策促进农村电商发展。获得参与电子商务活动所需要的装备、知识和渠道，是农户采纳电子商务并实现增收的一个先决条件。由于很多农户，尤其是经济欠发达地区的农户收入有限、受教育程度不是很高、信息闭塞、承担风险的能力弱，因此未必自己愿意和能够承担相关成本。这就要求地方政府采取一些必要措施去改善电子商务发展环境，降低农户采纳电子商务的成本。为此，地方政府可在如下五个方面采取积极措施。第一，建设乡村电子商务服务站点，便于周围村民利用网络来购买和销售商品（Couture et al.，2018）；第二，搭建服务中心和行业协会，降低当地电商参与者的组织协调成本，加强相关知识和信息的传播（曾亿武，郭红东；2016），而且还可在有条件的地区建设产业园以增强规模和技术溢出效应；第三，构建物流体系，实现"快递下乡"，解决许多乡村参与电商活动所面临的"最后一公里"难题；第四，培育供应链和区域品牌，防止商品质量问题损害当地产业声誉（Qi et al.，2019）；第五，加强农户培训，增强农户的电子商务知识和技能。在现实中，为了提高这些举措的效果，政府往往不仅需要进行大量的直接投入，而且还需要给予电子商务建设的相关参与者必要的补贴和支持。

2. 电商发展促进农户增收。即便政府通过努力改善了农村电子商务的各种软硬件，这也并不意味着农户一定会积极采纳电子商务，除非他们预期自己能够从中获得的收益大于成本。为此，政府不仅需要改善当地的电商发展环境并切实出台一些补贴和奖励措施，而且在农村电子商务发展初期还很有必要策略性地扶持一部分有能力的"先行者"采纳电子商务。这是由于在现实中许多农户并不知晓采纳电商的成本与收益，往往依赖于周围人的行为结果形成预期（崔丽丽等，2014）；或者说，只有当这些"先行者"获益了，邻里效应开始显现，更多的农户才会更加积极地参与相关电商活动。同时，由于农户预期是一个动态形成过程，因此政府还必须构建长效的激励机制，保证电商发展环境的持续优化和对农户采纳成本的切实改善。否则，即使农户参与进来，也会因为采纳成本过高而退出。例如，许多地方在政策号召下，短时间内都能涌现出一批个体电商户，但往往一两年就倒下一大片。总之，只有当政府相关的扶持政策能够持续性地降低农户采纳电子商务的成本并增强收益，农户数字赋能的潜力才能够被广泛地激发出来。此时，凭借电子商务减少信息不对称、显著降低交易费用的优势（Jensen，2007；Shimamoto et al.，2015），农户不仅能够更加便捷地获取市场信息，改变以往价格接受者的状态（Goldfarb and Tucker，2019），而且还能实现跨越时空约束的信息匹配，极大地扩展市场空间（孙浦阳，2017）。这不仅有助于单个农户增产增收，而且市场规模的扩大还可促使当地相关产业的发展，甚至形成电商导向的产业集聚，产生更大的供给侧规模经济效应（Dunt and Harper，2002；Zhang et al.，2018）。此外，电子商务进农村是否能够以及在多大程度上增加试点县农民的收入，这不仅依赖于各级政府扶持政策的力度、科学性和执行力度，而且还受到当地的一些禀赋因素影响。例如，当地的 ICT 基础设施水平、人力资本水平（孙浦阳等，2017；曾亿武等，2018；Lin，2019）以及人口流入流出状况（Zhang et al.，2018）。鉴于此，本文将利用中南财经政法大学收入分配与现代财政创新引智基地搜集的中国居民收入与财富调查数据（2022 年），通过系统的计量分析来回答这些问题。

三、数据来源与描述性统计

（一）数据来源与筛选

实证分析主要基于一个核心数据集。有关电商平台的数据来源于中国居民收入与财富调查，涵盖家庭禀赋特征、收入、财富、消费、就业、公共服务、主观感知、社会热点问题评价等方面，包含与居民收入和财富相关的多个方面的调查。根据我们收集的 2022 年夏季家庭收入与财富入户问卷调查数据，对家庭总收入以及收入构成进行了分析，并根据户主的禀赋特征分析了不同群体的收入差距。

（二）估计模型

电商平台的布局并非一蹴而就，而是逐渐展开的过程。淘宝为中国本土最早的电商企业，兴起于杭州，随后逐渐向上海和浙江其他地方扩展。因此，我们采用如模型（5-1）对 t 年 i 村庄 j 农户收入 Y_{ijt} 进行估计：

$$Y_{ijt} = \beta_0 + \beta_1 ESPV_i + \alpha_i + \alpha_t + \gamma \, Controls_{it} + \varepsilon_{it} \qquad (5-1)$$

在此估计模型中，β_1 反映了村庄享有电商以后对农村居民收入的影响。$\beta_1 > 0$ 意味着村庄享有电商平台前后两个时期，具有电商平台的村庄居民收入高于未开通电商的村庄。$Controls_{it}$ 是农户和村庄层面的控制变量集合。农户层面的控制变量包括家庭人口规模、受教育程度、平均年龄、耕地面积、固定资产拥有量、耐用品拥有量等；村庄层面的控制变量涵盖村内企业数量、拥有手机户占比、拥有电脑户占比、开通互联网户占比和硬化道路面积占比等。标准误聚类到村庄层面。

（三）描述性统计

相关变量主要关注电商发展对农民收入的影响，选取 2022 年农户层面数据作为基准回归样本。在剔除变量缺失样本后，参与回归的样本中共包含 1016 个村庄截面数据，共计 1624 个观测值。相关变量的描述性统计如表 5-1 所示。

表 5-1　　　　　　　　　　　　　　描述性统计

变量	均值	中位数	标准差	最小值	最大值
家庭全年收入（万元）	2.71	1.95	2.38	0.12	16.43
电商平台（=0，1）	0.45	0.00	0.50	0.00	1.00
年末耕地面积（亩）	1.86	1.76	0.91	0.00	11.40
固定资产拥有额（万元）	7.89	8.10	1.86	0.00	16.00
耐用品拥有额（万元）	6.57	6.62	0.61	0.00	19.10
家庭文化程度（年）	6.58	7.00	3.50	0.00	365.00
家庭年龄（岁）	40.40	38.00	15.10	1.00	99.00
家庭人口数（人）	3.96	4.00	1.53	0.00	19.00
村庄内企业数量（个）	1.10	0.69	1.22	0.00	7.15
村庄内手机户占比（%）	57.10	59.70	15.60	0.00	97.10
村庄内电脑户占比（%）	25.40	24.00	16.50	0.00	76.50
村庄内互联网户占比（%）	22.50	20.80	17.30	0.00	71.90
硬化道路面积占比（%）	72.40	70.00	22.18	0.00	98.90
观测值			1624		

四、基准结果

（一）数字经济的收入增长效应

根据式（5-1），表 5-2 报告了 OLS 回归结果。表 5-2 中列（1）以被调查农户全年总收入作为被解释变量，报告了没有加入任何控制变量的回归结果。电商平台的回归估计系数为 0.850，在 1% 的统计水平下显著。列（2）开始逐步引入家庭层面的控制变量，包括年末耕地面积、固定资产总额、耐用品拥有额、平均受教育程度、平均年龄、家庭人口规模以及各项固定效应，此时回归估计系数为 0.056，且在 5% 的统计水平下显著。列（3）进一步控制村庄层面的经济特征，包括村内企业数量、拥有手机户占比、拥有电脑户占比、开通互联网户占比和硬化道路面积占比，估计系数略微下降到 0.061，但仍然至少在 5% 的统计水平下显著。将列（3）视为基准回归结果。以上结果表明，电商平台建立使农村居民总收入提高 6.1 个百分点。该结果验证数字经济能够提高农村居民收入增长。

表 5 – 2　　　　　　　　　　数字经济的收入增长效应

	（1）	（2）	（3）
	家庭全年总收入（log）		
电商平台（＝0，1）	0.850 *** (0.06)	0.056 ** (0.03)	0.061 ** (0.03)
家庭人口数（log）		0.147 *** (0.01)	0.147 *** (0.01)
固定资产额（log）		0.048 *** (0.00)	0.045 *** (0.00)
耐用品拥有额（log）		0.085 *** (0.02)	0.087 *** (0.02)
家庭文化程度（log）		0.013 *** (0.00)	0.012 *** (0.00)
家庭年龄（log）		− 0.002 *** (0.00)	− 0.002 ** (0.00)
社区内企业数量（log）			0.018 (0.01)
社区内手机户占比（%）			0.012 (0.01)
社区内电脑户占比（%）			− 0.009 (0.01)
社区内互联网户占比（%）			0.018 (0.01)
社区内公路里程（%）			0.000 (0.00)
观察值	1624	1401	1102
调整后 R^2	0.0498	0.762	0.765

注：标准误均聚类到社区层面；* 、** 、*** 分别表示 10% 、5% 、1% 统计显著性水平。

（二）数字经济与收入不均等改善

农村内部收入差距的扩大对农村发展产生了深远影响（彭代彦，吴宝新，2008；尹志超等，2020）。以上所发现的数字经济具有收入增长效应并不代表农村内部收入分配不平等的改善，需要进一步考察电商平台能否带来包容性增长，即在增加收入的同时改善收入分配格局，尤其是减少农村内部收入差距。接下来，我们以电商平台与村庄内部收入差距的关系作为考察内容，来分析数字经济对农村包容性增长的影响。如果能够证实原先经济发展水平相对落后的村庄能从数字经济发展中获得更多收益，就可以表明其具有改善农民收入增长的包容性效应。

依据村庄处于所在县经济发展水平的相对位次划分子样本，回归结果汇报在表5 -3 中。与预期一致，列（1）和（2）的结果显示，电商平台主要对经济相对落后村庄的家庭收入有显著的正向影响，虽然电商发展对经济相对发达村庄也有促进作用，但在统计上并不显著。由此可见，电商平台主要解决了经济相对落后村庄的市场进入门槛，打通了农村商品消费服务问题，从而改善了农村内部不平等问题。结合表5 -2 和表5 -3 的实证结果表明，数字经济不仅能够产生收入增长效应，而且能够帮助改善乡村内部收入不平等，进而推动乡村全面振兴。

表5 -3 数字经济与收入不均等改善

	（1）	（2）
	家庭全年总收入（log）	家庭全年总收入（log）
	经济相对发达村庄	经济相对落后村庄
电商平台（ =0，1）	0.041 (0.03)	0.203 *** (0.05)
控制变量	Y	Y
观察值	506	596
调整后 R^2	0.751	0.781

注：标准误均聚类到村庄层面；＊、＊＊、＊＊＊分别表示10%、5%、1%统计显著性水平。

为进一步验证数字经济对农村内部收入不平等格局的改善，我们根据村庄所处的地形条件和地理位置等特征进行分样本考察，回归结果汇报在表5 -4 中。其中列（1）和列（2）是基于村庄地形条件差异进行的估计结果，列（3）

和列（4）则是依据不同村庄所处地理位置的结果。异质性分析结果显示，电商发展主要对山区和偏远村庄的居民收入有显著正向影响。具体而言，列（2）和列（4）的回归结果显示，当村庄享有电商平台后，处于山区地形和远离镇中心的农村居民净收入将分别提高6.4%和6.1%，提升幅度非常可观。与之相对应的是，列（1）和列（3）结果表明，位于平原地形和镇中心区域的农村居民收入虽然也在正向增加，但在统计水平上并不显著。以上结果再次验证了本文的研究假设1，即作为数字经济的重要载体，电商平台发展不仅能够促进农村居民收入增长，而且能够进一步改善农村内部收入不平等格局，尤其是促进边缘欠发达地区农村居民收入的提高，进而实现城乡均衡发展。

表 5-4　　　　　　　　数字经济与农村收入不平等的异质性分析

	（1）	（2）	（3）	（4）
	家庭全年总收入（log）	家庭全年总收入（log）	家庭全年总收入（log）	家庭全年总收入（log）
	平原	山区	乡镇政府所在地	非乡镇政府所在地
电商平台（=0，1）	0.030 (0.05)	0.064* (0.04)	0.013 (0.07)	0.061** (0.03)
控制变量	Y	Y	Y	Y
观察值	347	762	342	822
调整后 R^2	0.757	0.754	0.801	0.739

注：标准误均聚类到村庄层面；*、**、***分别表示10%、5%、1%统计显著性水平。

第五节　本章小结

受限于电商平台的布局，农村发展往往止步于乡镇，农产品出村、消费品进村的"最后一公里"亟待打通。而极速扩张的电商平台，使商品寄送的可得性和便利性大幅提高，特别是对于原先被排除在外的农村，这为改善农村发展不平等提供了条件。

本书的主要贡献是构建了实证框架，基于电商平台设立这一冲击，研究数字经济发展对农村收入增长的影响，填补了有关数字经济对收入分配影响研究方面的缺憾。研究结果表明，电商发展显著提高了农村居民收入水平，尤其是改善了偏远、交通不便和经济欠发达农村居民的收入。因此，电商平台的发展能够帮助农村实现包容性增长。一个可能的解释是，就农产品销售渠道而言，电商平台在总体上便利了农产品销售，更重要的是改善了欠发达村庄的农产品销售渠道，打通了这类村庄的农产品进城运输障碍，提高农民收入水平；就消费成本而言，电商发展进一步降低了农村消费成本，尤其是经济相对落后农村的消费成本，从而间接改善了农民财富积累。上述结果证实了以电商平台为代表的数字经济所承载的包容性效应。

技术变革天性与社会事实的冲突正是激发我们进行该项研究的初始动机。同时，我们更加好奇，数字技术变革在中国乡村真的改变了其自然逻辑、促进了共同发展吗？把电商作为乡村数字技术变革的典型，通过分析接触数字技术的农户是否有机会分享数字红利，聚焦电商发展与农户收入之间的关联，我们获得了以下结论：

第一，电商平台深入农村深刻地影响了农村家庭收入变化。电商平台一方面能够促进农村家庭收入增长；另一方面，也改善了农村居民收入的支出结构，快递配送对农民收入的促进效应普遍存在于各项收入来源中。由此可见，随着电商网络不断下沉，既促进了农村收入提高，也提高了农村消费品质，进而从总体上改善农村收入格局，推动乡村振兴。

第二，通过积极利用电商发展机会，原先在经济上表现不佳的村庄农户可以缩小与其他经济相对富裕农户的差距，甚至缩小累积的差距，增强其在数字技术变革中的"获得感"。只要参与电商发展，农户因自然禀赋不足的消极影响就会减弱，甚至不再显著。在数字技术变革中，平等的参与机会让农户社会经济地位的分化得以缓解，也为农户共同发展创造了非常有利的条件。

第三，一般技能的高低对把握电商发展机会的影响不明显。这意味着，工业时代的岗位工作技能对数字时代把握发展机会没有显著影响。但是，当农户缺少数字技能时，一般技能的影响便凸显出来，一般技能高的农户更有可能把握电商发展机会。不过，有数字技能的农户，即使一般技能较低，依然可以抓住电商发展机会，获取数字红利。这意味着教育依然是促进共同发展的有效途径。归纳起来，在数字技术变革的初始阶段，把电商作为数字技术变革的典型形态之一，小乡村的事实至少可以证明，如果任由技术变革循着自身逻辑展开，的确会加剧社会不平等。可是，中国的大故事告诉我们，技术变革对社会影响的方向不是不可变更的，技术红利的分配策略也不是固定的，社会环境和公共政策是发挥技术变革积极影响、引导红利分配公平、实现农户共同发展的主导性因素。我们试图把技术变革的总效应进行拆解，在技术对社会影响的初始阶段探索技术变革影响社会不平等的机制，补上了技术与社会研究领域一个重要的缺失环节。同时，在发展研究领域证明了有利的社会环境和积极的公共政策是干预技术变革影响方向的关键变量，为运用公共政策调节技术变革的负向影响提供了理论依据。

第四，这些研究结论表明，电商发展的确在整体上有助于农民增收。不过，为了增强该政策的积极作用，政府不宜过于超前地在农村地区发展电子商务工业园区，而应该加强电子商务的网点建设（包括服务体系建设和电商扶贫）和品牌培育（包括宣传推广和质量把控）。同时，政府应积极采取措施在农村培养电子商务人才，吸引并留住人才。当然，在整个过程中政府应把握好与市场的边界，尊重市场规律，不要将激励措施变为市场干预政策，用高额补贴带动的线上销售注定无法长久维持。总之，只要政府制定科学合理的政策，对农村商务进行适度而持久的支持，依托当地比较优势，通过能人带动，逐步形成邻里示范效应，就能够在广大的农村地区发挥出数字赋能的巨大潜力，形成良性的内生发展，进而实现农民收入的持续增长和脱贫攻坚战的胜利。

第五，加强基础设施建设。首先是推进农村互联网建设，政府需要加快农村互联网普及，包括拓宽固定宽带和移动宽带的基础设施建设。中国互联网络信息中心《中国互联网络发展状况统计报告》指出，城乡互联网普及率差距仍超过30%。因此，一旦能够使用固定宽带或移动宽带服务，农村的经营者就有机会变成电商卖家，农村的消费者也有机会变成网购买家。

第六，采取措施加快物流基础设施投资。政府部门可以研究特定的支持机制来鼓励农村电商发展，包括税收、补贴和开放土地，特别是道路交通运输的政策。交通运输在实现物流业"降本增效"中具有重要作用。2020年城乡建设统计公报显示，中国农村现有42.54万公里，但其道路面积远远落后于城市道路面积。中国农村道路路况已经成为现代物流的一大限制因素。其次，农村物流设施严重不足，配送网点匮乏。因此，加快这一类物流基础设施的建设，有利于提升农村物流的效率，推动农村电商快速发展。

第七，加大金融支持。根据农村电商发展的实际需要，可以通过给予一定的资金补助支撑建设农村电子商务发展所需的设施设备，提升农民发展电商的积极性。其次，进一步扩大金融服务网点的覆盖面积，为农村电商提供更多更便捷的金融产品，提升农民的金融服务体验。

第八，加大培训力度，引进人才。营运电子商务不仅需要货真价实的产品，还要有营销手段，例如网店美工产品介绍、信息采集、营销推广、促销活动策划等，这些需要对计算机和网络知识有相当的了解，但是农村电商发展中此类人才供需矛盾突出。引进优秀的富有实践经验和电子商务相关知识的高学历人才，依靠其丰富的经验，建立、维护、管理专业化的电子商务网站，对农民言传身教，对引领农村电子商务发展有积极作用。

最后，优化治安环境。在新的时代背景下，谁能抢先创优环境，谁就能吸引更多的资源，谁就能掌握经济发展的主动权。治安环境是农村电商发展的重要环境要素，是招商引资的先决条件之一。因此，当地政府一方面要严厉打击各类刑事犯罪；另一方面，无论是重点项目，还是小微企业、个体工商户、创业者，一律给予平等司法保护和均等法律服务；同时，主动配合相关部门，及时有效地做好矛盾化解工作；借助短信、微信等现代通信手段开展在线交流，拓展警务公开渠道；维护好农村网络零售市场的正常生产经营秩序，从而促进平等竞争、农村电商稳定发展。

第六章

当前农村居民的生产与生活

第一节　引　　言

　　新冠疫情在全球范围内蔓延，给各个国家经济、社会、贸易等带来了严峻挑战。根据世界卫生组织最新公布的数据，截至 2022 年 11 月 12 日，全球确诊病例超过 6 亿人，死亡人数已达 658 万人，220 多个国家和地区受到疫情影响。面对突如其来、传播迅速且不断变异的新冠病毒，在以习近平同志为核心的党中央坚强领导下，我们坚持人民至上、生命至上，坚持动态清零不动摇，开展抗击疫情人民战争、总体战、阻击战，最大限度保护了人民生命安全和身体健康。但我国城乡居民的生产生活不可避免受到冲击，一定程度上影响了人均可支配收入的增长和消费结构转型升级。

　　当前，我国经济已逐渐步入高质量发展新阶段，国民经济结构进入消费拉动与服务经济时期。经济发展水平的日益提升、产业结构调整以及整体布局优化也进一步增强经济应对重大突发风险能力。但同时，以消费需求为主要拉动力和第三产业占比提升的现实情况也进一步加大了疫情对经济发展的冲击力度。首先，从发展阶段来看，当前我国正处在转变发展方式、优化经济结构、转换增长动力的攻关期，结构性、体制性、周期性问题相互交织，"三期叠加"影响持续深化，经济下行压力加大。其次，在需求结构上，2021 年最终消费支出对经济增长的贡献率达 65.4%，消费需求拉动成为经济增长的主要动力。最后，在产业结构上，2021 年第三产业增加值占国内生产总值的比重达 53.3%，表明在经济发展新时期，第三产业占比将随着我国内需拉动作用的逐渐提升而不断增长。

　　此外，由于现阶段我国农村地区发展基础较为薄弱、农村经营主体质量有待提高、农民增收潜在风险较多等原因，新冠疫情对乡村旅游、农资供应等农村服务业及农民务工就业、农村基础设施和公共服务建设等影响较大、影响持续时间更长。基于此，为深入了解在新冠疫情下，我国农村居民的生产生活状况，本章基于中南财经政法大学收入分配与现代财政研究院所开展的中国居民收入与财富调查问卷调查结果，描述了在疫情影响下农村居民生产生活面临的困境、变化特征及需求，旨在为农村地区科学精准地做好疫情防控工作，有序恢复农村居民正常的生产生活秩序，稳定农民工务工就业，促进农村居民持续稳定增收提供实质性建议。

第二节　当前农村居民生产生活现状

一、当前农村居民就业现状

2022 年以来，在党中央、国务院正确领导下，各地区各部门有力统筹疫情防控和经济社会发展，扎实做好"六稳"工作，全面落实"六保"任务，各行各业有序实现复工复产。从调查结果来看，如图 6 - 1 所示，2021 年，约 77% 的受访者居住地的复工复产率达到 80% 以上，17.8% 受访者居住地的复工复产率在 50% 以上，仅有 5.3% 的受访者表示居住地的复工复产率在 50% 以下。在复工复产模式方面，有近一半的单位或企业实现满员上岗操作，26% 的单位或企业实现关键岗正常运转，19% 的单位或企业实现分班轮流操作。由此看来，疫情对农村居民就业的影响得到控制，人们陆续恢复正常的工作生活。

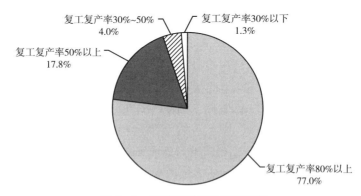

图 6 - 1　农村居民复工复产现状

尽管各行各业陆续复工复产，但新冠疫情对农村居民就业仍有明显的负面影响。如图 6-2 所示，调查结果显示，约 65% 的受访者认为疫情对其就业造成了较为显著的影响。其中，17.1% 的受访者反映疫情对其就业影响非常大，甚至导致其失业；48% 的受访者认为疫情对其就业影响较大。另有 21.8% 的居民反映疫情对其就业的影响非常小；仅有 13.2% 的居民认为生活基本不受疫情影响。

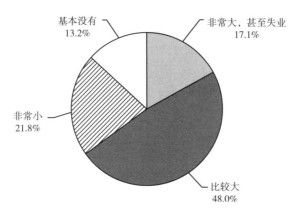

图 6-2　疫情对农村居民就业的影响

从我国农村居民的就业结构来看，位于农村居民工作行业排名前四位的是农林牧渔行业、制造业、建筑业以及服务行业工作，占比分别为 19.3%、12.9%、10.7% 和 11.7%。其工作性质主要集中于受雇于他人、个体或私人经营和农业工作三方面，自由职业和零散工相对较少。

在就业预期方面，受疫情影响，人们对我国近两年的就业形势并不抱有利好的态度。如图 6-3 所示，经此次调查发现，仅有 2.3% 农村居民对近两年的

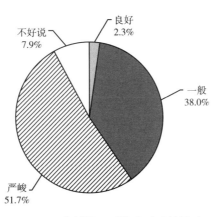

图 6-3　农村居民对就业形式的看法

就业形势持积极态度；约38%农村居民认为近两年我国的就业形势一般；约51.7%农村居民认为近两年的就业形势较为严峻。

此外，疫情在影响农村居民自身就业预期的同时，也会影响其对子女的就业期望。如图6-4所示，调查结果显示，约80.9%的受访者希望子女到国企、机关和事业单位等相对较稳定的行业中工作。其中，28%的受访者希望子女到国有企业工作；52.9%的受访者希望子女到机关和事业单位工作；6.6%的受访者希望子女到大型私企工作；仅有5.2%农村居民希望子女从事农业生产、个体经营或到小微企业工作；另有7.4%的居民希望子女在上述类型之外的其他单位工作。这说明突如其来的疫情使得人们开始察觉，无论是受雇于企业还是自己经商，虽然都能够给从业者带来比较可观的经济收益，使其为自己的家庭及子女提供良好的生活条件，但只要面对疫情等不可抗力因素时，就业的稳定性就是影响农村居民择业的重要因素。

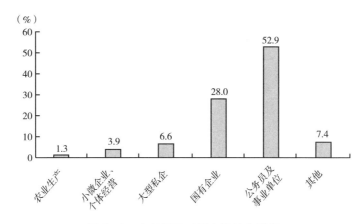

图6-4　农村居民对子女的就业期望

二、当前农村居民收入现状

新冠疫情对农村居民的收入产生影响是不可避免的。如图6-5所示，调查结果显示，仅有24.9%的农村居民认为其近两年的平均收入不受影响，其中2.2%的农村居民认为其近两年的平均收入有所增加。另有75.15%的农村居民认为其近两年的平均收入明显减少，其中，12.5%农村居民表示其近两年的平均收入减少约50%；31.2%农村居民表示其近两年的平均收入减少约30%；

31.45%农村居民表示其近两年的平均收入减少约10%。

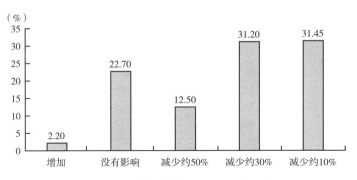

图6-5 疫情对农村居民收入的影响

如图6-6所示，从农村居民的家庭收入结构来看，工资性收入（劳务收入）占家庭总收入的比值约为61.5%；经营性收入占家庭总收入的比值约为22.8%；财产性收入占家庭总收入的比值约为5.6%；转移性净收入占家庭总收入的比值约为10.1%。由此看来，工资性收入是农村居民的主要收入来源，这与国家统计局等已有的调研结果相一致。

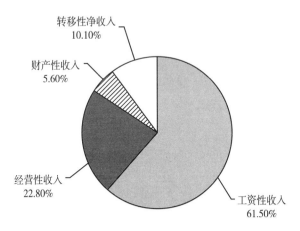

图6-6 农村居民家庭收入结构

如图6-7所示，从家庭的收入恢复状况来看，约有87.9%农村居民表示家庭成员均已恢复工作状态，其中，27.9%农村居民反映家人已全部回归工作岗位，且家庭收入回到疫情前的正常水平；60%农村居民反映家人已全部回归工作岗位，但受疫情影响，收入水平尚未恢复到原有水平。此外，10%的农村居民反映有一半的家庭成员恢复了工作，但也有部分家人处于待恢复工作状态或失业状态；仅有 2% 的农村居民表示由于家中出现意外等原因使其未恢复到正常状态。

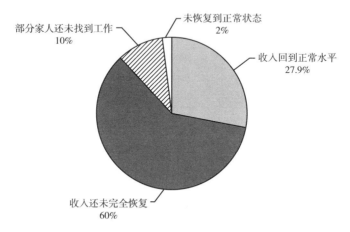

图 6-7　农村居民家庭经济恢复状况

如图 6-8 所示，从疫情对农村居民所在行业的盈利状况来看，约 25.8% 的农村居民认为疫情对其所处行业有显著的负向影响，即疫情造成了其所处行业大量的经济损失；约 43.2% 的农村居民认为疫情对其所处行业并无明显的负向影响，即在疫情影响下，仅仅只是盈利较往年略有减少。另有 12.5% 的农村居民认为疫情并未对其所在行业造成影响；仅有 1.3% 的农村居民所在的行业有盈利；余下 17.3% 的农村居民并未对其行业发展发表意见。

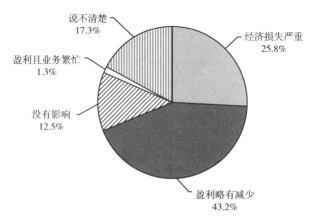

图 6-8　农村居民所处行业发展现状

三、当前农村居民消费现状

新冠疫情在一定程度上也限制了农村居民的消费。调查发现，约有35.3%的农村居民表示受疫情影响，近两年的日常开支较前两年同期相比有所减少。其中，4.5%的农村居民表示近两年的日常开支较前两年同期相比减少50%；13%的农村居民表示近两年的日常开支较前两年同期相比减少30%；17.8%的农村居民表示近两年的日常开支较前两年同期相比减少10%。另有43.9%的农村居民表示近两年的日常开支较前两年同期相比并未发生明显变化；还有20.7%的农村居民表示近两年的日常开支较前两年同期相比有所增加（见图6-9）。对此，可能的解释有以下两个方面：一是由于人们的日常开支是人们基本生活的保障，因此疫情并不会对日常的开支造成剧烈影响；二是由于各地陆续复工复产，人们的生活秩序随之恢复，且日常支出恢复到原有水平，这也从侧面反映出各项复工复产政策得到了有效落实。

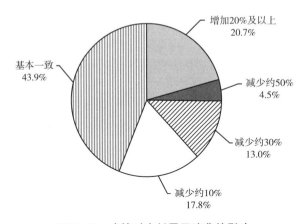

图6-9 疫情对农村居民消费的影响

面对反复蔓延的疫情，不少地区采取了静默、交通管制等防疫政策，也从一定程度上影响了居民消费。从调查结果来看，有66.4%的农村居民表示受疫情影响，当前的物价水平较高。其中，14.7%农村居民认为当前物价水平太高，表示无法接受；51.7%农村居民认为当前物价水平较高，但仍在可接受范围内。另有20.0%农村居民认为当前的物价水平适中；13.0%的人表示说不清楚；仅有极少数人认为当前的物价水平较低（见图6-10）。

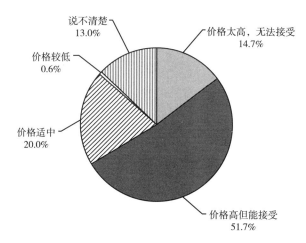

图 6 - 10　当前农村居民物价水平的评价

从消费观念方面来看，农村居民的消费观念也因疫情发生了转变。受新冠疫情影响，约 61.6% 的农村居民表示今后要增加对医疗消费的重视；约 46.5% 的农村居民表示今后要提高对日常消费环境的重视；31.3% 的农村居民表示今后要增加对市场商品质量的重视；48.2% 的农村居民表示今后要减少消费增加储蓄（见图 6 - 11）。由此可以看出，疫情使农村居民对医疗卫生消费的重视程度和对消费质量的要求均有所提高。

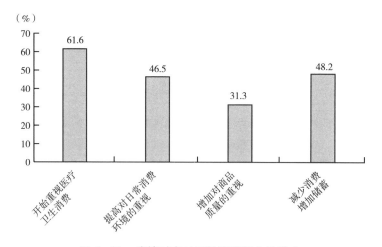

图 6 - 11　疫情对农村居民消费观念的影响

从消费结构看，食品支出、教育与文娱、生活用品与服务是农村居民的主要支出项目。调查结果显示，47.3 的农村家庭过去一年最主要的消费支出项目是食品支出；26.4% 的农村家庭过去一年最主要的消费支出项目是教育、文化和娱乐支出；10.7% 的农村家庭过去一年最主要的消费支出项目是生活用品及服务支出；4.6% 的农村家庭过去一年最主要的消费支出项目是医疗保健支出；3.2% 的农村家庭过去一年最主要的消费支出项目是住房支出；1.9% 的农村家庭过去一年最主要的消费支出项目是交通通信支出；1.7% 的农村家庭过去一年最主要的消费支出项目是衣着支出；还有 4.3% 的农村家庭过去一年最主要的消费支出项目是上述类型以外的其他项目支出（见图 6 - 12）。由此看来，疫情冲击造成的内外部环境的动态变化将对农村家庭消费结构产生较大影响。疫情下我国的农村居民消费支出主要还是集中于生存型消费和发展型消费两类，对享受型消费还有待进一步提升。

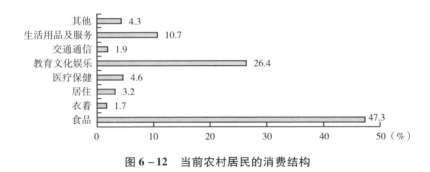

图 6 - 12 当前农村居民的消费结构

四、当前农村居民生活方式现状

新冠疫情不同程度对农村居民生活方式仍有一定影响。从调查结果来看，绝大多数农村居民反映疫情对其生活方式有不同程度的影响。其中，11.2% 的农村居民反映疫情对其生活方式有很大程度的影响；38.1% 的农村居民反映疫情对其生活方式有较大影响；40.4% 的农村居民反映疫情对其生活方式的影响一般；8.7% 的农村居民反映疫情对其生活方式的影响较小；仅有 1.7% 的农村居民反映疫情对其生活方式没有影响（见图 6 - 13）。

就疫情对农村居民具体生活方式的影响而言，约有 43.2% 的农村居民表示疫情对其交通出行的影响最大；14.1% 的农村居民表示疫情对其购物消费的影

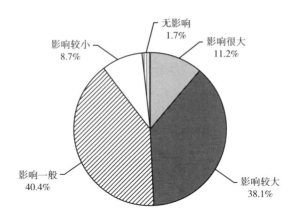

图 6 – 13　疫情对农村居民生活方式的影响

响最大；12.8% 的农村居民表示疫情对其健康行为的影响最大；9.2% 的农村居
民表示疫情对其休闲娱乐的影响最大；6% 的农村居民表示疫情对其饮食习惯的
影响最大；14.6% 的农村居民表示疫情对上述生活方式以外的其他生活方式影
响最大（见图 6 – 14）。

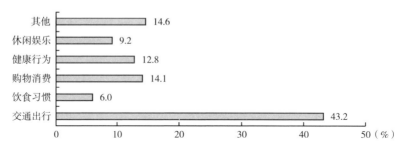

图 6 – 14　农村居民受疫情影响最大的生活方式

　　从农村居民对健康知识的关心程度来看，约有 85.6% 的农村居民表示其
对健康知识的关心程度有所增加。其中，一半以上的农村居民表示经历了此
次疫情，他们开始关注健康知识；27.3% 的人表示经历了此次疫情，他们开
始主动获取健康知识；8.2% 的人表示经历了此次疫情，他们会利用健康知识
来指导生活。仅有 14.4% 的人表示此次疫情并没有改变他们对健康知识的关
注程度（见图 6 – 15）。因此，在新冠疫情的影响下，农村居民也越来越关注自
己的健康，越来越重视对健康知识的学习，这也有利于"健康中国"的早日
实现。

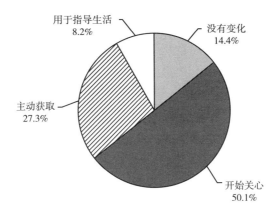

图 6 - 15　当前农村居民对健康知识的关心程度

五、当前农村居民社会交往现状

疫情防控政策使得农村居民减少了以往的频繁社交活动。调查结果显示，有 86.2% 的农村居民表示其人际交往受到了新冠疫情的影响。其中，约有 3.8% 的人表示新冠疫情对其人际交往的影响很大；约 12.7% 的人表示新冠疫情对其人际交往的影响较大；约有 49% 的人表示新冠疫情对其人际交往的影响一般；约 20.6% 的人表示新冠疫情对其人际交往的有少量影响。其余约 13.9 的人表示新冠疫情对其人际交往没有影响（见图 6 - 16）。

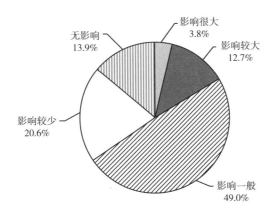

图 6 - 16　当前农村居民人际交往现状

从交往方式来看，约 35.9% 的农村居民在疫情期间采用电话连线的方式进行人际交往；约 49.9% 的农村居民在疫情期间采用 QQ 或者微信等社交媒介进行人际交往；约 4.9% 的农村居民在疫情期间采用线上游戏及电子邮件等其他方式进行人际交往；约 8.4% 的人通过外出面谈的方式进行人际交往；不到 1% 的人表示疫情期间没有交往（见图 6-17）。由此看来，受疫情影响，人们的交往以线上交流为主，这也从侧面反映出了人民群众的积极配合以及各级政府与领导班子真正将疫情防控工作落实到了实处。

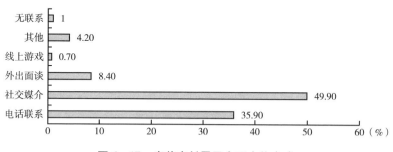

图 6-17 当前农村居民主要交往方式

从家庭交往和亲友交往来看，有 86.7% 的农村居民表示受疫情影响，有充足的时间陪伴家人，家庭氛围比较和谐；也有 11.2% 的农村居民表示家庭氛围较好，有充足的时间陪伴家人，但长时间在一起难免会产生一些矛盾；还有 2.1% 的农村居民表示家庭氛围变恶劣，家庭争吵较严重。在与亲友交往时，55.1% 的人表示会与亲友交流疫情相关实事、内心情感以及休闲娱乐；约有 16.6% 的人表示会与亲友交流工作学习；28.3% 的人表示会与亲友交流上述内容以外的其他事件（见图 6-18）。由此看来，疫情在拉近家庭成员距离的同时，也会给农村居民造成一定的负向影响，而与亲友交流也是舒缓压力的重要方式。因此，疫情下要重视农村居民对负面情绪的发泄和压力的排解，积极构建良好的人际沟通氛围。

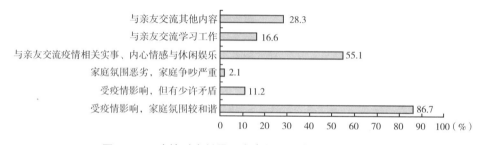

图 6-18 疫情对农村居民家庭氛围和亲友交往的影响

第三节 当前政府防控措施对农村
居民生产生活的影响

政府作为为民服务的主要部门，发挥着至关重要的作用。对此，本章基于此次调查的相关数据，采用多元序次回归的计量模型对疫情下政府防控措施对农村居民生产生活的影响展开深入分析。

一、变量说明

被解释变量。选取居民的生活满意度为被解释变量，采用问卷中"总的来说，对以下各方面的生活状况，您是否觉得满意呢？"题项中的关于生活满意度的回答来衡量，将回答为非常不满意赋值为 1；回答为不太满意赋值为 2；回答为一般赋值为 3；回答为比较满意赋值为 4；回答为非常满意赋值为 5。

解释变量。选取对政府救助措施的了解程度、是否获得政府帮扶以及政府救助措施的帮扶程度为自变量。其中，对政府救助措施的了解程度采用问卷中"疫情发生的两年以来，您了解本地政府的经济救助政策措施吗"的回答来衡量，将回答为不了解的赋值为 1；回答为比较了解的赋值为 2；回答为非常了解的赋值为 3。政府救助措施的帮扶程度采用问卷中"疫情发生的两年以来，您家受到下列哪些政府救助帮助"的回答来衡量，将获得帮助的赋值为 1，未获得帮助的赋值为 0。政府救助措施的帮扶程度采用问卷中"政府救助措施对您家的帮助如何"的回答来衡量，将回答为维持了全家正常的物质生活、减轻了全家较大生活压力和缓解了全家部分生活压力的合并为有较大帮助，并赋值为 1；将回答对全家影响不大的赋值为 0。

控制变量。选取年龄、性别、受教育程度、是否流动人口、是否有工作、健康状况、对疫情的关注程度以及是否参加养老保险为控制变量。其中，家庭总收入通过对居民的工资性收入、经营性收入、财产性收入以及转移性净收入加总得到，并对其进行缩尾处理和对数处理。

二、模型设定

农村居民的生活满意度是一个典型的有序多分类变量。对此，采用 Ologit 回归模型来分析疫情下政府救助措施对农村居民生活满意度的影响。具体模型如式（6 - 1）所示：

$$Y_i = \alpha + \beta_1 X_1 + \beta_2 X_2 + \beta_3 X_3 + \beta_4 C + \varepsilon_i \qquad (6-1)$$

其中，Y_i 表示农村居民的生活满意度，X_1 表示对政府救助措施的了解程度，X_2 表示是否获得政府帮扶，X_3 表示政府救助措施的帮扶程度，C 为控制变量，α 为常数项系数，β_1、β_2、β_3 和 β_4 为解释变量和控制变量所对应的系数，ε_i 为随机误差项。

三、实证分析

表 6 - 1 汇报了当前政府防控措施对农村居民生产生活影响的回归结果。其中，模型一汇报了未放入控制变量的回归结果；模型二汇报了加入控制变量的回归结果。可以发现，农村居民对政府救助措施的了解程度对其生活满意度的影响系数为 0.299，并在 5% 的水平上显著为正。上述结果在加入控制变量后依然显著，表明加大农村居民对政府救助措施的了解程度会提高他们的生活满意度。而是否获得政府帮扶对农村居民生活满意度无显著影响。在控制变量方面，回归结果显示，相较于流动人口，非流动人口的生活满意度更高。人们的生活满意度也会受到收入水平、健康状况的影响，其系数分别为 0.437、0.167，且均在 1% 的水平上显著为正，这一结果与实际相符。

表 6 - 1　　　　　当前政府防控措施对农村居民生产生活的影响

变量	模型一	模型二	模型三
对政府救助措施的了解程度	0.299 ** (0.077)	0.355 *** (0.086)	0.304 ** (0.098)
是否获得政府帮扶	- 0.129 (0.124)	- 0.036 (0.131)	
政府救助措施的帮扶程度			0.265 ** (0.115)
年龄		0.008 (0.005)	0.002 (0.006)
性别（女）		0.014 (0.104)	0.037 (0.115)

续表

变量	模型一	模型二	模型三
受教育程度		0.023 (0.089)	−0.067 (0.101)
是否流动人口		0.234 * (0.136)	0.101 (0.151)
是否有工作		0.140 (0.118)	0.275 ** (0.132)
健康状况		0.437 *** (0.062)	0.490 *** (0.070)
家庭总收入		0.167 *** (0.039)	0.158 *** (0.041)
对疫情的关注度		0.046 (0.081)	0.053 (0.091)
是否参加养老保险		0.062 (0.113)	0.097 (0.126)
R-squared	0.004	0.031	0.037
N	1620	1495	1210

注：括号内为稳健性标准误；＊、＊＊、＊＊＊分别表示10%、5%、1%统计显著性水平。

　　为进一步分析政府防控疫情措施对农村居民生产生活的影响，模型三汇报了加入政府救助措施和帮扶程度后的回归结果。发现农村居民对政府救助措施的了解程度以及政府救助措施的帮扶程度对其生活满意度的影响系数分别为0.304、0.265，且均在5%的水平上显著为正，这表明政府的防疫措施和对农村居民的帮扶能够使他们的生活满意度明显提升。在控制变量方面，发现相较于没有工作而言，有工作的农村居民的生活满意度也会更高，而是否流动对农村居民生活满意度的结果并不显著，其余回归结果与模型一和模型二的回归结果基本一致。

　　综上，政府有效的疫情防控措施以及对农村居民的帮扶会进一步提升农村居民的生活满意度。因此，在今后的工作中，各级政府要切实做好疫情防控等相关工作，同时要加大对困难群众的帮扶力度，增强群众的获得感，真正提升群众的生活满意度。

第四节　当前农村居民生产生活面临的困难

一、全球疫情持续蔓延，经济下行压力较大

当前，在疫情影响下，产业链供应链不畅，再叠加地缘政治冲突外溢等因素，世界经济下行风险进一步上升。从国内来看，当前我国正处在转变发展方式、优化经济结构、转换增长动力的攻关期，结构性、体制性、周期性问题相互交织，"三期叠加"影响持续深化，经济下行压力较大。疫情的冲击和不断加大的经济下行压力深刻地影响着农村生产、农村发展和农村居民的生活。

从农业生产来看，当前我国农业生产面临较大的不稳定性，诸如农业要素供给、农产品价格、农业产业链供应链运行、农产品贸易面临较大的不确定性。整体上看，对于农村生产经营主体来说，短期内农业生产成本增加、农产品出口受阻，收益减少，影响其生产积极性。但就长期而言，农业生产秩序和农产品供给会保持总体稳定。

从农村发展来看，农村已成为疫情防控的重点区域，疫情防控所需要的农村公共卫生防疫条件以及医疗救助条件，对推进乡村振兴，建设美丽乡村提出了巨大的挑战。此外，在疫情之下，部分作为农村基层疫情防控的主力军"村干部"缺乏危机管理意识，并且疫情给农村居民带来的情绪恐慌也会使乡村治理面临严峻考验。

从农村居民的生活看，一方面，大部分农民工返城难度较大，滞留乡村，面临失业风险。另一方面，由于疫情使得农业生产成本上升，导致以农业收入为主要收入来源的农村居民收入减少。此外，受疫情管控政策的限制，部分食品以及生活必需品供应紧张且价格不同程度上涨，导致了农村居民日常消费需求减少和消费水平下降，这一定程度上降低了农村居民生活质量。

二、应急管理机制不健全，风险抵御能力弱

此次新冠疫情防控也暴露出了农村在应对突发事件方面处于相对劣势地位。诚然，农村既是应对突发公共卫生事件的前沿阵地，也是突发公共卫生事件治

理的重点地区和薄弱环节。而现阶段我国农村地区的公共危机应对还停留在对突发性事件的即时性反应和控制的水平上，使得应急管理具有相当大的被动性和局限性。同时，在城乡二元体制的长期影响下，我国突发公共卫生事件应急管理存在"重城市，轻农村"的情况，形成了城乡有别的二元突发公共卫生事件应急管理体系，造成了危机认知、信息获取、资源保障等方面的明显差异。

相比于城市，农村地区乡土社会组织管理的局限性、信息获取的有限性、地形地貌的复杂性、文化环境的封闭性等决定了农村应对突发公共卫生事件的特殊性和复杂性，这也使得农村地区在面对重大公共危机时的风险抵御能力较弱。从此次新冠疫情的应对来看，其风险抵御能力弱主要表现在以下两方面：一是农村地区医疗卫生基础条件较差，公共卫生资源供给不足，医疗机构整体水平低，条件保障方面较弱，传染性疾病专科医院建设不足，给突发公共卫生风险的预防和控制留下隐患。二是农村地区地域广阔、流动人口较多、村民风险防控意识较差。农村婚丧嫁娶、棋牌娱乐等人情往来更成为病毒传播的便利通道，让部分农村地区产生更多"风险点"。

三、中小企业延迟复工，农民工就业压力大

如前所述，我国大部分农村居民是受雇于他人，部分企业延迟复工使得农村居民的就业和收入无法保证。就宏观的就业形势而言，目前我国总体就业压力小于 2020 年疫情期间，但结构性压力突出，主要体现在以下方面：一是青年人失业率走高，与疫情不确定性下企业的成本决策有关；二是农民工就业从"供给短缺"转为需求不足和结构性失衡；三是大城市就业受疫情的非对称影响，由热转冷；四是在疫情影响下，各类企业压缩用人需求，中小企业的就业压力持续存在。

此外，当前的劳动力市场出现企业"招工难"和农民工"就业难"并存的状况，造成这一状况主要有以下三方面原因：首先，随着传统产业转型升级，以及战略性新兴产业、先进制造业、现代服务业等快速发展，对劳动者知识技能提出更高要求，低技能农民工转岗再就业压力加大。且目前我国农民工技能人才无论数量还是质量，都与实际需要存在较大差距，从而导致"招工难"问题日益突出。其次，当前很多农民工就业以短期性、临时性为主，新业态尚无劳动合同和劳务协议的现象较为普遍，工资收入缺少基本保障，不少劳动者为

了增收，连续高强度工作，严重损害身体健康。最后，当前农村地区经济发展基础较为薄弱，新业态新模式发展趋于滞后，当地劳动力多是在相对灵活的建筑业、服务业岗位工作，属于"半工半农"状态，不是特别稳定。返乡创业人数和市场主体数量尽管一直保持在增长状态，但普遍存在竞争力弱、领域集中、规模较小和发展后劲不足等问题。

四、主要收入缺乏保障，日常消费受到抑制

从收入角度来看，疫情期间，交通管制、中小企业延迟复工、农民流动受限等因素，导致农村中与第二、三产业相关的企业用工需求推迟到疫情结束后，外出务工的农民工主要经济来源阻断，非农收入减少。而对于在农村务农、开办农家乐、休闲农庄的农户而言，由于春耕受限、客源紧缩等因素，其农业收入也备受打击。另外，农民工的供给几乎为刚性，农村没有大量闲置的就业机会提供给农民工，农民工很难找到替代工作弥补收入。

从消费角度来看，疫情的反复限制了人员流动和聚集，造成了交通物流中断和停产停工。具体分为三种情况：需要即时加工、运输和配送的食品，活禽、鲜蛋、活鱼、鲜奶、水果等跨村跨区供应受阻，导致农村居民相应消费被动减少；居家隔离导致酒水、饮料、鲜花、玩具等礼品消费明显下降；聚会宴请、休闲娱乐等活动停止，使得相应的餐饮、住宿消费下跌。相比城市居民收入和消费水平，农民收入和消费水平总体偏低，在减收风险持续期内，其日常消费会被抑制，生活必需品以外的享受型和娱乐性消费会明显减少。

第五节　当前农村居民生产生活的机遇

一、制度保障不断完善

如表6-2所示，2020年3月，国务院办公厅印发《关于应对新冠肺炎疫情影响强化稳就业举措的实施意见》。在此之后，各地政府一方面对不同行业、不同规模的企业从信贷、税收、社保、补贴、合作、转型等方面采取扶持措施，保障企业活下来；另一方面，推出了一系列引导农民工复工复产达产、有序外出就业、就地就近就业创业的相关政策和暖心举措，把疫情对就业局势的影响

降到最低，例如在返乡就业创业方面，各地推出了一次性创业补贴、创业担保贷款、贴息等举措。同时多地通过招商引资吸引企业落户，为创业园、工业园等提供廉租房，以满足农民工就近就业创业需要。

表6-2 新冠疫情暴发以来关于农村居民就业的相关政策措施
（不完全统计）

时间	文件/会议	相关表述
2020年3月	《关于应对新冠肺炎疫情影响强化稳就业举措的实施意见》	实施就业优先政策、引导农民工安全有序转移就业、拓宽高校毕业生就业渠道、加强困难人员兜底保障与完善职业培训和就业服务等，加快恢复和稳定就业
2020年4月	中共中央政治局会议	要抓好重点行业、重点人群就业工作，把高校毕业生就业作为重中之重
2021年3月	《中华人民共和国国民经济和社会发展第十四个五年规划和2035年远景目标纲要》	强化就业优先政策。坚持经济发展就业导向，健全就业目标责任考核机制和就业影响评估机制。全面提升劳动者就业创业能力。健全终身技能培训制度，持续大规模开展职业技能培训
2021年4月	《关于服务"六稳""六保"进一步做好"放管服"改革有关工作的意见》	落实和完善财税、金融等支持政策，发挥双创示范基地带动作用，支持高校毕业生、退役军人、返乡农民工等重点群体创业就业
2021年7月	中共中央政治局会议	要做好民生保障和安全生产，坚持巩固拓展脱贫攻坚成果与乡村振兴有效衔接，强化高校毕业生就业服务，畅通农民工外出就业渠道，改进对灵活就业人员的劳动者权益保障
2021年8月	《"十四五"就业促进规划》	国际环境日趋复杂，不稳定性不确定性明显增加，对就业的潜在冲击需警惕防范。落实就业优先战略，强化就业优先政策，推动形成高质量发展与就业扩容提质互促共进的良性循环
2021年12月	中央经济工作会议	健全灵活就业劳动用工和社会保障政策
2022年1月	《中共中央国务院关于做好2022年全面推进乡村振兴重点工作的意见》	压实就业帮扶责任，确保脱贫劳动力就业规模稳定。发挥以工代赈作用，具备条件的可提高劳务报酬发放比例。统筹用好乡村公益岗位，实行动态管理

续表

时间	文件/会议	相关表述
2022年3月	人社部等印发《关于做好2022年脱贫人口稳岗就业工作的通知》	深化东西部劳务协作；加强省内劳务协作；促进就地就近就业；开展"雨露计划＋"行动；落实就业帮扶政策
2022年4月	国务院常务会议	启动一批农田水利、农村公路等工程，推广以工代赈，增加农民工就业岗位
2022年5月	国家发展改革委印发《关于在重点工程项目中大力实施以工代赈促进当地群众就业增收的工作方案》	组织动员当地农村劳动力、城镇低收入人口和就业困难群体等参与务工，优先吸纳返乡农民工、脱贫人口、防止返贫监测对象
2022年8月	住建部印发《关于进一步做好建筑工人就业服务和权益保障工作的通知》	依托以工代赈专项投资项目，在确保工程质量安全和符合进度要求等前提下，结合本地建筑工人务工需求，充分挖掘用工潜力，通过以工代赈帮助建筑工人就近务工实现就业增收
2022年10月	《在中国共产党第二十次全国代表大会上的报告》	强化就业优先政策；统筹城乡就业政策体系；完善促进创业带动就业的保障制度，支持和规范发展新就业形态。健全劳动法律法规，完善劳动者权益保障制度，加强灵活就业和新就业形态劳动者权益保障

注：依据2020~2022年中央政府稳定就业的相关文件整理得到。

二、电商助农迅速发展

受疫情影响，农产品线下零售渠道进入了行业"寒冬"，大量农产品滞销。为解决这些问题，农民搭上了互联网电商快速发展的顺风车，纷纷走进直播间，开启直播带货模式，不少村主任当主播、县长为家乡代言等现象出现，领导干部纷纷加入助农队伍中去。例如，山东菏泽郓城县县长当"主播"，向网友们推介郓城县的特色产品，这种方式在创新了"政府＋电商＋社交平台"政务服务新模式的同时，也有利于加速村庄经济的恢复。更有"网红经济"的助推，打造网红乡村，网红农产品，打开农产品知名度，拓宽销售渠道。此外，拼多多等线上平台开辟了线上"抗疫助农"滞销农货反馈通道专区，电商助农模式很好地促进了农产品销售乡镇与盒马鲜生等连锁生鲜超市建立长效合作机制，也有利于促进农业增效与农民增收。

三、就业机会不断增加

疫情使得部分行业脱颖而出，增加了农民工的就业机会，主要表现在以下三方面：一是新冠疫情催生了一批新的需求。例如疫情一方面给餐饮行业带来严重的负面影响，但另一方面，外卖平台人手却极度紧缺，农民工只要健康证齐全，同时具备食材初步加工处理的技能，经过简单培训即可上岗工作。二是随着基建项目的复工复产，5G、数据中心、工业互联网等新型基础设施建设在逐步开展，各地有进一步加码基建投资的迹象，未来医疗基建可能会翻番，对建筑业农民工需求会越来越大。三是新冠疫情带来了共享人力资源的巨大商机，给人力资源服务业弹性人员派遣等业务拓宽了空间，农民工就业的灵活性增强，他们能通过弹性派遣的方式获得更多的就业机会。

四、乡村资源有待开发

疫情过后，抗疫常态化背景下，人们更愿意去乡村旅游，体验乡村生活、养生养老文化旅游，各种养老度假村、生态村、文化小镇等如雨后春笋般涌现。特色旅游目的地不再是简单的旅游景点，而大多被赋予了文化内涵，与当地的风土人情、历史传说相结合，打造"新文旅"，为乡村旅游注入灵魂，游客更注重获得感。不仅如此，乡村旅游的宣传更加多元化。部分景点除利用不同的优惠吸引游客外，还利用起了"网红"，邀请各大短视频平台的知名博主去体验，拍视频宣传，打造"乡愁 IP"，更多人知道家乡特色文化，吸引更多的游客慕名前来游玩。乡村振兴也将迎来真正的流量增长爆发期。此外，农村现存大量空闲的耕地、集体建设用地、宅基地、荒地等土地，还有山林、河流湖泊等优质的旅游资源有待开发，而这些乡村资源也将会创造巨大的财富，势必会带动乡村振兴的发展，带动乡村富起来。

第六节　当前保障农村居民生产生活的建议

一、提升农村地区应急管理能力

农村地区应急管理能力是国家应急管理体系和能力现代化建设的重要组成

部分，是完善基层治理体系的必然选择，对于维护社会和谐稳定，推进乡村振兴，实现共同富裕的目标具有重要意义。完善农村公共卫生应急体系建设是提升农村地区应急管理能力的重要一环，提升我国农村地区的应急管理能力可以从以下方面着力：

一方面，要加快健全公共卫生应急体制机制，为防治突发公共卫生事件提供保障。一是建立健全相关制度。通过完善医保异地即时结算制度，逐步健全突发公共卫生事件医疗保险和救助制度，从而减轻困难群众后顾之忧。二是完善相关体系建设。通过完善突发公共安全事件防控与救治体系，健全重大事件应急响应机制，同时建立防控应急物资保障工作机制并完善相关应急预案，提升应急水平。三是提升法治水平。加强公共卫生与应急领域相关法律建设，完善相关法律法规，并不断提升执法力度，强化公共卫生法治保障。

另一方面，要充分利用人工智能、大数据、云计算等数字技术，发挥新技术在突发公共卫生事件监测等方面的支撑作用。一是建立健全突发公共卫生监测与预警平台，针对可能发生的危机事件及时发布预警级别等预警信息，以减少突发公共卫生事件造成的损失。二是构建突发公共卫生事件溯源系统，对传染源进行快速追溯并确定其传染路径，从根源上进行定位和防治。三是构建突发公共卫生事件防控救治平台，及时发布防控救治信息并提供线上服务，以便科学合理地对防控物资进行调配。

二、多策并举加快乡村产业发展

目前，各地农业农村经济秩序正在迅速恢复过程中，要在疫情防控常态化条件下，制定实施支持农业农村产业发展的政策措施，帮助乡村经营主体渡过难关，并营造良好的发展环境，稳定和刺激农业农村产业投资，为乡村产业发展注入更多动力。

第一，要加大对新型农业经营主体的帮扶力度。推动新型农业经营主体快速发展，在帮助新型农业经营主体尽快恢复产能、度过困难时期的同时，着重提升其应对及化解风险的能力。要着眼于提升其风险应对能力和综合竞争力，加快发展农业生产性服务，动员实力较强的服务主体提供统一、标准的专业化服务。

第二，要加快培育新产业、新业态、新模式。抓住疫情后新产业、新业态、新模式涌现的有利时机，围绕发展富民乡村产业，瞄准产业链关键环节，打造各具特色的农业全产业链，形成有竞争力的产业集群，推动农村第一、二、三产业融合发展，为乡村产业振兴增添新动力。支持销售企业联合生产基地，整合生产端优质资源，形成高效运行、顺畅联结的农业完整产业链；推广种养结合循环农业、培育"线上销售＋线下配送"新模式，拓展乡村旅游、休闲农业、健康养老等新产业。

第三，要营造良好环境促进乡村产业投资。稳投资是稳增长的关键，为对冲疫情影响，要积极营造良好发展环境，全面促进和刺激乡村产业投资，提升投资者信心，稳定农业农村经济增长。要针对当前疫情，设立专门瞄准新型经营主体和服务主体的支持政策，进一步延长税费优惠、贷款支持、延长续费期限，出台租金、水电气费等减免政策，取消小微经营主体和个体工商户获取政策的冗余要求，整合乡镇政府和基层组织服务力量，减轻他们的运行成本和发展阻力。

三、千方百计缓解农民就业压力

疫情冲击下已经形成的收入损失不可挽回。当前最重要的是要解决农村居民的就业问题，以确保其有稳定的收入来源。对此，可从如下几方面展开：

第一，加大政策支持。通过金融支持加大信贷力度，向企业提供优惠贷款，适当增加投放、降低成本，稳定市场信心，保持市场充足流动性，以制度保障和加强就业服务体系建设来推进就业。持续做好疫情期间灵活就业人员的社会保障工作，对部分企业和农民工给予政策优待，优先受理因疫情影响、面临暂时性生产经营困难的出口制造业企业岗位补贴、社保补贴和失业人员生活补贴的申请。

第二，提高就业技能。积极开展对返乡农民工、农村创业青年的电子商务、护理、技术种植养殖等技能培训，积极引导农民工就业转型，以应对疫情稳定后可能产生的就业需求反弹，增加农民工就业机会和就业竞争力。

第三，扩宽就业渠道。大力倡导"互联网＋就业"的新模式，鼓励企业与线上招聘平台合作，通过互联网发布职位招聘信息。同时，及时准确地提供和发布劳动力供求信息，并为农民工提供有效的、有针对性的就业公共服务，做好劳动力市场的中介服务工作，让外出务工人员能够尽快找到工作。

第四，鼓励返乡农民工创业。以乡村振兴战略为抓手，大力推进农村土地流转，积极引导返乡农民工进行创业。同时，以政策为导向，以降低门槛、放开限制、以奖代补等形式，最大限度地对返乡农民工创业给予政策倾倒。

四、多渠道稳定农民的收入来源

疫情冲击下已经形成的收入损失不可挽回，要确保农民持续增收，必须在稳定收入来源的基础上推动农民增收提速。要稳定农民收入来源，就必须要顺应乡村产业和农民就业的结构性趋势性变化，在初次分配中提高农村劳动力收入占比，在再分配中加大对农民农村的转移支付力度。

第一，要稳定农民工务工就业收入。相关单位要及时出台吸纳农民工就业的用工奖励政策，调动用工主体雇用农民工的积极性，针对性解决困难群体就业，加大对贫困地区就业岗位的精准投放力度。及时推出农民工转岗再就业培训项目，对农民工就业动态进行及时跟踪、监测，严厉打击欠薪、拖薪行为，切实维护和保障农民工的合法权益，稳定农民工的工资薪金收入。

第二，提高农村居民的经营性收入。要进一步推进农业供给侧结构性改革，全面落实支农惠农政策措施，加快农业产业结构调整，培育具有竞争力的现代农业经济作物产业体系，培育具有市场竞争优势的名优产品和特色产业，推动现代农业高质量发展，提高农村居民的经营性收入比重。随着疫情形势得到有效控制，各地区应抓住乡村旅游、休闲农业等新兴产业的发展机遇，助力农村居民通过开办农家乐、休闲农庄等方式拓宽收入来源。

第三，发挥政策在稳定和保障农业收入的作用。要加强对农业生产者的帮扶力度，提高对农业生产者的补贴水平，优化补贴结构，构建并完善新型的农业政策补助体系，发挥农业支持政策对收入的促进作用。同时要逐步提高居民基本养老保险和基本医疗保险待遇，尽快缩小城乡最低生活保障标准差距、最终实现城乡标准统一，切实提高农村居民福利待遇水平，不断提升农村居民的生活质量。

第七章

居民主观幸福感

第一节　居民主观幸福感概述

一、整体幸福水平

在 2022 年中国居民收入与财富调查问卷中，衡量居民整体幸福感的问题是"总的来说，您认为您的生活是否幸福？"。被访问者需要从 1～5 个选项中选择一个幸福程度，其中，1 表示很不幸福；2 表示比较不幸福；3 表示居于幸福与不幸福之间；4 表示比较幸福；5 表示非常幸福。因为幸福感主要是主观心理感受，是人们对其生活质量所做的情感性和认知性的整体评价，决定人们是否幸福的并不是实际发生了什么，关键是人们对所发生的事情在情绪上做出何种解释，在认知上进行怎样的加工。因此此次问卷采用了主观评价的方式来衡量样本的幸福水平。

此次问卷调查共得到关于幸福感方面的有效信息量为 4615，其频数分布如图 7 - 1 所示。在全样本水平上，选择"很不幸福"的样本有 45 人，占比为 0.98%；选择"比较不幸福"的样本有 159 人，占比为 3.45%；选择"居于幸福与不幸福之间"的样本有 934 人，占比为 20.24%；选择"比较幸福"的样本有 2787 人，占比为 60.39%；选择"非常幸福"的样本有 690 人，占比 14.95%。调查样本的幸福水平集中在"比较幸福"选项，且"比较幸福"和"非常幸福"占比为 75.34%，说明整体来看，我国居民幸福水平较高。

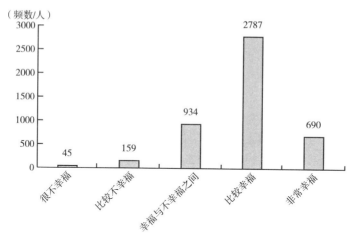

图 7-1　社会整体幸福感频数

二、生活状况满意度程度

在 2022 年中国居民收入与财富调查问卷中，从收入、工作、婚姻、健康、住房状况、社会保障和生活满意度七个方面考察了居民对生活状况的满意程度。对于每一个方面被调查者需要从 1~5 个选项中进行选择，来表达对这个方面的满意程度。其中，1 表示非常不满意；2 表示不太满意；3 表示一般；4 表示比较满意；5 表示非常满意。下面分别对生活状况满意程度进行描述性统计并研究其与幸福感之间的关系。

（一）生活状况满意程度描述性统计

表 7-1 是生活状况满意程度的描述性统计；图 7-2 是不同生活状况满意程度，从中可以得到居民关于不同生活状况的满意程度情况。

表 7-1　　　　　　　　　　生活状况满意程度描述性统计

生活状况满意程度	样本量	均值	标准差	最小值	最大值
收入	4599	3.0472	0.9326	1	5
工作	4593	3.2698	0.8320	1	5
婚姻	4479	3.7486	0.8669	1	5
健康	4606	3.6374	0.8094	1	5
住房状况	4617	3.6160	0.7905	1	5

续表

生活状况满意程度	样本量	均值	标准差	最小值	最大值
社会保障	4617	3.4895	0.7937	1	5
生活满意度	4614	3.6480	0.7657	1	5

注：非常不满意赋值为1；不太满意赋值为2；一般赋值为3；比较满意赋值为4；非常满意赋值为5。

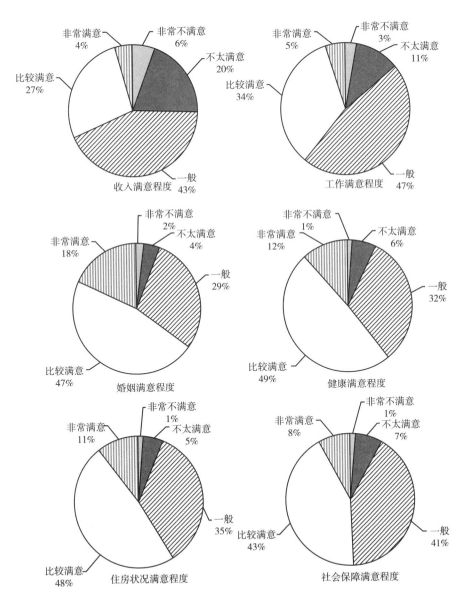

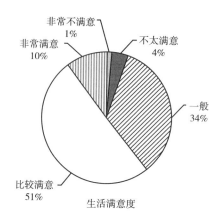

图 7－2 不同生活状况满意程度

注：非常不满意赋值为 1；不太满意赋值为 2；一般赋值为 3；比较满意赋值为 4；非常满意赋值为 5。

此次问卷调查共得到关于收入满意程度的有效信息量是 4599，对收入的平均满意程度为 3.0472，介于不满意与一般之间。"满意，"包括"比较满意"和"非常满意"；"不满意"包括"非常不满意"和"不太满意"。其中，有 261 人对目前的收入状况非常不满意；有 912 人对目前我国收入状况不满意；有 1976 人觉得目前的收入状况一般；有 1249 人对目前的收入状况比较满意；有 201 人对目前的收入状况非常满意。在我们的样本中，有 25.51% 的被访者对我国收入状况不满意；有 31.53% 的被访者对我国的收入状况满意；剩下 42.97% 的被访者认为我国收入状况一般，说明我国居民对收入的满意程度还不是很高。

此次问卷调查共得到关于工作满意程度的有效信息量是 4593，对工作的平均满意程度为 3.2698，介于一般和比较满意之间。其中，有 133 人对目前的工作状况非常不满意；有 512 人对目前我国工作状况不满意；有 2157 人觉得目前的工作状况一般；有 1565 人对目前的工作状况比较满意；有 226 人对目前的工作状况非常满意。在我们的样本中，有 14.04% 的被访者对我国工作状况不满意；有 38.99% 的被访者对我国的工作状况满意；剩下 46.97% 的被访者认为我国工作状况一般，说明平均而言我国居民对工作的满意程度比较高。

此次问卷调查共得到关于婚姻满意程度的有效信息量是 4479，对婚姻的平均满意程度为 3.7486，介于一般和比较满意之间。其中，有 91 人对目前的婚姻状况非常不满意；有 179 人对目前我国婚姻状况不满意；有 1304 人觉得目前的婚姻状况一般；有 2096 人对目前的婚姻状况比较满意；有 809 人对目前的婚姻状况非常满意。在我们的样本中，有 6.03% 的被访者对我国婚姻状况不满意；

有 64.86% 的被访者对我国的婚姻状况满意；剩下 29.11% 的被访者认为我国婚姻状况一般，说明平均而言我国居民对婚姻的满意程度比较高。

此次问卷调查共得到关于健康满意程度的有效信息量是 4606，对健康的平均满意程度为 3.6374，介于一般和比较满意之间。其中，有 56 人对目前的健康状况非常不满意；有 275 人对目前我国健康状况不满意；有 1485 人觉得目前的健康状况一般；有 2257 人对目前的健康状况比较满意；有 533 人对目前的健康状况非常满意。在我们的样本中，有 7.19% 的被访者对我国健康状况不满意；有 60.57% 的被访者对我国的健康状况满意；剩下 32.24% 的被访者认为我国健康状况一般，说明平均而言我国居民对健康的满意程度比较高。

此次问卷调查共得到关于住房状况满意程度的有效信息量是 4617，对住房状况的平均满意程度为 3.6160，介于一般和比较满意之间。其中，有 61 人对目前的住房状况非常不满意；有 229 人对目前我国住房状况不满意；有 1616 人觉得目前的住房状况一般；有 2227 人对目前的住房状况比较满意；有 484 人对目前的住房状况非常满意。在我们的样本中，有 6.28% 的被访者对我国住房状况不满意；有 58.72% 的被访者对我国的住房状况满意；剩下 35.00% 的被访者认为我国住房状况一般，说明平均而言我国居民对住房状况的满意程度比较高。

此次问卷调查共得到关于社会保障满意程度的有效信息量是 4617，对社会保障的平均满意程度为 3.4895，介于一般和比较满意之间。其中，有 66 人对目前的社会保障非常不满意；有 311 人对目前我国社会保障不满意；有 1905 人觉得目前的社会保障一般；有 1967 人对目前的社会保障比较满意；有 368 人对目前的社会保障非常满意。在我们的样本中，有 8.17% 的被访者对我国社会保障不满意；有 50.57% 的被访者对我国的社会保障满意；剩下 41.26% 的被访者认为我国社会保障一般，说明平均而言我国居民对社会保障的满意程度一般。

最后，此次问卷调查共得到关于总的生活满意程度的有效信息量是 4614，对生活的平均满意程度为 3.6480，介于一般和比较满意之间。其中，有 54 人对目前的生活非常不满意；有 186 人对目前生活不满意；有 1568 人觉得目前的生活状况一般；有 2328 人对目前的生活状况比较满意；有 478 人对目前的生活非常满意。在我们的样本中，有 5.20% 的被访者对我国生活不满意；有 60.82% 的被访者对生活满意；剩下 33.98% 的被访者认为生活状况一般，说明平均而言我国居民对生活的满意程度比较高。

总的来说，居民对这些方面的满意度都集中于"一般"，整体满意度不是特别高。其中"比较满意"与"非常满意"两项合计超过 50% 的有婚姻、健康、住房状况、社会保障和整体满意度。下面通过将居民对生活满意度的评价数据与幸福感相结合，考察这些状况的满意程度与居民的幸福感之间的关系。

（二）生活状况满意程度对主观幸福感的影响

1. 收入对主观幸福感的影响。图 7 - 3 显示了不同收入满意程度的居民幸福感的变化，可以看出，幸福感随居民收入满意程度变化而变化。随着居民收入满意程度的提高，其幸福感逐级提高，对收入"非常满意"的居民幸福感最高，收入"非常不满意"的居民幸福感最低，说明收入满意状况对居民幸福感存在较大影响。目前看来，我国居民收入满意程度平均水平介于一般和比较满意之间，与收入相关的居民平均幸福感可能处于 3.8 ~ 4.2。因此，对于政府而言，需要建立城镇居民增收长效机制。改进和完善职工收入与经济效益协调增长机制，完善企业工资指导线和最低工资制度，在提高效益的基础上逐步提高最低工资标准和离退休人员待遇，从而提高居民整体幸福感水平。

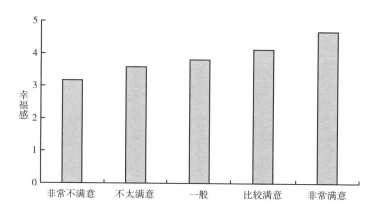

图 7 - 3　不同收入满意程度的幸福感比较

资料来源：中国居民收入与财富分配调查（2022）。

2. 工作对主观幸福感的影响。图 7 - 4 展示了不同工作满意程度的居民幸福感的变化，可以看出，幸福感随居民工作满意程度的变化而变化。随着居民工作满意程度的提高，其幸福感逐级提高，对工作"非常满意"的居民幸福感最高，工作"非常不满意"的居民幸福感最低，说明工作满意状况对居民幸福感存在较大影响。目前看来，我国居民工作满意程度平均水平介于一般与比较满意之间，与工作相关的居民平均幸福感可能处于 3.8 ~ 4.1。因此，政府可以通过努力发展第三产业和服务业，扩大就业的范围；鼓励大学生、农民自主创业，给予创业者一定的优惠政策，降低创业门槛；支持和引导个体私营等非公有制经济发展等方式，发挥它们在吸纳就业方面的重要作用，降低失业率，进一步提高居民幸福感。

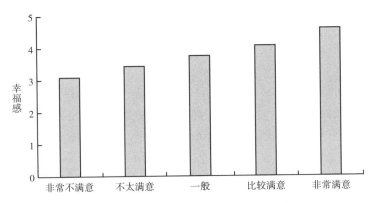

图 7 - 4　不同工作满意程度的幸福感比较

资料来源：中国居民收入与财富分配调查（2022）。

3. 婚姻对主观幸福感的影响。图 7 - 5 表示了不同婚姻满意程度的居民幸福感的变化，可以看出，幸福感随居民婚姻满意程度变化而变化。随着居民婚姻满意程度的提高，其幸福感逐级提高，对婚姻"非常满意"的居民幸福感最高，婚姻"非常不满意"的居民幸福感最低，说明婚姻满意状况对居民幸福感存在较大影响。目前看来，我国居民婚姻满意程度平均水平介于一般和比较满意之

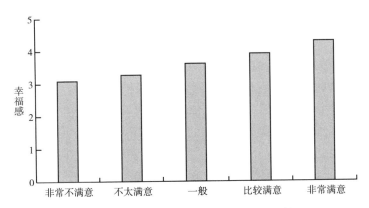

图 7 - 5　不同婚姻满意程度的幸福感比较

资料来源：中国居民收入与财富分配调查（2022）。

间，与婚姻相关的居民平均幸福感可能处于 3.6～3.9。因此，国家应该加大对婚姻的宣传力度，可以将婚姻纳入学生日常课程，教育人们尊重婚姻的神圣，从而降低离婚率，提高与婚姻满意程度正相关的居民幸福感水平。

4. 健康对主观幸福感的影响。图 7－6 表示不同健康满意程度的居民幸福感的变化，可以看出，幸福感随居民身体健康状况变化而变化。随着居民身体健康状况的改善，其幸福感逐级提高，对健康"非常满意"的居民幸福感最高，身体"非常不满意"的居民幸福感最低，说明身体健康状况对居民幸福感存在较大影响。目前看来，我国居民身体健康状况平均水平较高，与健康相关的居民平均幸福感可能处于 3.6～3.9。对于政府而言，要为居民保持良好的身体状况提供好外部条件的保障，例如加强健身的基础设施建设，建立完善的社会保障、医疗保险体制，将居民健康保持在较高水平，从而将居民整体幸福感维持在较高水平。

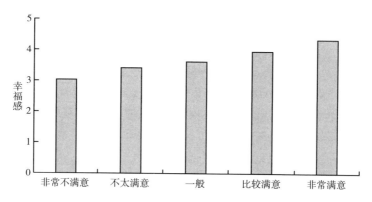

图 7－6　不同健康满意程度的幸福感比较

资料来源：中国居民收入与财富分配调查（2022）。

5. 住房状况对主观幸福感的影响。图 7－7 表示了不同住房状况满意程度的居民幸福感的变化，可以看出，幸福感随居民住房状况满意程度变化而变化。随着居民住房满意程度的提高，其幸福感逐级提高，对住房"非常满意"的居民幸福感最高，住房"非常不满意"的居民幸福感最低，说明住房满意状况对居民幸福感存在较大影响。目前看来，我国住房满意程度平均水平介于一般和比较满意之间，与住房状况相关的居民平均幸福感可能处于 3.6～4.0。对于政府而言，要积极调控房价，加大对房地产市场的管理力度，提高居民对住房状况的满意程度，从而将居民整体幸福感维持在一个较高水平。

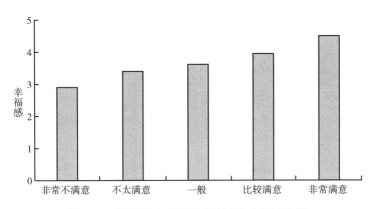

图 7 – 7　不同住房状况满意程度的幸福感比较

资料来源：中国居民收入与财富分配调查（2022）。

6. 社会保障对主观幸福感的影响。图 7 – 8 表示了不同社会保障满意程度的居民幸福感的变化，可以看出，幸福感随社会保障满意程度变化而变化。随着居民社会保障满意程度的提高，其幸福感逐级提高，对社会保障"非常满意"的居民幸福感最高，社会保障"非常不满意"的居民幸福感最低，说明社会保障对居民幸福感存在较大影响。目前看来，我国社会保障满意程度平均水平介于一般和比较满意之间，与社保相关的居民平均幸福感可能处于3.7～4.0。对于政府而言，要加大民生支出，完善社会保障制度，提高居民对社会保障的满意程度，从而使得居民更加幸福。

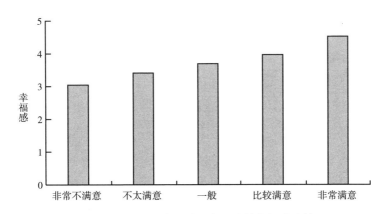

图 7 – 8　不同社会保障满意程度的幸福感比较

资料来源：中国居民收入与财富分配调查（2022）。

7. 生活满意度对主观幸福感的影响。图 7 - 9 表示了不同生活满意程度的居民幸福感的变化，可以看出，幸福感随生活满意程度变化而变化。随着居民生活满意程度的提高，其幸福感逐级提高，对生活"非常满意"的居民幸福感最高，生活"非常不满意"的居民幸福感最低，说明生活满意程度对居民幸福感存在较大影响。目前看来，我国居民对生活的平均满意程度介于一般和比较满意之间，与生活满意程度相关的居民平均幸福感可能处于 3.6 ~ 4.1。

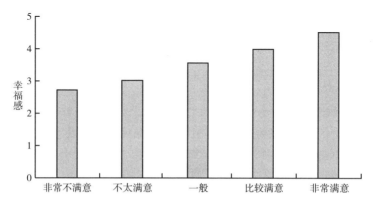

图 7 - 9　不同生活满意程度的幸福感比较

资料来源：中国居民收入与财富分配调查（2022）。

通过考察居民对生活满意度的评价数据对幸福感的影响，可以发现收入、工作、婚姻、健康、住房状况、社会保障和生活满意度等七个方面对幸福感都有显著的影响，幸福感都随着满意程度的增加而提升。这些方面都是与居民生活息息相关的，政府应该将其放在重要位置，积极促进就业、改善就业条件，联合社区工作人员建立更好的社区环境，完善社会保障、社会医疗、房地产等制度，改善就医条件，以此提高居民整体的满意度，从而提升社会的幸福感。

三、政府工作满意程度

在 2022 年中国居民收入与财富调查问卷中，从为患者提供医疗服务、为老人提供适当的生活保障、提供优质的基础教育、捍卫国家安全、打击犯罪、公平执法、政府部门秉公办事、环境保护等八个方面考察了居民对政府工作的满意程度。对于每一个方面被调查者需要从 1 - 5 个选项中进行选择，来表达对这个方面的满意程度。其中，1 表示非常不满意；2 表示不太满意；3 表示一般；4 表示满意；5 表示非常满意。下面分别对政府工作满意程度进行描述性统计并研究其与幸福感之间的关系。

（一）政府工作满意程度描述性统计

表 7 - 2 是政府工作满意程度描述性统计，图 7 - 10 是政府各项工作满意程度，从中可以得到居民关于政府工作的满意程度情况。

表 7 - 2 　　　　　　　　　政府工作满意程度描述性统计

政府工作满意程度	样本量	均值	标准差	最小值	最大值
为患者提供医疗服务	4611	3.4301	0.8025	1	5
为老人提供生活保障	4610	3.4057	0.7965	1	5
提供优质的基础教育	4606	3.4529	0.8178	1	5
捍卫国家安全	4610	3.9070	0.7454	1	5
打击犯罪	4611	3.7655	0.7923	1	5
公平执法	4612	3.5544	0.8426	1	5
政府部门秉公办事	4611	3.4843	0.8465	1	5
环境保护	4611	3.4966	0.8173	1	5

注：非常不满意赋值为 1；不太满意赋值为 2；一般赋值为 3；满意赋值为 4；非常满意赋值为 5。

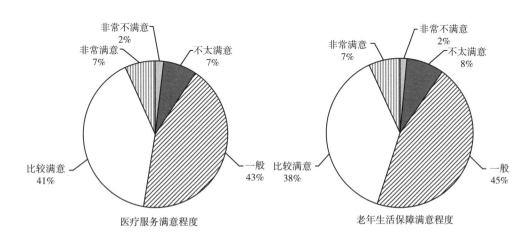

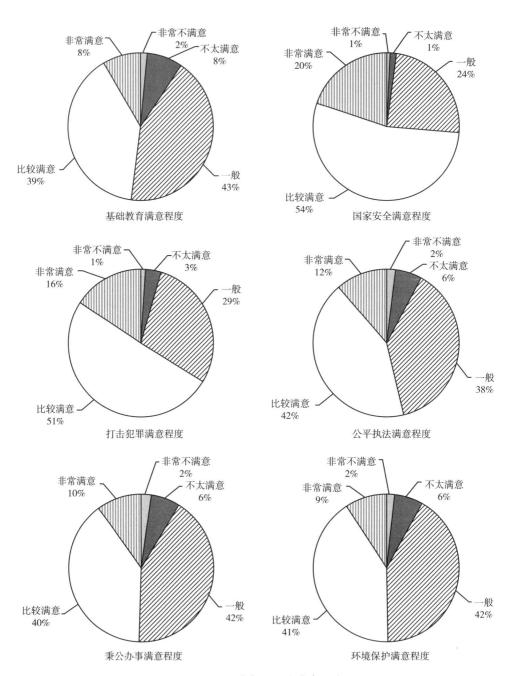

图 7-10　政府各项工作满意程度

注：非常不满意赋值为 1；不太满意赋值为 2；一般赋值为 3；满意赋值为 4；非常满意赋值为 5。
资料来源：中国居民收入与财富分配调查（2022）。

此次问卷调查共得到关于"为患者提供医疗服务"满意程度的有效信息量是4611，平均满意程度为3.4301。"满意,"包括"比较满意"和"非常满意"；"不满意"包括"非常不满意"和"不太满意"。其中，有88人对政府"为患者提供医疗服务"非常不满意；有341人不满意；有1998人觉得一般；有1870人比较满意；有314人非常满意。在我们的样本中，有9%的被访者对政府"为患者提供医疗服务"不满意；有47.41%的被访者表示满意；剩下43.29%的被访者认为一般，说明我国居民对政府"为患者提供医疗服务"的满意程度还不是很高。

此次问卷调查共得到关于"为老人提供生活保障"满意程度的有效信息量是4610，平均满意程度为3.4057。其中，有69人对政府"为老人提供生活保障"非常不满意；有380人不满意；有2086人觉得一般；有1759人比较满意；有316人非常满意。在我们的样本中，有9.73%的被访者对政府"为老人提供生活保障"不满意；有45.06%的被访者表示满意；剩下45.21%的被访者认为一般，说明我国居民对政府"为老人提供生活保障"的满意程度还不是很高。

此次问卷调查共得到关于"提供优质的基础教育"满意程度的有效信息量是4606，平均满意程度为3.4529。其中，有71人对政府"提供优质的基础教育"非常不满意；有365人不满意；有1965人觉得一般；有1815人比较满意；有390人非常满意。在我们的样本中，有9.46%的被访者对政府"提供优质的基础教育"不满意；有47.92%的被访者表示满意；剩下42.62%的被访者认为一般，说明我国居民对政府"提供优质的基础教育"的满意程度还不是很高。

此次问卷调查共得到关于"捍卫国家安全"满意程度的有效信息量是4610，平均满意程度为3.9070。其中，有35人对政府"捍卫国家安全"非常不满意；有64人不满意；有1113人觉得一般；有2482人比较满意；有916人非常满意。在我们的样本中，有2.15%的被访者对政府"捍卫国家安全"不满意；有73.73%的被访者表示满意；剩下24.12%的被访者认为一般，说明我国居民对政府"捍卫国家安全"的满意程度比较高。

此次问卷调查共得到关于"打击犯罪"满意程度的有效信息量是4611，平均满意程度为3.7655。其中，有49人对政府"打击犯罪"非常不满意；有158人不满意；有1347人觉得一般；有2330人比较满意；有727人非常满意。在我们的样本中，有4.49%的被访者对政府"打击犯罪"不满意；有66.32%的被访者表示满意；剩下29.19%的被访者认为一般，说明我国居民对政府"打击犯罪"的满意程度比较高。

此次问卷调查共得到关于"公平执法"满意程度的有效信息量是 4612，平均满意程度为 3.5544。其中，有 91 人对政府"公平执法"非常不满意；有 269 人不满意；有 1771 人觉得一般；有 1955 人比较满意；有 526 人非常满意。在我们的样本中，有 7.80% 的被访者对政府"公平执法"不满意；有 53.83% 的被访者表示满意；剩下 38.37% 的被访者认为一般，说明我国居民对政府"公平执法"的满意程度一般。

此次问卷调查共得到关于"政府部门秉公办事"满意程度的有效信息量是 4611，平均满意程度为 3.4843。其中，有 106 人对"政府部门秉公办事"非常不满意；有 298 人不满意；有 1925 人觉得一般；有 1821 人比较满意；有 461 人非常满意。在我们的样本中，有 8.75% 的被访者对"政府部门秉公办事"不满意；有 43.54% 的被访者表示满意；剩下 47.71% 的被访者认为一般，说明我国居民对政府"政府部门秉公办事"的满意程度不是很高。

此次问卷调查共得到关于"环境保护"满意程度的有效信息量是 4611，平均满意程度为 3.4966。其中，有 82 人对政府"环境保护"非常不满意；有 290 人不满意；有 1921 人觉得一般；有 1891 人比较满意；有 427 人非常满意。在我们的样本中，有 8.06% 的被访者对政府"环境保护"不满意；有 50.31% 的被访者表示满意；剩下 41.63% 的被访者认为一般，说明我国居民对政府"环境保护"的满意程度一般。

总的来说，居民对为患者提供医疗服务、为老人提供适当的生活保障、提供优质的基础教育、公平执法、政府部门秉公办事、环境保护这些政府行为的满意度集中于"一般"，整体满意度不是特别高。对捍卫国家安全、打击犯罪这两项政府行为的满意度集中于比较满意，且"比较满意"与"非常满意"两项合计超过 50% 的有捍卫国家安全、打击犯罪、公平执法和环境保护四种行为。下面通过将居民对政府行为的评价数据与幸福感相结合，考察这些行为的满意程度与居民幸福感之间的关系。

（二）政府工作满意程度对主观幸福感的影响

1. 为患者提供医疗服务对主观幸福感的影响。图 7 - 11 表示了不同医疗服务满意程度的居民幸福感的变化，可以看出，幸福感随居民医疗服务满意程度变化而变化。随着居民医疗服务满意程度的提高，其幸福感逐级提高，对医疗服务"非常满意"的居民幸福感最高，"不太满意"的居民幸福感最低，说明医疗服务满意状况对居民幸福感存在较大影响。目前看来，我国医疗服务满意程度平均水平介于一般和比较满意之间，与医疗服务相关的居民平均幸福感可能处于 3.8～4.0。因此，对于政府而言，要做好医疗服务，提高就医体验，完善医院医疗器材，提高医生技能，提高群众对医院的信任度，从而提高与医疗服务满意程度正相关的居民幸福感水平。

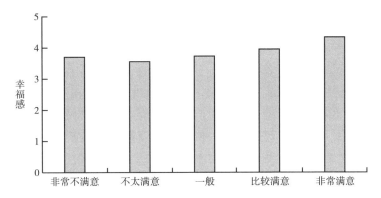

图 7－11　不同医疗服务满意程度的幸福感比较

资料来源：中国居民收入与财富分配调查（2022）。

2. 为老人提供适当的生活保障对主观幸福感的影响。图 7－12 表示了不同老年生活保障满意程度的居民幸福感的变化，可以看出，幸福感随老年生活保障满意程度变化而变化。随着老年生活保障满意程度的提高，其幸福感逐级提高，对老年生活保障"非常满意"的居民幸福感最高，"非常不满意"的居民幸福感最低，说明老年生活保障满意状况对居民幸福感存在较大影响。目前看来，

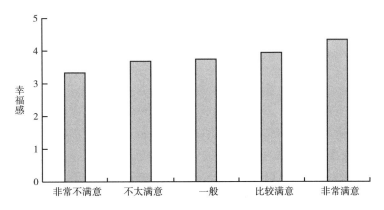

图 7－12　不同老年生活保障满意程度的幸福感比较

资料来源：中国居民收入与财富分配调查（2022）。

我国老年生活保障满意程度平均水平介于一般和比较满意之间，与老年生活保障相关的居民平均幸福感可能处于 3.8～4.0。因此，对于政府而言，要加大对老年人的法律援助工作力度，加强对机构养老的管理和投入，从而提高与老年生活保障满意程度正相关的居民幸福感水平。

3. 提供优质的基础教育对主观幸福感的影响。图 7 - 13 表示了不同基础教育满意程度的居民幸福感的变化，可以看出，幸福感随基础教育满意程度变化而变化。随着基础教育满意程度的提高，其幸福感逐级提高，对基础教育"非常满意"的居民幸福感最高，"非常不满意"的居民幸福感最低，说明基础教育满意状况对居民幸福感存在较大影响。目前来看，我国基础教育满意程度平均水平介于一般和比较满意之间，与基础教育相关的居民平均幸福感可能处于 3.8～4.0。因此，对于政府而言，要加大对基础教育的投入，实现教育治理体系和治理能力现代化，提高居民对基础教育的满意程度，从而提高与基础教育满意程度正相关的居民幸福感水平。

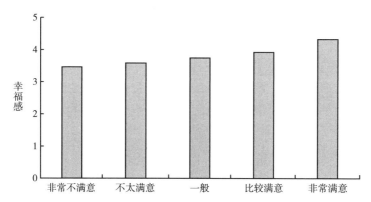

图 7 - 13　不同基础教育满意程度的幸福感比较

资料来源：中国居民收入与财富分配调查（2022）。

4. 捍卫国家安全对主观幸福感的影响。图 7 - 14 表示了不同国家安全满意程度的居民幸福感的变化，可以看出，幸福感随国家安全满意程度变化而变化。随着国家安全满意程度的提高，其幸福感逐级提高，对国家安全"非常满意"的居民幸福感最高，"非常不满意"的居民幸福感最低，说明国家安全满意状况对居民幸福感存在较大影响。目前看来，我国国家安全满意程度平均水平介于一般和比较满意之间，与国家安全相关的居民平均幸福感可能处于 3.7～3.9。因此，对于政府而言，要坚持和完善人民民主专政的国家政权，加强国防和武装力量建设，依法履行保障人民民主和维护国家长治久安的职能，提高居民对国家安全的满意程度，从而提高与国家安全满意程度正相关的居民幸福感水平。

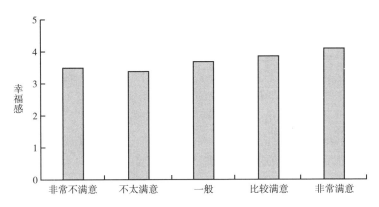

图 7 - 14　不同国家安全满意程度的幸福感比较

资料来源：中国居民收入与财富分配调查（2022）。

5. 打击犯罪对主观幸福感的影响。图 7 - 15 表示了不同打击犯罪满意程度的居民幸福感的变化，可以看出，幸福感随打击犯罪满意程度变化而变化。随着打击犯罪满意程度的提高，其幸福感逐级提高，对打击犯罪"非常满意"的居民幸福感最高，"非常不满意"的居民幸福感最低，说明打击犯罪满意状况对居民幸福感存在较大影响。目前看来，我国打击犯罪满意程度平均水平介于一般和比较满意之间，与打击犯罪相关的居民平均幸福感可能处于 3.7 ~ 3.9。因此，对于政府而言，要加大民生支出，完善社会保障制度，提高居民对打击犯罪的满意程度，从而提高与打击犯罪满意程度正相关的居民幸福感水平。

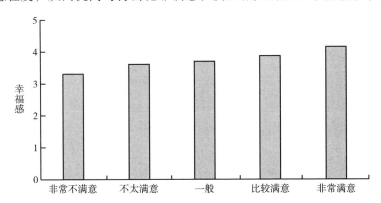

图 7 - 15　不同打击犯罪满意程度的幸福感比较

资料来源：中国居民收入与财富分配调查（2022）。

6. 公平执法对主观幸福感的影响。图 7 – 16 表示了不同公平执法满意程度的居民幸福感的变化，可以看出，幸福感随公平执法满意程度变化而变化。随着公平执法满意程度的提高，其幸福感逐级提高，对公平执法"非常满意"的居民幸福感最高，"非常不满意"的居民幸福感最低，说明公平执法满意状况对居民幸福感存在较大影响。目前看来，我国公平执法满意程度平均水平介于一般和比较满意之间，与公平执法相关的居民平均幸福感可能处于 3.8 ~ 3.9。因此，对于政府而言，要强化认识，抓紧行政执法队伍建设，适应经济社会发展大局，正确履行政府工作职能，提高居民对公平执法的满意程度，从而提高与公平执法满意程度正相关的居民幸福感水平。

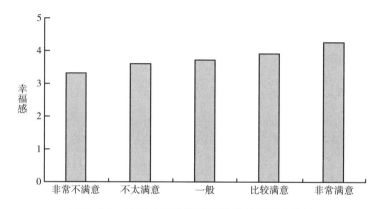

图 7 – 16　不同公平执法满意程度的幸福感比较

资料来源：中国居民收入与财富分配调查（2022）。

7. 政府部门秉公办事对主观幸福感的影响。图 7 – 17 表示了不同秉公办事满意程度的居民幸福感的变化，可以看出，幸福感随秉公办事满意程度变化而变化。随着秉公办事满意程度的提高，其幸福感逐级提高，对秉公办事"非常满意"的居民幸福感最高，"非常不满意"的居民幸福感最低，说明秉公办事满意状况对居民幸福感存在较大影响。目前看来，我国秉公办事满意程度平均水平介于一般和比较满意之间，与秉公办事相关的居民平均幸福感可能介于 3.8 ~ 4.0。因此，对于政府而言，要认真治理政府工作人员以权谋私和渎职侵权问题，切实加强廉洁自律，提高居民对秉公办事的满意程度，从而提高与秉公办事满意程度正相关的居民幸福感水平。

8. 环境保护对主观幸福感的影响。图 7 – 18 表示了不同环境保护满意程度的居民幸福感的变化，可以看出，幸福感随环境保护满意程度变化而变化。随

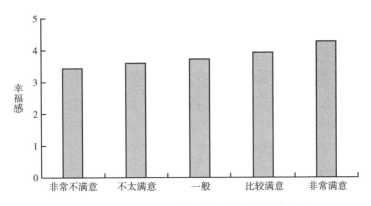

图 7 – 17　不同秉公办事满意程度的幸福感比较

资料来源：中国居民收入与财富分配调查（2022）。

着环境保护满意程度的提高，其幸福感逐级提高，对环境保护"非常满意"的居民幸福感最高，"非常不满意"的居民幸福感最低，说明环境保护满意状况对居民幸福感存在较大影响。目前看来，我国环境保护满意程度平均水平介于一般和比较满意之间，与环境保护相关的居民平均幸福感可能处于 3.8～4.0。因此，对于政府而言，要把环保工作纳入重要议事日程，切实加强对环保工作的领导，同时还要加强目标责任考核管理，从责任分解、责任考核、责任追究等环节，定期对各地区进行监督检查，提高居民对环境保护的满意程度，从而提高与环境保护满意程度正相关的居民幸福感水平。

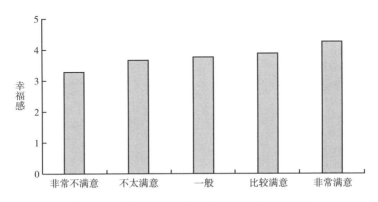

图 7 – 18　不同环境保护满意程度的幸福感比较

资料来源：中国居民收入与财富分配调查（2022）。

通过考察居民对政府行为的评价数据对幸福感的影响，可以发现为患者提供医疗服务、为老人提供适当的生活保障、提供优质的基础教育、捍卫国家安全、打击犯罪、公平执法、政府部门秉公办事、环境保护八个方面对幸福感都有显著的影响，幸福感都随着满意程度的增加而提升。

四、社会公平程度

在2022年中国居民收入与财富调查问卷中，设计了这样一个问题："总的来说，您认为当今的社会是不是公平的?"来衡量社会公平度，共包括5个选项：1. 完全不公平；2. 不太公平；3. 一般；4. 比较公平；5. 完全公平。数字越大代表居民对社会公平认可度更高。

（一）社会公平程度描述性统计

图7-19是社会公平程度频数分布直方图，从图中可以得到居民关于社会公平的感知程度情况。一共获得关于社会公平程度的有效样本4614个，其中，选择"完全不公平"的有119人；选择"不太公平"的有922人；选择"一般"的有1627人；选择"比较公平"的有1878人；选择"完全公平"的有68人。可以看出，多数人选择了"不太公平"和"一般"，也就是认为社会公平度偏低。从整体来看，大多数人对社会的公平度不满意，认为社会不是很公平。

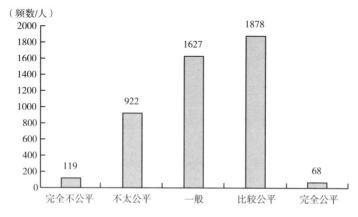

图7-19 社会公平程度频数分布

资料来源：中国居民收入与财富分配调查（2022）。

（二）社会公平程度对主观幸福感的影响

将调查样本中对社会公平感知度的数据与幸福感的数据结合起来，得到不同社会公平感知程度的幸福感变化，如图 7-20 所示。可以看出，幸福感随社会公平程度变化而变化。随着社会公平程度的提高，其幸福感逐级提高（其中在比较公平到完全公平之间幸福感小幅度下降），认为社会比较公平的居民幸福感最高，完全不公平的居民幸福感最低，说明社会公平程度对居民幸福感存在较大影响。因此，对于政府而言，要建立公正的社会分配结构和社会保障机制，缓解贫富差距过大带来的社会矛盾和冲突，提高居民所感知的社会公平程度的满意程度，从而提高与社会公平程度正相关的居民幸福感水平。

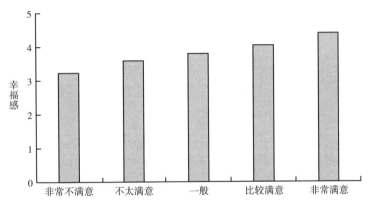

图 7-20　不同社会公平感知程度的幸福感比较

资料来源：中国居民收入与财富分配调查（2022）。

五、社会经济地位

在 2022 年中国收入与财富问卷中，衡量居民社会经济地位的三个问题是"与同龄人相比，您本人的社会经济地位是""与三年前相比，您的社会经济地位是"、"与现在相比，您预期三年后的社会经济地位是"，每个问题包含三个选项：1. 较高；2. 差不多；3. 较低。分别反映被调查者当前、与三年前相比、与三年后相比这三种情况的社会经济地位及其变化。

（一）社会经济地位描述性统计

表 7-3 是社会经济地位描述性统计，图 7-21 是相对经济地位频数分布，

从中可以得到居民关于相对社会经济地位的变化情况。

表7-3　　　　　　　　　　　社会经济地位描述性统计

相对社会经济地位	样本量	均值	标准差	最小值	最大值
与同龄人相比	4594	2.2040	0.5621	1	3
与三年前相比	4595	1.8959	0.5837	1	3
预期三年后	4585	1.8480	0.5736	1	3

注：1表示较高；2表示差不多；3表示较低。

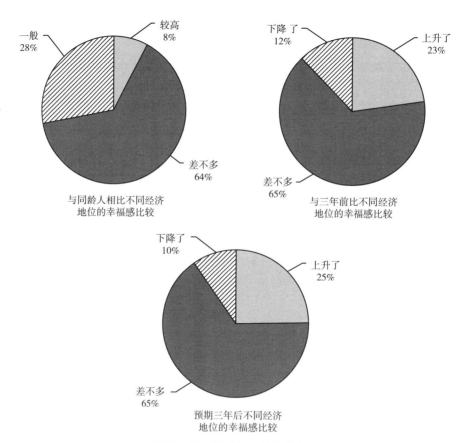

图7-21　相对经济地位分布

资料来源：中国居民收入与财富分配调查（2022）。

此次问卷调查共得到关于"与同龄人相比，您本人的社会经济地位是"的有效信息量是4594，平均满意程度为2.2040，即平均而言被访者认为本人经济地位处于差不多和下降之间。其中，有 352 人认为本人经济地位较高；有 2954 人认为差不多；有 1288 人觉得较低。

此次问卷调查共得到关于"与三年前相比，您的社会经济地位是"的有效信息量是 4595，平均满意程度为 1.8959，即平均而言被访者认为本人经济地位处于上升和差不多之间。其中，有 1044 人认为本人经济地位上升了；有 2985 人认为差不多；有 566 人觉得下降了。

此次问卷调查共得到关于"与现在相比，您预期三年后的社会经济地位是"的有效信息量是 4585，平均满意程度为 1.8480，即平均而言被访者认为本人经济地位处于上升和差不多之间。其中，有 1133 人认为本人经济地位上升了；有 3005 人认为差不多；有 447 人觉得下降了。

（二）社会经济地位对主观幸福感的影响

将调查样本中对社会经济地位的数据与幸福感的数据结合起来，得到不同社会经济地位的幸福感变化。图 7 - 22 表示与同龄人相比不同社会经济地位的幸福感，图 7 - 23 表示与三年前相比不同社会经济地位的幸福感，图 7 - 24 表示预期三年后不同社会经济地位的幸福感。

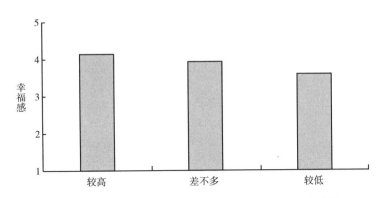

图 7 - 22　与同龄人相比不同社会经济地位的幸福感比较

资料来源：中国居民收入与财富分配调查（2022）。

社会经济地位对居民幸福感具有重要影响，无论是当前社会经济地位，还是与三年前相比的社会经济地位变化情况以及预期三年后社会经济地位的变化。如图 7 - 22 所示，居民幸福感随着社会经济地位的下降而层层递减，社会经济地位越高，幸福感越强。图 7 - 23 和图 7 - 24 反映了与三年前社会经济地位相比对幸福感的影响以及预期三年后社会经济地位变化对幸福感的影响。从动态来

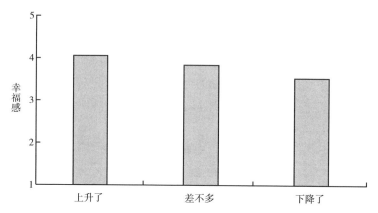

图7-23 与三年前相比不同社会经济地位的幸福感比较

资料来源：中国居民收入与财富分配调查（2022）。

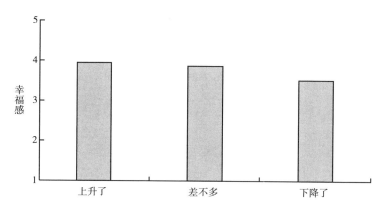

图7-24 预期三年后不同社会经济地位的幸福感比较

资料来源：中国居民收入与财富分配调查（2022）。

看，社会经济地位"下降了"的居民幸福感最低；而社会经济地位"上升了"的居民幸福感最高。在当前、与三年前相比、与三年后相比这三种情况下，社会经济地位"差不多"的居民幸福感程度的变化不大。

第二节 与政府相关言论评价

一、官员逃避责任的原因

在2022年中国收入与财富问卷中，衡量出现社会问题后官员逃避责任的原因的问题是："面对频频出现的社会问题（例如假奶粉、食品安全），经常出现政府官员逃避责任的现象，在您看来，是什么原因？"受访者要求从以下六个选项中至少选择一项：1. 政府制度不严格，对政府官员约束太小；2. 官员权利太大，责任不明确；3. 政府对官员管理力度不够，监管不严；4. 官员自身道德、素质、作风问题；5. 逃避责任是官场经常出现的现象；6. 官僚主义严重，官员受舆论压力小。

图 7-25 是官员逃避责任原因，从图中可以得到居民关于出现社会问题后官员逃避责任的原因的选择。在我们的样本中，大约有 63.98% 认为政府制度不严格，对政府官员约束太小；有 52.89% 认为官员权利太大，责任不明确；66.36% 认为政府对官员管理力度不够，监管不严；61.20% 认为官员自身道德、素质、作风有问题；45.16% 认为逃避责任是官场经常出现的现象；45.80% 认为官僚主义严重，官员受舆论压力小。

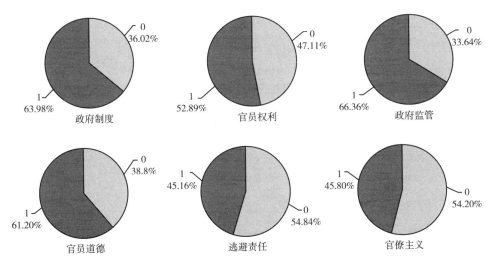

图 7-25 官员逃避责任原因

注：0 表示没有选择该项原因；1 表示选择该项原因。

二、有关政府的言论

在 2022 年中国居民收入与财富调查问卷中，从缩小贫富差距是政府的责任；政府制定税收政策必须征求老百姓的意见；如果政府侵占了我个人的利益，我只能忍了；政府官员的工作就是为老百姓服务；老百姓应该服从政府；只要纳了税，就有权利讨论政府怎么花钱；在哪里工作和生活是个人的自由，政府不应该干涉；如果有人在公共场所发布批评政府的言论，政府不应该干涉；政府官员不太在乎像我这样的人在想些什么；我向政府机构提出建议时，会被有关部门采纳；大多情况下我们可以相信政府工作人员在做正确的事等11个方面考察了居民对有关政府言论的同意程度。对于每一个方面被调查者需要从1~5个选项中进行选择，来表达对这个方面的满意程度。其中，1表示非常不同意；2表示不同意；3表示无所谓；4表示同意；5表示非常同意。

（一）有关政府言论的描述性统计

表7-4是政府言论的描述性统计，图7-26是政府言论同意程度，从中可以得到居民关于政府言论的同意程度情况。

表7-4　　　　　　　　　　　政府言论的描述性统计

有关政府言论的同意程度	样本量	均值	标准差	最小值	最大值
缩小贫富差距是政府的责任	4610	3.7325	0.8802	1	5
政府制定税收政策必须征求老百姓的意见	4612	3.8653	0.7615	1	5
如果政府侵占了我个人的利益，我只能忍了	4611	2.0995	0.9263	1	5
政府官员的工作就是为老百姓服务	4611	3.9389	0.7633	1	5
老百姓应该服从政府	4609	3.1249	1.0387	1	5
只要纳了税，就有权利讨论政府怎么花钱	4611	3.1447	1.0334	1	5
在哪里工作和生活是个人的自由，政府不应该干涉	4611	3.4739	0.9528	1	5
如果有人在公共场所发布批评政府的言论，政府不应该干涉	4610	2.6223	0.9796	1	5
政府官员不太在乎像我这样的人在想些什么	4609	3.1171	1.0025	1	5
我向政府机构提出建议时，会被有关部门采纳	4611	3.2722	0.9285	1	5
大多情况下我们可以相信政府工作人员在做正确的事	4610	3.8116	0.7596	1	5

注：非常不同意赋值为1；不同意赋值为2；无所谓赋值为3；同意赋值为4；非常同意赋值为5。

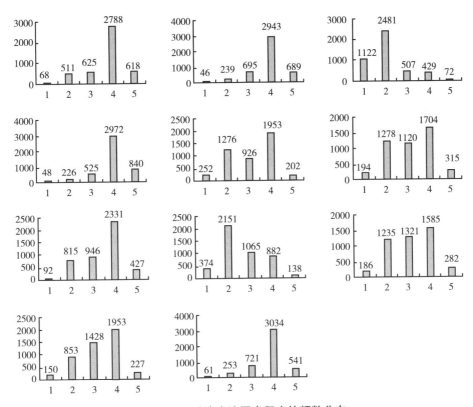

图 7-26　政府言论同意程度的频数分布

注：非常不同意赋值为 1；不同意赋值为 2；无所谓赋值为 3；同意赋值为 4；非常同意赋值为 5。
图 7-26 从左至右与表 7-4 中的各项依次对应。

此次问卷调查共得到关于"缩小贫富差距是政府的责任"同意程度的有效信息量是 4610，平均同意程度为 3.7326。其中，有 68 人非常不同意"缩小贫富差距是政府的责任"；有 511 人不同意；有 625 人觉得无所谓；有 2788 人比较同意；有 618 人非常同意。说明我国居民比较同意"缩小贫富差距是政府的责任"。

此次问卷调查共得到关于"政府制定税收政策必须征求老百姓的意见"同意程度的有效信息量是 4612，平均同意程度为 3.8653。其中，有 46 人非常不同意"政府制定税收政策必须征求老百姓的意见"；有 239 人不同意；有 695 人觉得无所谓；有 2943 人比较同意；有 689 人非常同意。说明我国居民比较同意"政府制定税收政策必须征求老百姓的意见"。

此次问卷调查共得到关于"如果政府侵占了我个人的利益，我只能忍了"同意程度的有效信息量是 4611，平均同意程度为 2.0995。其中，有 1122 人非常不同意"如果政府侵占了我个人的利益，我只能忍了"；有 2481 人不同意；有 507 人觉得无所谓；有 429 人比较同意；有 72 人非常同意。说明我国居民不太同意"如果政府侵占了我个人的利益，我只能忍了"。

此次问卷调查共得到关于"政府官员的工作就是为老百姓服务"同意程度的有效信息量是 4611，平均同意程度为 3.9389。其中，有 48 人非常不同意"政府官员的工作就是为老百姓服务"；有 226 人不同意；有 525 人觉得无所谓；有 2972 人比较同意；有 840 人非常同意。说明我国居民比较同意"政府官员的工作就是为老百姓服务"。

此次问卷调查共得到关于"老百姓应该服从政府"同意程度的有效信息量是 4609，平均同意程度为 3.1249。其中，有 252 人非常不同意"老百姓应该服从政府"；有 1276 人不同意；有 926 人觉得无所谓；有 1953 人比较同意；有 202 人非常同意。说明大约有一半的居民比较同意"老百姓应该服从政府"。

此次问卷调查共得到关于"只要纳了税，就有权利讨论政府怎么花钱"同意程度的有效信息量是 4611，平均同意程度为 3.1447。其中，有 194 人非常不同意"只要纳了税，就有权利讨论政府怎么花钱"；有 1278 人不同意；有 1120 人觉得无所谓；有 1704 人比较同意；有 315 人非常同意。说明我国居民比较同意"只要纳了税，就有权利讨论政府怎么花钱"。

此次问卷调查共得到关于"在哪里工作和生活是个人的自由，政府不应该干涉"同意程度的有效信息量是 4611，平均同意程度为 3.4739。其中，有 92 人非常不同意"在哪里工作和生活是个人的自由，政府不应该干涉"；有 815 人不同意；有 946 人觉得无所谓；有 2331 人比较同意；有 427 人非常同意。说明我国居民比较同意"在哪里工作和生活是个人的自由，政府不应该干涉"。

此次问卷调查共得到关于"如果有人在公共场所发布批评政府的言论，政府不应该干涉"同意程度的有效信息量是 4610，平均同意程度为 2.6222。其中，有 374 人非常不同意"如果有人在公共场所发布批评政府的言论，政府不应该干涉"；有 2151 人不同意；有 1065 人觉得无所谓；有 882 人比较同意；有 138 人非常同意。说明我国居民不太同意"如果有人在公共场所发布批评政府的言论，政府不应该干涉"。

此次问卷调查共得到关于"政府官员不太在乎像我这样的人在想些什么"同意程度的有效信息量是 4609，平均同意程度为 3.1170。其中，有 186 人非常不同意"政府官员不太在乎像我这样的人在想些什么"；有 1235 人不同意；有 1321 人觉得无所谓；有 1585 人比较同意；有 282 人非常同意。说明我国居民比较同意"政府官员不太在乎像我这样的人在想些什么"。

此次问卷调查共得到关于"我向政府机构提出建议时，会被有关部门采纳"同意程度的有效信息量是 4611，平均同意程度为 3.2722。其中，有 150 人非常不同意"我向政府机构提出建议时，会被有关部门采纳"；有 853 人不同意；有 1428 人觉得无所谓；有 1953 人比较同意；有 227 人非常同意。说明我国居民比较同意"我向政府机构提出建议时，会被有关部门采纳"。

此次问卷调查共得到关于"大多情况下我们可以相信政府工作人员在做正确的事"同意程度的有效信息量是 4610，平均同意程度为 3.8116。其中，有 61 人非常不同意"大多情况下我们可以相信政府工作人员在做正确的事"；有 253 人不同意；有 721 人觉得无所谓；有 3034 人比较同意；有 541 人非常同意。说明我国居民比较同意"大多情况下我们可以相信政府工作人员在做正确的事"。

（二）相关言论对主观幸福感的影响

将调查样本中对各种言论的同意程度的数据与幸福感数据结合起来，得到不同言论同意程度的幸福感变化，分别如图 7-27 至图 7-37 所示。可以看出，幸福感随有关政府言论不同同意程度变化而变化。其中，"我向政府机构提出建议时，会被有关部门采纳"和"大多情况下我们可以相信政府工作人员在做正确的事"这些言论的同意程度与幸福感之间有显著的正相关关系；而"政府官员不太在乎像我这样的人在想些什么"的同意程度与幸福感有显著的负相关关系；其他言论的同意程度也会影响居民的幸福感。

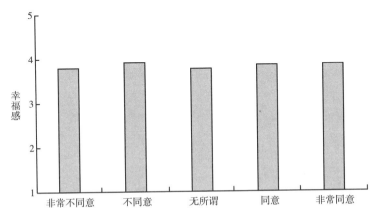

图 7-27 缩小贫富差距是政府的责任不同同意程度的幸福感

资料来源：中国居民收入与财富分配调查（2022）。

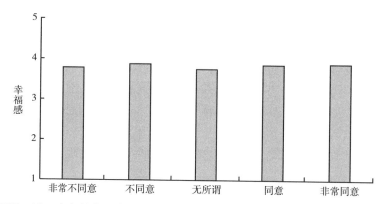

图 7 – 28　政府制定税收政策必须征求老百姓的意见不同同意程度的幸福感

资料来源：中国居民收入与财富分配调查（2022）。

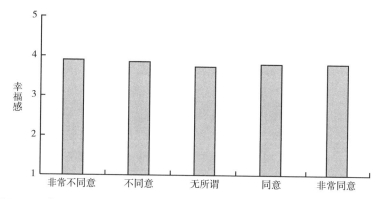

图 7 – 29　如果政府侵占了我个人的利益，我只能忍了不同同意程度的幸福感

资料来源：中国居民收入与财富分配调查（2022）。

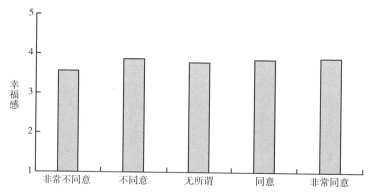

图 7 – 30　政府官员的工作就是为老百姓服务不同同意程度的幸福感

资料来源：中国居民收入与财富分配调查（2022）。

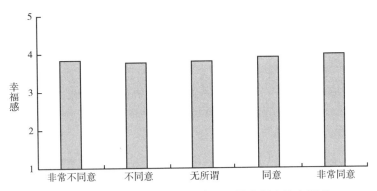

图7-31 老百姓应该服从政府不同同意程度的幸福感

资料来源：中国居民收入与财富分配调查（2022）。

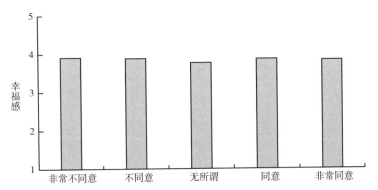

图7-32 只要纳了税，就有权利讨论政府怎么花钱不同同意程度的幸福感

资料来源：中国居民收入与财富分配调查（2022）。

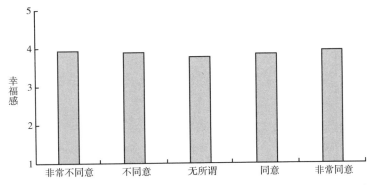

图7-33 在哪里工作和生活是个人的自由，政府不应该干涉不同同意程度的幸福感

资料来源：中国居民收入与财富分配调查（2022）。

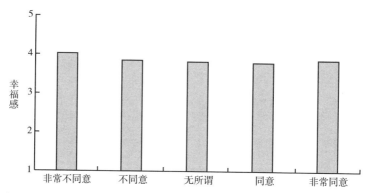

图7-34 如果有人在公共场所发布批评政府的言论，政府不应该干涉不同同意程度的幸福感

资料来源：中国居民收入与财富分配调查（2022）。

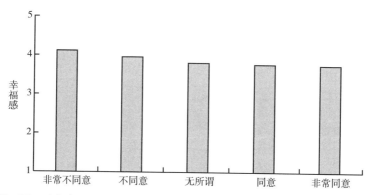

图7-35 政府官员不太在乎像我这样的人在想些什么不同同意程度的幸福感

资料来源：中国居民收入与财富分配调查（2022）。

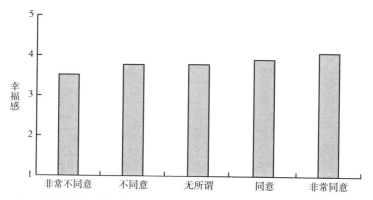

图7-36 我向政府机构提出建议时，会被有关部门采纳不同同意程度的幸福感

资料来源：中国居民收入与财富分配调查（2022）。

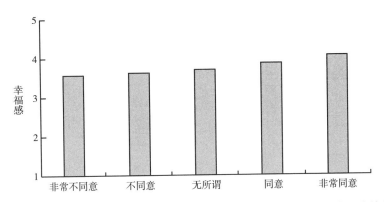

图 7-37　大多情况下我们可以相信政府工作人员在做正确的事不同同意程度的幸福感

资料来源：中国居民收入与财富分配调查（2022）。

三、社会腐败

（一）政府官员腐败与企业高管腐败

在 2022 年中国居民收入与财富调查问卷中，用"在您看来，社会中的腐败现象是否严重？"来衡量社会腐败严重程度，并分别考察了政府官员腐败和企业高管腐败两种情况。被调查者需要从 1~5 个选项中选择一个，其中，1表示不严重；2 表示不太严重；3 表示一般；4 表示比较严重；5 表示非常严重。

1. 社会腐败的描述性统计。表 7-5 是社会腐败严重程度描述性统计，图 7-38 是社会腐败严重程度频数分布直方图，从表和图中可以得到居民关于社会腐败严重程度的感知。

表 7-5　　　　　　　　社会腐败严重程度描述性统计

社会腐败现象	样本量	均值	标准差	最小值	最大值
政府官员腐败	4613	3.1440	0.9134	1	5
企业高管腐败	4613	3.1460	0.8991	1	5

注：不严重赋值为 1；不太严重赋值为 2；一般赋值为 3；比较严重赋值为 4；非常严重赋值为 5。

此次问卷调查共得到关于"政府官员腐败"严重程度的有效信息量是 4613，平均严重程度为 3.1440。其中，有 246 人认为不严重；有 639 人认为不太严重；

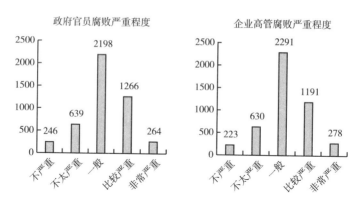

图7-38　社会腐败严重程度频数分布

资料来源：中国居民收入与财富分配调查（2022）。

有2198人认为一般；有1266人认为比较严重；有264人认为非常严重。说明我国大多数居民认为政府官员腐败现象一般。

此次问卷调查共得到关于"企业高管腐败"严重程度的有效信息量是4613，平均严重程度为3.1460。其中，有223人认为不严重；有630人认为不太严重；有2291人认为一般；有1191人认为比较严重；有278人认为非常严重。说明我国大多数居民认为政府官员腐败现象一般。

2. 社会腐败对主观幸福感的影响。将调查样本中对政府官员腐败和企业高管腐败严重程度的数据与幸福感数据结合起来，得到不同严重程度的幸福感变化，分别如图7-39到图7-40所示。可以看出，幸福感与腐败行为呈负相关，腐败行为越严重，居民的幸福感越低。

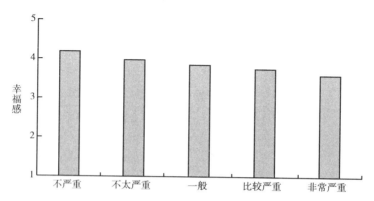

图7-39　政府官员腐败严重程度的幸福感

资料来源：中国居民收入与财富分配调查（2022）。

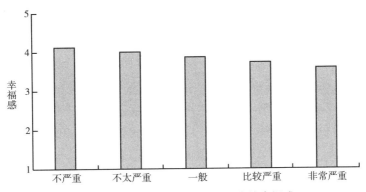

图7-40 企业高管腐败严重程度的幸福感

资料来源：中国居民收入与财富分配调查（2022）。

（二）最突出的腐败现象

在2022年中国居民收入与财富调查问卷中，用"您认为下列哪些行为属于当前腐败现象最突出的问题"来衡量社会腐败最严重的问题。被调查者需要从以下五个选项中选择一个：（1）贪污受贿；（2）人事工作上的不正之风；（3）接受礼品、礼金；（4）领导干部利用职权为配偶、子女经商牟利；（5）生活作风腐化堕落。

图7-41表示最严重的腐败行为频数分布直方图，可以发现有2150人认为腐败现象最突出的问题是贪污受贿；有937人认为是人事工作上的不正之风；

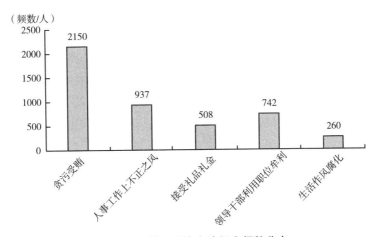

图7-41 最严重的腐败行为频数分布

资料来源：中国居民收入与财富分配调查（2022）。

有 508 人认为是接受礼品、礼金；有 742 人认为是领导干部利用职权为配偶、子女经商牟利；有 260 人认为是生活作风腐化堕落。从图中可以看出贪污受贿和人事工作上的不正之风是亟须解决的最严重的腐败现象。

（三）解决腐败问题的措施

在 2022 年中国居民收入与财富调查问卷中，用"在您看来，对于腐败问题，应该怎样解决"来衡量解决腐败问题的措施。被调查者需要从以下七个选项中选择一个：1. 加强干部队伍建设，提高掌权者的思想素质；2. 改革和完善制度，加大预防腐败的制度建设；3. 加强对掌权者和权利的监督；4. 加大反腐力度，对腐败行为进行严厉的惩罚；5. 健全法制，规范公共行政权的行使；6. 改善权力的分配；7. 净化社会风气。

图 7 - 42 是解决腐败问题的措施，从图中可以得到居民关于解决腐败问题措施的情况。在我们的样本中，有 75.47% 认为应该加强干部队伍建设，提高掌

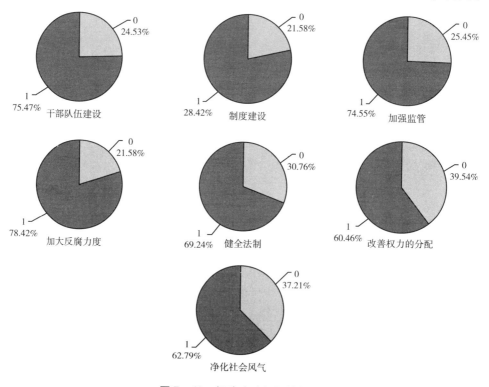

图 7 - 42 解决腐败问题的措施

注：0 表示没有选择该项措施；1 表示选择该项措施。

权者的思想素质；有 78.42% 认为应该改革和完善制度，加大预防腐败的制度建设；有 74.55% 认为应该加强对掌权者和权利的监督；有 79.83% 认为应该加大反腐力度，对腐败行为进行严厉的惩罚；有 69.24% 认为应该健全法制，规范公共行政权的行使；有 60.46% 认为改善权力的分配；有 62.79% 认为应该净化社会风气。从图中可以推断对于每一种措施都有超过一半的人认为可以解决腐败问题。

第三节　教育与公平

一、教育支出

在 2022 年中国居民收入与财富调查问卷中，用"在您看来，目前政府对教育的支出是否足够？"来衡量政府对教育的支出情况，被调查者需要从 1～5 个选项中选择一个，其中 1 表示非常满足；2 表示能满足大部分需求；3 表示基本满足；4 表示能满足小部分需求；5 表示不能满足。

我们一共获得关于政府对教育投入足够性 4608 个有效样本，如图 7-43 所示。其中，有 227 人表示非常满足，占比 4.93%；有 1608 人表示能满足大部分需求，占比 34.90%；有 1877 人表示基本满足，占比 40.73%；有 561 人表示能

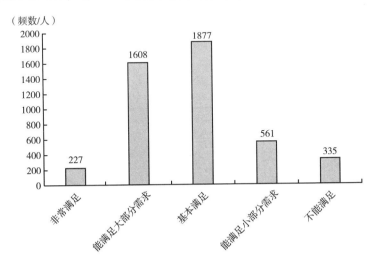

图 7-43　教育支出足够性频数分布

资料来源：中国居民收入与财富分配调查（2022）。

满足小部分需求，占比12.17%；有335人表示不能满足，占比7.27%。从图中可以推断大多数人对政府的教育支出是基本满足的。

二、教育支出较少的种类

在2022年中国居民收入与财富调查问卷中，用"在您看来，政府在教育哪部分的支出较少而需要增加？"衡量政府对不同教育支出的不同占比情况。被访问者需要从1~5个选项中选择至少一个，其中1表示义务教育；2表示中等教育；3表示高等教育；4表示农村教育；5表示城市教育。

表7-6是教育支出较少种类的描述性统计，图7-44是教育支出足够性，从表和图中可以得到居民关于教育支出较少种类的情况。在我们的样本中，大约有54.53%认为义务教育支出较少而需要增加；有36.79%认为中等教育支出较少而需要增加；有40.06%认为高等教育支出较少而需要增加；有70.24%认为农村教育支出较少而需要增加；有15.65%认为城市教育较少而需要增加。可以推断大多数人认为政府应该增加对义务教育、高等教育和农村教育的投入。

表7-6　　　　　　　　　教育支出较少种类的描述性统计

教育支出较少的种类	样本量	均值	标准差	最小值	最大值
义务教育	4225	0.5595	0.5288	0	1
中等教育	4094	0.3806	0.5187	0	1
高等教育	4144	0.4105	0.5141	0	1
农村教育	4328	0.7105	0.4730	0	1
城市教育	3963	0.1645	0.3926	0	1

注：0表示不认为该类教育支出较少而需要增加；1表示认为该类教育支出较少而需要增加。

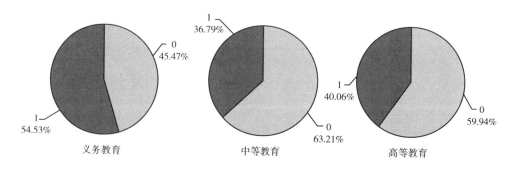

义务教育　　　　　　中等教育　　　　　　高等教育

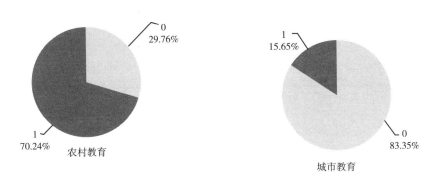

图 7 - 44　教育支出足够性

注：0 表示不认为该类教育支出较少而需要增加；1 表示认为该类教育支出较少而需要增加。

三、教育存在的问题

在 2022 年中国居民收入与财富调查问卷中，用"在您看来，我国教育中存在哪些问题？"衡量我国教育中出现的问题。被访问者需要从 1～6 个选项中选择至少一个，其中 1 表示变相收费问题；2 表示城乡教育差别大，农村教育水平低；3 表示应试教育弊端大；4 表示脱离实践，枯燥无味，晦涩难懂；5 表示高校学费过高；6 表示高校一味扩招带来就业问题。

表 7-7 是教育存在问题的描述性统计，图 7-45 是教育存在问题，从表和图中可以得到关于我国教育中存在问题的情况。在我们的样本中，大约有48.40%认为存在变相收费问题；有 79.24%认为存在城乡教育差别大，农村教育水平低问题；有 51.30%认为应试教育弊端大；有 42.00%认为脱离实践，枯燥无味，晦涩难懂；有 29.31%认为高校学费过高；有 42.10%认为高校一味扩招带来就业问题。可以推断大多数人认为教育普遍存在以上几种问题，其中城乡教育差别大，变相收费、应试教育弊端大问题最为严重。

表 7 - 7　　　　　　　　教育存在问题的描述性统计

教育存在的问题	样本量	均值	标准差	最小值	最大值
变相收费	4219	0.4987	0.5282	0	1
城乡教育差别大	4437	0.8062	0.4488	0	1
应试教育弊端大	4200	0.5229	0.5219	0	1
脱离实践，枯燥无味	4175	0.4278	0.5171	0	1

续表

教育存在的问题	样本量	均值	标准差	最小值	最大值
高校学费过高	4047	0.3039	0.4862	0	1
高校扩招带来就业问题	4146	0.4274	0.5097	0	1

注：0 表示不存在此类问题；1 表示存在此类问题。

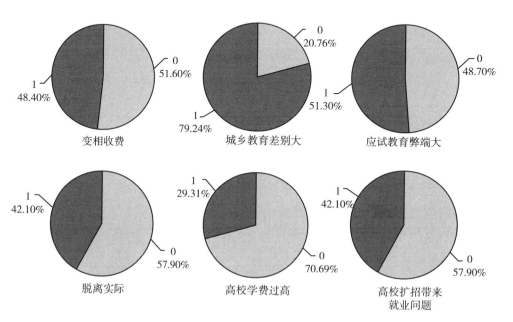

图 7 - 45　教育存在的问题

注：0 表示不存在此类问题；1 表示存在此类问题。

四、收入合理性

在 2022 年中国居民收入与财富调查问卷中，用"考虑到您的能力和工作状况，您认为您目前的收入是否合理呢？"来衡量收入公平，被访问者需要从 1～4 中选择一个合理程度，其中 1 表示非常合理；2 表示合理；3 表示不合理；4 表示非常不合理。

我们获得了 4506 个样本，其频数分布如图 7 - 46 所示。其中，有 132 人认为非常合理，占比 2.93%；有 3076 人认为合理，占比 68.26%；有 1187 人认为不合理，占比 26.34%；有 111 人认为非常不合理，占比 2.46%。可以推断出大多数人认为目前自身的收入水平合理；也有少部分人认为不合理；但是只有微乎其微的人认为收入特别合理或特别不合理。

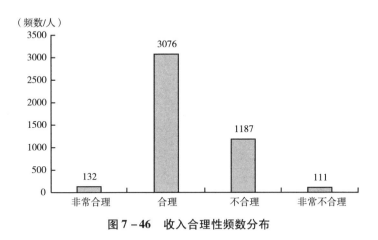

图 7 - 46 收入合理性频数分布

图 7 - 47 表示不同收入合理性的居民幸福感的变化，可以看出，幸福感随收入合理性感知程度变化而变化。随着收入合理性感知程度的提高，其幸福感逐级提高，认为收入"非常合理"的居民幸福感最高，"非常不合理"的居民幸福感最低，说明收入合理性对居民幸福感存在较大正向影响。

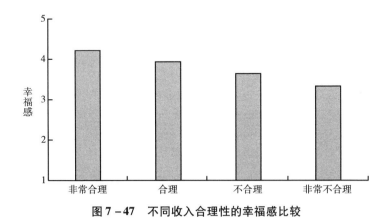

图 7 - 47 不同收入合理性的幸福感比较

五、与收入相关的言论

在 2022 年中国居民收入与财富调查问卷中，与收入相关的言论有：为减少收入不平等，应该对富人征收更高的税来帮助穷人；现在有的人挣的钱多，有的人挣的少，但这是公平的；在我们这个社会，工人和农民的后代与其他人的后代一样，有同样多的机会成为有钱有地位的人；社会不平等主要是个人天生的能力造成的；社会不平等主要是由一小部分掌权者的控制操纵所造成的；应该尽量创造条件提高工人和农民的收入；个人的成就大部分是靠努力争取的；在经济不景气的时候，应该先解雇女性员工。被访问者需要从 1～5 中选择一个同意程度。

表 7 - 8 是与收入相关言论的描述性统计，图 7 - 48 是与收入相关言论同意程度频数分布直方图，从表和图中可以得到居民关于收入相关言论的同意程度情况。

表 7 - 8　　　　　　　　与收入相关言论的描述性统计

与收入相关的言论	样本量	均值	标准差	最小值	最大值
为减少收入不平等，应该对富人征收更高的税来帮助穷人	4608	3.2538	0.9588	1	5
现在有的人挣的钱多，有的人挣的少，但这是公平的	4601	3.3289	0.9420	1	5
在我们这个社会，工人和农民的后代与其他人的后代一样，有同样多的机会成为有钱有地位的人	4599	3.1520	1.1080	1	5
社会不平等主要是个人天生的能力造成的	4598	2.4832	0.9612	1	5
社会不平等主要是由一小部分掌权者的控制操纵所造成的	4607	3.1878	0.9568	1	5
应该尽量创造条件提高工人和农民的收入	4606	4.0067	0.7098	1	5
个人的成就大部分是靠努力争取的	4609	3.8307	0.8345	1	5
在经济不景气的时候，应该先解雇女性员工	4608	1.6558	0.8494	1	5

注：非常不同意赋值为 1；不同意赋值为 2；无所谓赋值为 3；同意赋值为 4；非常同意赋值为 5。

此次问卷调查共得到关于"为减少收入不平等，应该对富人征收更高的税来帮助穷人"同意程度的有效信息量是 4608，平均同意程度为 3.2538。其中，有 106 人非常不同意"为减少收入不平等，应该对富人征收更高的税来帮助穷人"；有 1060 人不同意；有 1301 人觉得无所谓；有 1838 人同意；有 303 人非常同意，说明我国居民比较同意"为减少收入不平等，应该对富人征收更高的税来帮助穷人"。

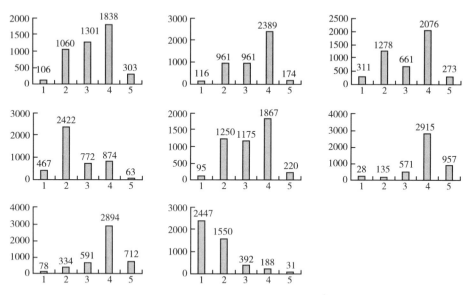

图7-48　与收入相关言论同意程度频数分布

注：非常不同意赋值为1；不同意赋值为2；无所谓赋值为3；同意赋值为4；非常同意赋值为5。

此次问卷调查共得到关于"现在有的人挣的钱多，有的人挣的少，但这是公平的"同意程度的有效信息量是4601，平均同意程度为3.3289。其中，有116人非常不同意"现在有的人挣的钱多，有的人挣的少，但这是公平的"；有961人不同意；有961人觉得无所谓；有2389人同意；有174人非常同意，说明我国居民比较同意"现在有的人挣的钱多，有的人挣的少，但这是公平的"。

此次问卷调查共得到关于"在我们这个社会，工人和农民的后代与其他人的后代一样，有同样多的机会成为有钱有地位的人"同意程度的有效信息量是4599，平均同意程度为3.1520。其中，有311人非常不同意"在我们这个社会，工人和农民的后代与其他人的后代一样，有同样多的机会成为有钱有地位的人"；有1278人不同意；有661人觉得无所谓；有2076人同意；有273人非常同意，说明我国居民比较同意"在我们这个社会，工人和农民的后代与其他人的后代一样，有同样多的机会成为有钱有地位的人"。

此次问卷调查共得到关于"社会不平等主要是个人天生的能力造成的"同意程度的有效信息量是4598，平均同意程度为2.4832。其中，有467人非常不同意"社会不平等主要是个人天生的能力造成的"；有2422人不同意；有772

人觉得无所谓；有 874 人同意；有 63 人非常同意，说明我国居民不太同意"社会不平等主要是个人天生的能力造成的"。

此次问卷调查共得到关于"社会不平等主要是由一小部分掌权者的控制操纵所造成的"同意程度的有效信息量是 4607，平均同意程度为 3.1878。其中，有 95 人非常不同意"社会不平等主要是由一小部分掌权者的控制操纵所造成的"；有 1250 人不同意；有 1175 人觉得无所谓；有 1867 人同意；有 220 人非常同意，说明我国居民比较同意"社会不平等主要是由一小部分掌权者的控制操纵所造成的"。

此次问卷调查共得到关于"应该尽量创造条件提高工人和农民的收入"同意程度的有效信息量是 4606，平均同意程度为 4.0067。其中，有 28 人非常不同意"应该尽量创造条件提高工人和农民的收入"；有 135 人不同意；有 571 人觉得无所谓；有 2915 人同意；有 957 人非常同意，说明我国居民比较同意"应该尽量创造条件提高工人和农民的收入"。

此次问卷调查共得到关于"个人的成就大部分是靠努力争取的"同意程度的有效信息量是 4609，平均同意程度为 3.8307。其中，有 78 人非常不同意"个人的成就大部分是靠努力争取的"；有 334 人不同意；有 591 人觉得无所谓；有 2894 人同意；有 712 人非常同意，说明我国居民比较同意"个人的成就大部分是靠努力争取的"。

此次问卷调查共得到关于"在经济不景气的时候，应该先解雇女性员工"同意程度的有效信息量是 4608，平均同意程度为 1.6558。其中，有 2447 人非常不同意"在经济不景气的时候，应该先解雇女性员工"；有 1550 人不同意；有 392 人觉得无所谓；有 188 人同意；有 31 人非常同意，说明我国居民非常不同意"在经济不景气的时候，应该先解雇女性员工"。

第四节　社会阶层

一、社会分层

在 2022 年中国居民收入与财富分配调查问卷中，用"有人说，我们这个社会大致可以划分为上层、中上层、中层、中下层和下层等不同阶层，您同意这种说法吗？"来衡量社会分层的合理性，被访问者需要从 1～3 中进行选择，其中（1）表示同意；（2）表示一般；（3）表示不同意。

　　我们获得了4604个样本，其频数分布如图7-49所示。其中，有1614人同意我们这个社会大致可以划分为上层、中上层、中层、中下层和下层等不同阶层，占比35.06%；有1642人对这种分层持一般的态度，占比35.66%；有1348人不同意；我们这个社会大致可以划分为上层、中上层、中层、中下层和下层等不同阶层，占比29.28%。可以推断出大多数人都同意这一观点。

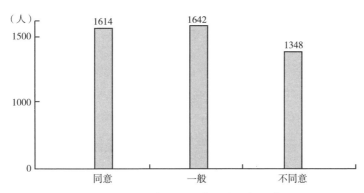

图7-49　社会分层同意程度频数分布

资料来源：中国居民收入与财富分配调查（2022）。

　　进一步地，我们考察了对社会分层持不同态度的受访者的幸福感变化，如图7-50所示。我们发现幸福感随居民对社会分层的同意程度变化而变化。随着居民社会分层同意程度的提高，其幸福感逐级降低，对社会分层"同意"的居民幸福感最低；"不同意"的居民幸福感最高。

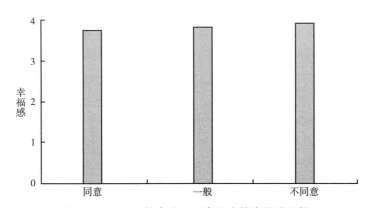

图7-50　不同社会分层同意程度的幸福感比较

资料来源：中国居民收入与财富分配调查（2022）。

二、不同阶层之间的冲突

在 2022 年中国居民收入与财富分配调查问卷中，用以下几个方面来描述不同群体之间冲突的严重程度：穷人与富人之间的冲突、干部与群众之间的冲突、管理人员与一般工作人员之间的冲突、社会上层与社会下层之间的冲突。对于每种类型的冲突，被访问者需要从 1~4 个选项中选择一种严重程度，其中 1 表示非常严重；2 表示比较严重；3 表示不太严重；4 表示没有冲突。

（一）描述性统计

表 7-9 是不同阶层冲突的描述性统计，图 7-51 是不同阶层冲突感知程度的频数分布直方图，从表和图中可以得到居民关于不同阶层冲突状况的感知情况。

表 7-9　　　　　　　　　不同阶层冲突的描述性统计

不同阶层间的冲突	样本量	均值	标准差	最小值	最大值
穷人与富人的冲突	4615	2.4362	0.7427	1	4
干部与群众的冲突	4615	2.7008	0.6819	1	4
管理人员与一般工作人员的冲突	4616	2.7170	0.6636	1	4
社会上层与社会下层的冲突	4615	2.5796	0.7484	1	4

注：非常严重赋值为 1；比较严重赋值为 2；不太严重赋值为 3；没有冲突赋值为 4。

关于穷人与富人之间的冲突严重性，获得了 4615 个样本，其平均冲突程度为 2.4362，介于比较严重与不太严重之间。其中，有 426 人认为富人与穷人之间的冲突特别严重；有 2029 人认为比较严重；有 1881 人觉得不太严重；有 279 人觉得没有冲突。在我们的样本中，有 53.20% 的被访者认为穷人与富人之间的冲突严重；剩下 46.80% 的被访者认为不严重。

关于干部与群众之间的冲突严重性，获得了 4615 个样本，其平均冲突程度为 2.7008，介于比较严重与不太严重之间。其中，有 205 人认为干部与群众之间的冲突特别严重；有 1355 人认为比较严重；有 2671 人觉得不太严重；有 384 人觉得没有冲突。在我们的样本中，有 33.80% 的被访者认为干部与群众之间的冲突严重；剩下 66.20% 的被访者认为不严重。

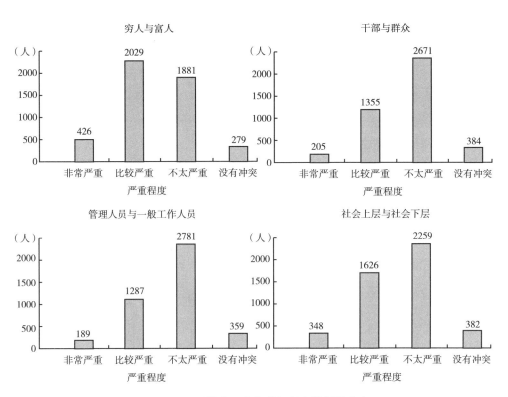

图7-51　不同阶层冲突感知程度的频数分布

注：非常严重赋值为1；比较严重赋值为2；不太严重赋值为3；满意冲突赋值为4。

关于管理人员与一般工作人员之间的冲突严重性，获得了4616个样本，其平均冲突程度为2.7170，介于比较严重与不太严重之间。其中，有189人认为管理人员与一般工作人员之间的冲突特别严重；有1287人认为比较严重；有2781个人觉得不太严重；有359个人觉得没有冲突。在我们的样本中，有31.98%的被访者认为管理人员与一般工作人员之间的冲突严重；剩下68.02%的被访者认为不严重。

关于社会上层与社会下层之间的冲突严重性，获得了4615个样本，其平均冲突程度为2.5796，介于比较严重与不太严重之间。其中，有348人认为社会上层与社会下层之间的冲突特别严重；有1626人认为比较严重；有2259人觉得不太严重；有382人觉得没有冲突。在我们的样本中，有42.77%的被访者认为社会上层与社会下层之间的冲突严重；剩下57.23%的被访者认为不严重。

总的来说，穷人与富人之间和干部与群众之间冲突的严重程度都集中于"比较严重"和"不太严重"之间，管理人员与一般工作人员之间和社会上层与社会下层之间的冲突严重程度集中于"不太严重"。下面通过将居民对各群体之间冲突的严重程度数据与幸福感相结合，考察这些群体的冲突与居民的幸福感之间的关系。

（二）社会群体之间冲突对主观幸福感的影响

1. "穷人与富人之间的冲突"与幸福感。图 7 - 52 表示了穷人与富人冲突不同感知程度的居民幸福感的变化，可以看出，幸福感随穷人与富人冲突不同感知程度变化而变化。随着穷人与富人冲突感知严重程度的提高，其幸福感逐级降低，对觉得穷人与富人之间没有冲突的居民幸福感最高，冲突非常严重的居民幸福感最低，说明穷人与富人冲突越大，居民幸福感越差。

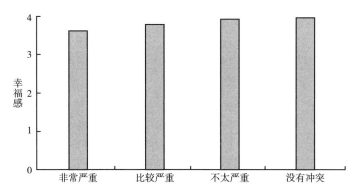

图 7 - 52　穷人与富人冲突不同感知程度的幸福感比较

资料来源：中国居民收入与财富分配调查（2022）。

2. "干部与群众之间的冲突"与幸福感。图 7 - 53 表示了干部与群众冲突不同感知程度的居民幸福感的变化，可以看出，幸福感随干部与群众冲突不同感知程度变化而变化。随着干部与群众冲突感知严重程度的提高，其幸福感逐级降低，对觉得干部与群众之间没有冲突的居民幸福感最高，冲突非常严重的居民幸福感最低，说明干部与群众冲突不同感知程度对居民幸福感存在较大影响。

3. "管理人员与一般工作人员之间的冲突"与幸福感。图 7 - 54 表示了管理人员与一般工作人员冲突不同感知程度的居民幸福感的变化，可以看出，幸福感随管理人员与一般工作人员冲突不同感知程度变化而变化。随着管理人员

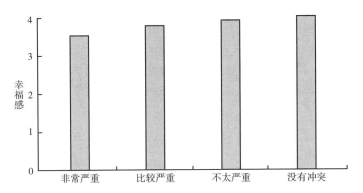

图 7 - 53 干部与群众冲突不同感知程度的幸福感比较

资料来源：中国居民收入与财富分配调查（2022）。

与一般工作人员冲突感知严重程度的提高，其幸福感逐级降低，对觉得管理人员与一般工作人员之间没有冲突的居民幸福感最高，冲突非常严重的居民幸福感最低，说明管理人员与一般工作人员冲突程度与居民幸福感呈正相关。

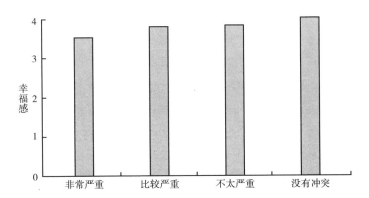

图 7 - 54 管理人员与一般工作人员冲突不同感知程度的幸福感比较

资料来源：中国居民收入与财富分配调查（2022）。

4. "社会上层与社会下层之间的冲突"与幸福感。图 7 - 55 表示了社会上层与社会下层冲突不同感知程度的居民幸福感的变化，可以看出，幸福感随社会上层与社会下层冲突不同感知程度变化而变化。随着社会上层与社会下层冲突感知严重程度的提高，其幸福感逐级降低，对觉得社会上层与社会下层之间没有冲突的居民幸福感最高，冲突非常严重的居民幸福感最低，说明社会上层与社会下层冲突不同感知程度与居民幸福感呈正相关。

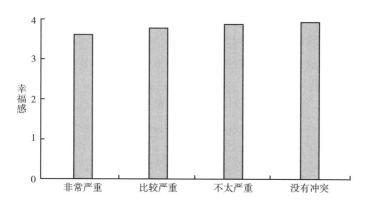

图 7 - 55　社会上层与社会下层冲突不同感知程度的幸福感比较
资料来源：中国居民收入与财富分配调查（2022）。

通过考察居民对各群体之间冲突的严重程度对幸福感的影响，可以发现穷人与富人之间的冲突、干部与群众之间的冲突、管理人员与一般工作人员之间的冲突、社会上层与社会下层之间的冲突八个方面对幸福感都有显著的影响，幸福感都随着冲突感知严重程度的提高而降低。

三、社会地位的影响因素

在 2022 年中国居民收入与财富调查问卷中，在判定一个人社会经济地位的高低时，给出了以下十个因素：收入高还是低、有产业还是没有产业、是否受过良好教育、受人尊敬还是被人看不起、有技术还是没有技术、是管理别人还是被别人管、自己当老板还是替别人打工、群众还是党员、是城里人还是乡下人、是国家干部还是普通老百姓，并分别标号为 1～10。被访问者需要从这十个因素中选择三个影响经济地位的因素并对其进行排序。

（一）影响社会地位最重要的因素

通过对数据的分析，在各因素中排在第一位的频数如图 7 - 56 所示，一共 4613 个样本。其中，收入高还是低有 2095 个样本，占比 45.42%；有产业还是没有产业有 284 个样本，占比 6.16%；是否受过良好教育有 921 个样本，占比 19.97%；受人尊敬还是被人看不起有 394 个样本，占比 8.54%；有技术还是没有技术有 131 个样本，占比 2.84%；是管理别人还是被别人管有 80 个样本，占比1.73%；自己当老板还是替别人打工有118个样本，占比2.56%；是群众还是党员有28个样本，占比约为0.61%；是城里人还是乡下人有34个样本，占比约为0.74%；是国家干部还是普通老百姓有528个样本，占比约为11.46%。从中可以推断大多数人认为收入高还是低是影响个人经济地位的最重要因素。

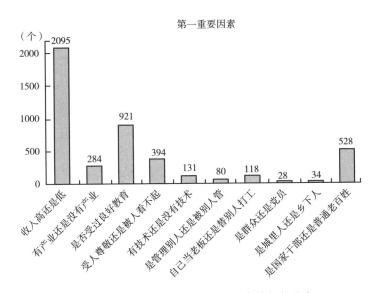

图7-56　影响社会地位最重要因素的频数分布

资料来源：中国居民收入与财富分配调查（2022）。

（二）影响社会地位第二重要因素

通过对数据的分析，在各因素中排在第二位的频数如图7-57所示，共4610个样本。其中收入高还是低有756个样本，占比16.40%；有产业还是没有产业有683个样本，占比14.82%；是否受过良好教育有1116个样本，占比24.21%；受人尊敬还是被人看不起有488个样本，占比10.59%；有技术还是没有技术有471个样本，占比10.22%；是管理别人还是被别人管有249个样本，占比5.40%；自己当老板还是替别人打工有334个样本，占比7.25%；是群众还是党员有93个样本，占比约为2.02%；是城里人还是乡下人有65个样本，占比约为1.41%；是国家干部还是普通老百姓有355个样本，占比约为7.70%。从中可以推断大多数人认为是否受过良好教育是影响个人经济地位的第二重要因素。

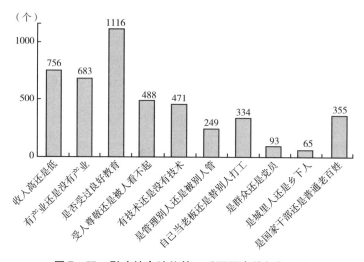

图 7 – 57　影响社会地位第二重要因素的频数分布

资料来源：中国居民收入与财富分配调查（2022）。

（三）影响社会地位第三重要因素

通过对数据的分析，在各因素中排在第三位的频数如图 7 – 58 所示，共 4601 个样本。其中收入高还是低有 677 个样本，占比 14.71%；有产业还是没有

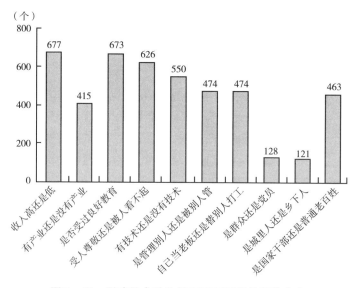

图 7 – 58　影响社会地位第三重要因素的频数分布

资料来源：中国居民收入与财富分配调查（2022）。

产业有 415 个样本，占比 9.02%；是否受过良好教育有 673 个样本，占比 14.63%；受人尊敬还是被人看不起有 626 个样本，占比 13.61%；有技术还是没有技术有 550 个样本，占比 11.95%；是管理别人还是被别人管有 474 个样本，占比 10.30%；自己当老板还是替别人打工有 474 个样本，占比 10.3%；群众还是党员有 128 个样本，占比约为 2.78%；是城里人还是乡下人有 121 个样本，占比约为 2.63%；是国家干部还是普通老百姓有 463 个样本，占比约为 10.06%。可以推断大多数人认为收入高还是低是影响个人经济地位的第三重要因素，除此之外，部分被访者认为是否受过良好教育、受人尊敬还是被人看不起、有技术还是没技术的影响也比较大。

第五节　其他问题

一、环境污染问题

在中国居民收入与财富调查问卷中，用"您认为我国的环境污染问题是否严重？"来衡量居民对环境污染问题的看法，要求被调查者在 1~5 的选项中选择一个，如图 7-59 所示，有效样本共计 4612 个，有 245 人选择了非常严重；有 2093 人选择了比较严重；有 1797 人选择了一般；有 449 人选择了比较不严重；有 28 人选择了非常不严重。数据显示我国居民认为我国的环境污染比较严

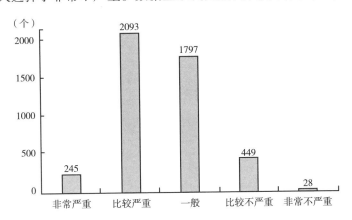

图 7-59　环境污染问题频数分布

资料来源：中国居民收入与财富分配调查（2022）。

重，很多人已经开始关注环境污染问题，政府应该在治理环境污染方面加大力度，严格规范治理环境污染方面的政策和行动指南。同时美好的环境需要广大社会公众共同行动起来，做好保护环境的政策宣传，企业和个人都要参与进来，共同创造一个干净舒适的环境。

二、经济增长问题

在中国居民收入与财富调查问卷中，用"您对我国未来经济持续增长是否有信心？"来衡量我国居民对经济增长的看法，要求被调查者在1~5的选项中选择一个，如图7-60所示，有效样本共计4618个，有1029人选择了非常有信心；有2384人选择了比较有信心；有957人选择了一般；有223人选择了比较没信心；有25人选择了非常没信心。整体来说，我国居民对我国未来经济增长的前景是很看好的，这也是因为我国经济一直保持稳定持续发展，给了全国民众坚定的信心，相信在全国人民高昂的情绪下，中国的经济会保持良好的发展态势。

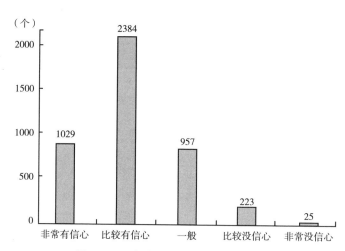

图7-60　未来经济增长问题频数分布

资料来源：中国居民收入与财富分配调查（2022）。

三、延迟退休问题

在中国居民收入与财富调查问卷中，用"您是否赞成我国实施延迟退休？"来衡量我国居民对延迟退休政策的看法，如图7-61所示，有效样本共计4616

个，有244人选择了非常赞成；有984人选择了比较赞成；有1555人选择了一般；有1201人选择了比较不赞成；有632人选择了非常不赞成。数据显示，我国居民对于延迟退休政策主要持有不赞成的态度，可能是因为延迟退休政策涉及利益分配问题，而且可能还有相当一部分人不是很了解延迟退休的具体政策，担心会影响到自己的利益，所以选择了不赞成。但从整体来看，延迟退休政策的推广对整个社会是有益的，我国政府若想在多数居民赞同的环境下推行延迟退休政策，减少政策实施的阻力，还需要注意改革时期居民利益的调整分配，加大宣传力度，让更多的居民了解具体的政策。

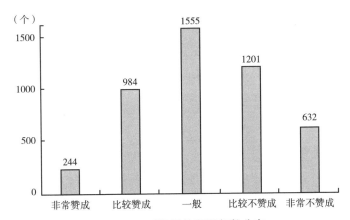

图7-61　延迟退休问题频数分布

资料来源：中国居民收入与财富分配调查（2022）。

四、中小学生培优问题

在中国居民收入与财富调查问卷中，用"您对中小学生普遍培优的现象是否赞成？"来衡量我国居民对中小学生培优问题的看法，如图7-62所示，有效样本共计4616个，有290人选择了非常赞成；有1274人选择了比较赞成；有1599人选择了一般；有1065人选择了比较不赞成；有388人选择了非常不赞成。中小学生培优是社会比较热点的问题。数据显示，选择不赞成、一般、比较赞成的居民数量分布较均匀，一部分居民可能持有"不能让孩子输在起跑线上"的心理而赞成对中小学生进行培优，通过培优而给孩子一个更好的未来；另一部分居民可能出于"不给孩子太大压力，让孩子拥有一个更快乐的童年"的心理而不赞成对中小学生进行各种培优。

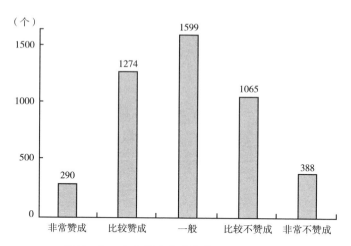

图 7 - 62　中小学生普遍培优问题频数分布

资料来源：中国居民收入与财富分配调查（2022）。

五、精准扶贫问题

在中国居民收入与财富调查问卷中，用"您对未来继续精准扶贫是否看好？"来衡量我国居民对精准扶贫问题的看法，如图 7 - 63 所示，有效样本共计4618 个，有 894 人选择了非常看好；有 2496 人选择了比较看好；有 1044 人选

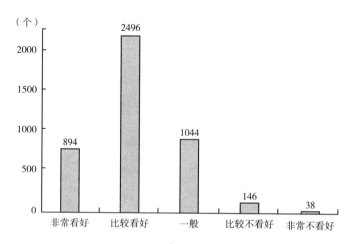

图 7 - 63　精准扶贫问题频数分布

资料来源：中国居民收入与财富分配调查（2022）。

择了一般；有 146 人选择了比较不看好；有 38 人选择了非常不看好。数据显示，大部分居民对我国未来继续精准扶贫的前景持看好态度，只有很少一部分居民对我国未来继续精准扶贫的前景持怀疑态度，这从侧面反映出我国大力实施精准扶贫政策取得了良好的效果，大部分居民认可政府对于精准扶贫采取的政策，且对于未来政府的精准扶贫政策抱有很大的信心。政府应该继续将精准扶贫作为一项重要的政府工作，采取更多科学合理的措施，逐步解决我国的贫困问题。

六、"双创"问题

在中国居民收入与财富调查问卷中，用"您对我国提出的'双创'是否赞成？"来衡量我国居民对"双创"政策的看法，如图 7 - 64 所示，有效样本共计 4605 个，有 890 人选择了非常赞成；有 2312 人选择了比较赞成；有 1298 人选择了一般；有 86 人选择了比较不赞成；有 19 人选择了非常不赞成。双创即"大众创业、万众创新"，由政府设定各种优惠政策，为创业创新创造条件，鼓励社会公众进行创业创新。数据显示，大部分居民赞成国家提出的"双创"政策，希望利用国家的优惠政策支持来开创自己的一片天地，完成自己的创业创新理想。因此，政府要进一步落实创新创业的各项优惠政策，做好配套的服务，例如为创业者提供越来越多的创业辅导，在"双创"的浪潮中政府要注意吸引人才、培养人才、留住人才，为创新创业打下牢固的底蕴。

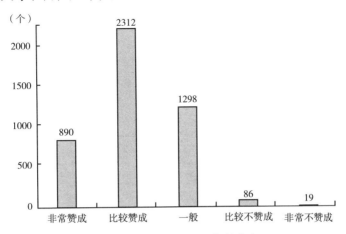

图 7 - 64　"双创"问题频数分布

资料来源：中国居民收入与财富分配调查（2022）。

七、职业教育问题

在中国居民收入与财富调查问卷中，用"您认为发展职业教育是否缓解就业压力？"来衡量我国居民对职业教育的作用的看法，如图 7 - 65 所示，有效样本共计4604 个，有619 人选择了非常赞成；有2161 人选择了比较赞成；有1605人选择了一般；有181 人选择了比较不赞成；有38 人选择了非常不赞成。数据显示，大部分居民比较赞成职业教育政策，认可职业教育在缓解就业压力方面的作用，证明大部分居民对于就业问题的关注度是比较高的。职业教育是指对受教育者实施可从事某种职业或生产劳动所必需的职业知识、技能和职业道德的教育。现在社会的就业局势仍然比较严峻，为缓解就业压力，政府要进一步规范职业教育，继续支持和发挥职业教育的作用，鼓励有意愿、有能力的学校开发出更多职业教育模式，提高劳动者的素质。同时还要完善更多就业政策，例如创造良好的创业和就业制度环境；优化经济结构，多渠道扩大社会就业，解决结构性就业问题；提供更多的培训平台，提高劳动者的就业和择业能力等。

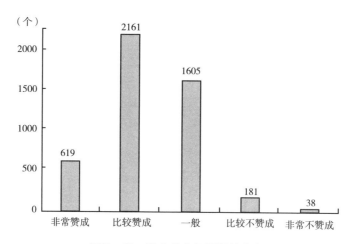

图 7 - 65　职业教育问题频数分布
资料来源：中国居民收入与财富分配调查（2022）。

八、贫富差距问题

在中国居民收入与财富调查问卷中，用"您认为我国贫富差距问题严重程度如何?"来衡量我国居民对贫富差距问题的看法,如图7-66所示,有效样本共计4613个,有589人选择了非常严重;有2350人选择了比较严重;有1470人选择了一般;有186人选择了比较不严重;有18人选择了非常不严重。数据显示,大部分居民偏向于我国贫富差距问题是相当严重的,经过计算得出我国现在基尼系数的均值已经达到了0.5,说明我国贫富差距是相当大的。为解决人们重点关注的贫富差距问题,一方面要继续促进经济的持续增长,创造更多的社会财富;另一方面在发展经济的同时还要注意分配好财富,适当缩小收入差距,将其维持在人们可以接受的范围内,例如优化转移支出的结构,通过转移支付对落后地区提供补贴。同时,除了解决贫富不均的收入结果,还要保证社会机会公平、创收过程公平,提高收入的合理性和流动性,创造更加公平的社会环境,促进公共服务均等化,特别是教育机会的均等化。

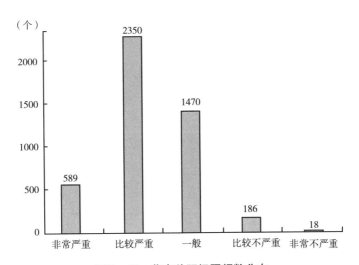

图7-66　贫富差距问题频数分布

资料来源:中国居民收入与财富分配调查(2022)。

九、房价问题

在中国居民收入与财富调查问卷中,用"对于我国房价过高现象,您认为主要原因是什么"来询问我国居民对房价过高问题的看法,要求被调查者从"存在炒房现象""土地财政问题,政府推高房价""房地产产业过热,存在泡沫经济现象""房地产行业存在垄断和暴利现象"四个选项中进行选择,可多选。如图 7 - 67 所示，72. 12% 的样本选择了因为炒房现象的存在；52. 09% 的样本选择了"土地财政问题，政府推高房价"；64. 43% 的样本选择了因为存在泡沫经济现象；57. 05% 的样本选择了因为房地产行业的垄断和暴利现象。数据表明，选项中的四个原因都是造成房价过高的重要原因。

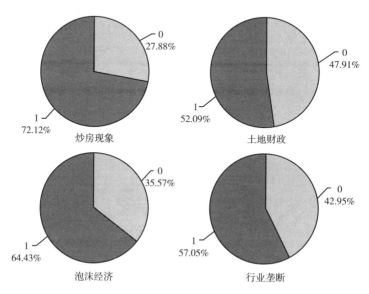

图 7 - 67　房价问题

第六节　环境污染与主观幸福感

一、研究意义

长久以来，我国政府把 GDP 水平的提升当作经济发展的衡量指标，改革开放 40 多年来，我国经济发展的速度令人赞叹，经济总量一跃上升为全世界排名第二。但同时，我国居民幸福感却没有随着经济发展得到较大程度的提高，甚至呈现出不断下降的趋势。"伊斯特林悖论"描述的就是这样一种情况。由此可见，当前的形势需要我国尽快转变经济发展模式，不能将关注点仅仅放在 GDP 的快速增长，如何在发展经济的同时使得居民的幸福感得到相应幅度的提升，才是我国未来需要重点关注的经济发展方向。虽然学者开始关注如何协调经济增长与贫富差距扩大之间的关系，但关于两者之间关系的研究较少。因此，本文想要试图论证环境污染与居民幸福感之间的关系。

二、文献综述

贫富差距，通常来说表现为收入不平等。以往的研究大多得出收入不平等对幸福感有损害。艾莱斯纳（Alesina）等学者利用 1975 ~ 1992 年欧洲 12 国 103773 份样本数据得出，基尼系数每增加一标准差，被分在幸福组的人数比例减少 2.5%。赵新宇、范欣等学者从收入的绝对水平、相对水平以及对未来收入的美好预期方面探讨了收入对居民幸福感的影响，研究发现我国目前已经出现了"幸福悖论"，相对收入显著促进了居民的幸福感提升，且效果大于收入的绝对数，且对预期未来拥有较高收入的中低收入群体的幸福感有明显的带动作用。然而学术界也有不同的声音。有人认为收入不平等对幸福感不只是负面影响，也有可能是正向倒 U 型关系。赫希曼（Hirschman）认为收入不平等可以使人形成乐观的收入预期，一定程度上可以增进幸福感，并把这种影响称作"隧道效应"。克拉克（Clark）对英国居民的研究也得到相似结论，收入不平等显著提升了居民的生活幸福指数。国内学者王鹏采用了广为使用的基尼系数作为衡量收入不平等的指标，发现基尼系数的临界点是 0.4。0.4 前后，基尼系数对幸福感的作用是相反的，小于 0.4 时是正面的，大于 0.4 时是负面的，证明了收入不平等与幸福感的"倒 U 型"关系。

三、数据描述性分析

（一）变量解释

1. 被解释变量。主观幸福感：采用的是问卷中"总的来说，您认为您的生活是否幸福？"来衡量居民的主观幸福感，被调查者要求在 1 ~ 5 的数字之间进行选择：1 表示很不幸福；5 表示很幸福。数字越大表明幸福程度越高。

2. 解释变量。

贫富差距：采用的是问卷中的"您认为我国贫富差距问题严重程度如何？"来衡量居民对贫富差距的主观感知程度，被调查者要求在 1 ~ 5 的数字之间进行选择：1 表示非常严重；5 表示非常不严重。数字越小表明居民对环境污染的主观感知程度越高。

社会公平度：采用的是问卷中的"总的来说，您认为当今社会是不是公平？"来衡量居民对社会公平的感知程度，被调查者要求在 1~5 的数字之间进行选择：1 表示完全不公平；5 表示完全公平。数字越大表明居民认为社会公平程度越高。

经济地位：采用的是问卷中的"与同龄人相比，您本人的社会经济地位是："，被调查者要求在 1~3 的数字之间进行选择：1 表示较高；3 表示较低。数字较大表明居民经济地位越低。

收入合理度：采用的是问卷中的"考虑到您的能力和工作状况，您认为您目前的收入是否合理呢？"被调查者要求在 1~4 的数字之间进行选择：1 表示非常合理；4 表示非常不合理。数字越大表明居民感知的收入合理度越低。

（二）描述性统计

被解释变量为主观幸福感，关注的主要解释变量为贫富差距。所有变量的描述性统计见表 7-10。

表 7-10　　　　　　　　　　　所有变量的描述性统计

变量名称	变量描述	样本量	均值	标准差	最小值	最大值
主观幸福感	见变量解释	4615	3.849	0.7448	1	5
贫富差距	同上	4612	2.549	0.7649	1	5
社会公平度	同上	4618	3.185	0.8571	1	5
性别	1 为男性，2 为女性	4618	1.471	0.4992	1	2
经济地位	见变量解释	4599	2.204	0.5621	1	4
健康状况	见注释	4599	1.936	0.7899	1	5
民族	见注释	4621	1.714	2.0854	1	9
政治面貌	见注释	4620	3.207	1.2343	1	4
婚姻状况	见注释	4619	2.064	0.8470	1	6
收入合理度	见解释变量	4509	2.283	0.5575	1	4
户籍	0 为城市，1 为农村	4619	0.648	0.4775	0	1

注：健康状况：1 表示很健康，5 表示非常不健康；政治面貌：1 表示党员，2 表示民主派，3 表示共青团员，4 表示群众；婚姻状况：1 表示未婚，2 表示初婚，3 表示再婚，4 表示离异，5 表示丧偶，6 表示同居；民族：1 表示汉，2 表示壮，3 表示回，4 表示维吾尔，5 表示彝，6 表示苗，7 表示满，8 表示蒙，9 表示其他。

四、实证模型与分析

被解释变量主观幸福感是一个有序变量，取值 1~5，采用 Ordered Probit 模型。具体构建如式（7-1）：

$$happy_i = \beta_0 + \beta_1 inequality_i + \alpha X_i + u_i \qquad (7-1)$$

模型中，$happy_i$ 表示第 i 个调查者的主观幸福感，$inequality_i$ 表示第 i 个调查者的环境污染感知度，X_i 表示所有其他控制变量，u_i 表示随机干扰项。

采用逐步回归的方法给出了主观幸福感影响因素的回归结果（见表 7-11），第（1）列仅将主观幸福感对社会公平、性别、经济地位、健康状况、民族、政治面貌、婚姻状况、收入、户籍、年龄等个体特征变量回归；第（2）列将主观幸福感对贫富差距以及性别、户籍、政治面貌等个体特征变量进行回归；前两列都是用 Ordered Probit 回归，为了进行结果检验，在第（3）列，采用了 OLS 回归，将主观幸福感对环境污染以及个体特征变量进行回归。

表 7-11 主观幸福感影响因素的回归结果

被解释变量：主观幸福感	Ordered Probit		OLS
	（1）	（2）	（3）
A：主要解释变量			
贫富差距		0.0664 **	- 0.0331 *
		(0.0251)	(0.0154)
B：个体特征变量			
社会公平度	0.299 ***	0.291 ***	0.180 ***
	(0.0225)	(0.0228)	(0.0139)
性别	0.00351	- 0000824	0.00628
	(0.0340)	(0.0341)	(0.0204)
经济地位	- 0.282 ***	- 0.275 ***	- 0.163 ***
	(0.0332)	(0.0334)	(0.0201)
健康状况	- 0.263 ***	- 0.262 ***	- 0.157 ***
	(0.0233)	(0.0233)	(0.0416)
民族	0.00291	0.00314	0.00294
	(0.00801)	(0.00800)	(0.00468)

续表

被解释变量：主观幸福感	Ordered Probit		OLS
	（1）	（2）	（3）
政治面貌	− 0.0268 （0.0139）	− 0.0270 （0.0139）	− 0.0154 （0.00816）
婚姻状况	− 0.0622 ** （0.0216）	− 0.0631 ** （0.0217）	− 0.0383 ** （0.0137）
收入合理度	− 0.266 *** （0.0359）	− 0.254 *** （0.0362）	− 0.165 *** （0.0228）
户籍	0.0661 （0.0373）	− 0.0614 （0.0373）	− 0.0364 （0.0228）
N（样本数）	4481	4479	4479

注：括号里面的是对应系数的稳健标准误；本表省略了常数项的估计值；＊、＊＊、＊＊＊分别表示10％、5％、1％统计显著性水平。

根据表 7−11 回归（1）的结果，我们发现个体特征变量与以往的研究结论基本保持一致。性别、政治面貌、民族、户籍对主观幸福感的影响不显著；自我评价的健康水平对居民平均幸福感存在显著的负向影响，不健康程度越高，居民幸福水平越低；自我评价收入越不合理，幸福感越低；婚姻对主观幸福感存在负向关系；社会公平度与居民主观幸福感存在显著的正向关系，居民很在意社会生活的各方面是否公平，公平程度越高，居民幸福水平越高；经济地位对居民主观幸福感存在正向关系，经济地位越低，主观幸福感越低，经济地位能够给人带来诸如身份、地位、更受人尊重，所以幸福感就越高。

回归（2）和回归（3）列的结果都显示主观幸福感与贫富差距有着显著的正向关系，显著性水平分别为 5％和 10％，这表明人们对贫富差距的主观感知程度越严重，人们的主观幸福感就越低。原因在于居民如果感知到贫富差距程度加剧，心理上可能会产生焦虑、恐惧等负面情绪，直接会导致居民主观幸福感的下降。

第七节　本章小结

在调查数据基础上，采用 Ordered Probit 模型，分析了贫富差距对我国居民主观幸福感的影响。得出以下结论：在控制诸多影响幸福感的因素后，贫富差距对于居民的主观幸福感有显著的降低作用。

党的十九大报告指出，我国稳定解决了十几亿人的温饱问题，总体上实现了小康，人民美好生活需要日益广泛，不仅对物质文化生活提出了更高要求，而且在民主、法治、公平、正义、安全、环境等方面的要求日益增长。因此要注重经济与社会的协调发展，致力于缩小收入差距，只有经济、环境、社会协调发展，满足居民物质和精神生活追求，实现共同富裕，才能真正地提升居民的幸福感。

第八章

共同富裕

第一节 引 言

党的十九届五中全会首次提出到2035年"全体人民共同富裕取得更为明显的实质性进展"的远景目标。党的二十大再次强调了"中国式现代化是全体人民共同富裕的现代化。"共同富裕的实质是在中国特色社会主义制度的保障下，全体人民共创日益发达、领先世界的生产力水平，共享日益幸福而美好的生活①。实现全体人民的共同富裕，是社会主义的本质要求，也是中国式现代化的重要特征。

共同富裕有着丰富的内涵，具体可以表现在政治、经济和社会三个方面。从政治视角来看，共同富裕是党对人民的庄严承诺。必须坚持走中国特色社会主义发展道路，充分发挥中国特色社会主义制度的优越性，让全体人民共享幸福美好的生活（刘培林等，2021）。从经济视角来看，首先，共同富裕是全体人民的富裕，是发展与共享的有机统一，要在发展中实现共享，在共享中促进发展（李实，2021）。其次，共同富裕的前提是高质量发展，要在高质量发展的过程中提升落后地区发展能力（郁建兴和任杰，2021）。最后，共同富裕需要坚持社会主义基本经济制度，构建初次分配、再分配、三次分配和第四次分配协调配套的基础性制度安排，优化现有收入分配格局，规范财富积累机制（杨灿明，2021）。从社会视角来看，一方面，共同富裕要使中等收入阶层在数量上占主体，形成和谐而稳定的橄榄型社会结构（刘培林等，2021）；另一方面，要不断

---

① 刘培林，钱滔，黄先海，董雪兵. 共同富裕的内涵、实现路径与测度方法［J］. 管理世界，2021，37（08）：117–129.

缩小城乡区域差距，推进更高水平的基本公共服务体系建设，夯实共同富裕的基础（李实和杨一心，2022）。

必须强调的是，共同富裕除了物质生活的富足之外，还包含着精神生活的富裕。精神生活的共同富裕表现在富裕和共享两方面。富裕意味着社会成员摆脱"文化贫困"，国民素质和社会文明程度普遍提升，精神文化生活日益丰富；共享则意味着民族凝聚力的增强，文化自信更加坚定（王慧莹和田芝健，2022）。精神生活的共同富裕彰显着共同富裕的完整意义和价值，深刻体现了全社会精神文明风貌和人的全面发展（魏泳安，2022）。

现有衡量共同富裕程度的指标有两大类：一类是反映富裕程度；另一类是反映共享程度。衡量富裕程度主要有收入、财产等变量，指标数值越高，表明富裕的程度就越高。衡量共享程度则包括不同人群的收入差距、不同地区的基本公共服务水平、城乡之间人均财富差距等指标（刘培林等，2021）。研究发现，财产最多的10%人群与财产最少的10%人群之间的财富在2002年是37倍，到2013年上升至160倍（李实，2022）。财产性收入更多地集中在高收入群体，收入差距十分明显，实现共同富裕必将是一个长期的过程。此外，基本公共服务水平和其共享程度也是评价共同富裕进展的主要指标。共同富裕要求基本公共服务投入与经济发展和居民收入水平保持同步增长，并在城乡之间、地区之间和人群之间基本实现均等化（李实，2021）。魏泳安（2022）认为衡量精神生活共同富裕程度的指标体系则包括物质生活、公共文化和精神生活"三个层次"；空间和时间"两个维度"。黄意武（2022）则构建了精神生活共同富裕评价指标体系，主要涉及社会主义核心价值观、国民素质、文化生产供给、公共文化服务、精神文化消费等指标，能够真正反映人民精神生活的实际状况。

上述研究为认识共同富裕的内涵提供了重要参考，但共同富裕的指标体系构建和实证测度仍缺乏系统的、公认的研究结论。为此，本章利用2022年中国收入与财富调查（WISH）数据，对共同富裕进行全面探讨和真实度量，以期为共同富裕研究提供最新证据。

第二节　共同富裕的内涵和实施路径

一、共同富裕的内涵

消除贫困，改善民生，实现全体人民的共同富裕，是社会主义的本质要求，也是中国式现代化的重要特征，更是我们党矢志不渝艰苦奋斗的目标。我国社会主义现代化建设取得了巨大成就，历史性地消除了绝对贫困，一个关键的原因就在于我们始终坚定不移地走共同富裕道路。共同富裕的实质是在坚持中国特色社会主义制度的前提下，由全体人民共创共享社会发展的成果，其内涵具体体现在政治、经济、社会三个层面。

（一）政治内涵：充分发挥社会主义制度的优越性与先进性

1. 在党的全面领导中扎实推进共同富裕。实现共同富裕是党对人民的庄严承诺。党始终把人民利益放在最高位置，为人民谋福利，让全体人民共享现代化建设的丰硕成果。自成立以来，中国共产党对共同富裕的目标追求和实践探索始终没有停歇。从土地革命帮助贫苦人民翻身过上好日子，社会主义制度的建立为共同富裕奠定了根本的政治基础，改革开放使得中国经济快速崛起，脱贫攻坚战的全面胜利消除了绝对贫困（陈燕，2021）。进入新时代，党对共同富裕制定了更加清晰的宏伟蓝图，为实现共同富裕指明了前进方向，中国共产党的自我革命和英明领导是全国人民走向共同富裕的根本政治保证（吴文新和程恩富，2021）。

2. 全过程人民民主充分体现中国特色社会主义政治优势。我国社会主义制度与资本主义制度的根本区别就在于，我国始终以人民的利益为核心，人民的事情人民说了算，发展全过程人民民主。与西方民主不同政党间的零和博弈不同，全过程人民民主发挥社会主义集中力量办大事的制度优势，充分彰显了中国特色社会主义制度的先进性和优越性。共同富裕是让全体人民共享社会发展成果，是全体人民的富裕，这正是中国特色社会主义制度优势的生动体现。中国特色社会主义的国家治理体系，是中国特色共同富裕实践的根本制度保障（李正图和徐子健，2022）。

（二）经济内涵：在高质量发展中共享物质财富和精神成果

1. 共同富裕是共享性与发展性的统一。共同富裕是全体人民的共同富裕，是富裕的共享，也是共享的富裕①。一方面，共享是共同富裕的核心，要让发展成果在全社会范围内由全体人民共享，要保障人民的基本权利，使其有机会、有能力平等地参与社会发展，共享社会发展的成果。另一方面，共同富

---

① 李实. 共同富裕的目标和实现路径选择［J］. 经济研究，2021，56（11）：4-13.

裕也不意味着平均主义，我们必须认识到，即使实现了共同富裕，也有会有一部分群体格外富裕（李实，2022）。因此，共同富裕是一个长时间发展的过程，要在发展中提升经济总量，扩大中等收入群体比重，将收入差距控制在合理范围内。

2. 基本经济制度是共同富裕的制度保障。以公有制为主体、多种所有制经济共同发展，以按劳分配为主体、多种分配方式并存，以及社会主义市场经济体制等制度是我国的社会主义基本经济制度，为实现共同富裕提供了重要制度支撑和保障（杨灿明，2021）。其中，公有制经济和非公有制经济都是我国社会主义市场经济的重要组成部分，能充分激发各类市场主体的活力。按劳分配充分肯定了劳动报酬在初次分配中的地位，鼓励多劳多得，同时鼓励各种生产要素参与分配，使各种生产要素都能得到充分利用，极大地调动了生产要素所有者的积极性，促进效率和公平的有机统一，提高居民收入水平，实现共同富裕。

3. 高质量发展是共同富裕的重要前提。低生产力无法提供共同富裕的物质基础，无法满足人民群众对美好生活的需要。因此，共同富裕首先要富裕，必须建立在高质量发展的基础之上（郁建兴和任杰，2021）。完整、准确、全面贯彻创新、协调、绿色、开放、共享的新发展理念，推动经济发展方式由资源消耗型向科技进步型转变，提高劳动者素质，改善企业经营管理，增强自主创新能力，推动经济可持续性发展。经济总量的增强是实现共同富裕的必要条件，要在高质量发展中把蛋糕做大、做好。

4. 有效市场和有为政府相结合是共同富裕的内在要求。党的十九届五中全会指出，充分发挥市场在资源配置中的决定性作用，更好发挥政府作用，推动有效市场和有为政府更好结合。由于市场的盲目性、自发性等原因，可能导致经济发展无序，收入分配不公等情形，这必须要通过政府宏观调控加以解决。这就要求有为政府充分发挥转移支付、税收政策的调节作用，推动有效市场和有为政府更好结合。以有效市场在做大经济蛋糕和初次分配中奠定共同富裕的基础，以有为政府合理优化经济蛋糕"切法"，实现共同富裕（唐任伍和李楚翘，2021）。这一内在要求既遵循了市场经济的一般规律，又体现了社会主义制度的独特优势，具有强大的生命力。

5. 共同富裕需要物质生活与精神生活的协同发展。共同富裕不仅仅是物质生活的富裕，还包括精神层面这一重要维度，丰富的精神生活对个人和社会的发展都必不可少。人民群众在满足了物质性的生存需要之后，会追求更高层次的精神需要，精神生活能提供更强大的价值引领与精神动力，形成全社会的精神纽带，促进人的自由而全面的发展。新时代中国特色共同富裕的伟大实践同样需要共同富裕伟大精神的引领①。只有坚持物质层面和精神层面的统一，才能实现真正的共同富裕。

（三）社会内涵：建设以人民为中心的和谐社会

以人民为中心，是社会主义制度优越性的体现，也是社会主义区别于其他社会形态的根本标志。共同富裕要保证中等收入群体的数量在总人口数量中占主体，形成和谐而稳定的橄榄型社会结构（刘培林等，2021）。随着经济总量不断提升，中等收入群体不断扩大，成为社会的中坚力量。绝大部分人都有稳定体面的工作，有较高的收入和较强的消费能力，享受完整的社会保障。二元经济带来的城乡差距日益缩小，建立更加融合的城乡发展关系，全体人民都有机会平等地参与社会发展，人民共建共享经济社会发展的成果（李实，2022）。

二、共同富裕的实施路径

我国已经进入全面建设社会主义现代化国家的新征程，但是我们必须认识到发展不平衡不充分的问题依然严峻。从人均收入水平方面来看，我们和发达国家仍有较大差距。2019 年，我国人均 GDP 在 197 个国家和经济体中排名 81 位，不属于全球人均收入最高的 40% 的国家②。我国经济的总体发展质量，特别是落后地区经济发展的质量和可持续性仍有待提高③。实现共同富裕是一个长期的过程，面临着诸多挑战。我们必须在高质量发展中提升经济总量，提高人均收入水平，提升中等收入群体比重，缩小区域发展差距，让全体人民公平地共享社会发展的成果，实现全民共同富裕。

（一）以税制改革助力高质量发展

实现共同富裕重要的前提是经济总量的提升，而税收在高质量发展中发挥

---

① 李正图，徐子健. 中国特色共同富裕实践：制度保障、精神动力与科学理论［J］. 经济纵横，2022（04）：1 - 10.

② 李实. 以收入分配制度创新推进共同富裕［J］. 经济评论，2022（01）：3 - 12.

③ 郁建兴，任杰. 共同富裕的理论内涵与政策议程［J］. 政治学研究，2021（03）：13 - 25，159 - 160.

着重要作用，通过各种税收优惠，助力企业创新升级，引导资源优化配置，创造更多社会财富（马金华等，2022）。

从间接税方面来看，增值税是我国的第一大税种，简并税率、清理税收优惠能更好地发挥增值税的中性作用，有利于促进企业专业化分工，提高企业生产效率。扩大留抵退税范围，有利于减轻企业资金压力，鼓励企业研发创新。另外，消费税的税目和税率也应随经济形势动态调整，在新发展格局下促进国内大循环，带动国内消费升级，可以创造更多更高质量的需求，拉动经济增长。

从直接税方面来看，首先，应扩大企业所得税加速折旧政策适用范围，提升研发费用加计扣除比例，鼓励企业生产设备的更新换代，提升其自主创新能力。其次，加强企业与高校、科研机构合作，增加对高新企业、先进服务业的优惠政策。最后，针对小微企业面临资金、技术、人才方面的压力，对其创业初期给予更多的税收政策支持，助力小微企业健康成长，释放其创新活力。此外，个人所得税可以适当降低最高边际税率，加大对创新型人才激励，有利于吸引更多高端人才，在国际人才竞争中立于不败之地（杨志勇，2021）。

（二）构建四次分配制度，持续优化收入分配格局

我国目前的三次分配制度包括初次分配、再分配和第三次分配。

初次分配主要按照市场主体持有的生产要素进行分配，注重效率。除了传统的劳动、土地、资本等生产要素以外，要积极推动信息、技术、数据等新型生产要素参与收入分配，在保证效率的原则下实现公平，优化初次分配格局。

再分配在初次分配的基础上，由政府通过转移支付、税收政策等手段进行调节，更加注重公平。目前我国居民收入的高度不平等，主要不是由市场因素造成的，而是因为我国政府收入再分配政策力度不足[①]。必须增加对低收入群体的转移性支出，不断提升以所得税为代表的直接税比重，对不同群体实行差别化的费用扣除，使税收收入体现其真实负担能力，成为调节收入分配的强有力手段。

第三次分配是对我国分配制度的完善，主要是指社会力量通过慈善捐赠和志愿服务等方式让渡资源，依靠的是社会主体的道德和社会责任感，是对

---

① 蔡萌，岳希明. 我国居民收入不平等的主要原因：市场还是政府政策？[J]. 财经研究，2016，42（04）：4-14.

市场机制和政府调控的补充。如果考虑税收征收成本问题，高收入者通过慈善和捐赠等方式将收入直接转移给低收入者相对更有效率①。要鼓励社会各界的慈善捐赠和志愿服务，并允许其在税前全额扣除，提升第三次分配的影响力。

除此之外，有学者提出了"第四次分配"，主要是指基于血缘关系和代际转移所产生的分配方式，这种分配方式存在于家庭或家族内部，例如遗产的分配、亲属之间的赠予等②。前三次分配是在社会范围内进行分配，第四次分配则集中在家庭内部。我国自古以来的宗法、宗族观念深厚，大量财富会在家庭、家族之间流动。因此，有必要在适当时机出台财产税、遗产税与赠与税，对这部分收入加以规范，避免引起阶层固化，扩大收入差距。在三次分配的基础上构建四次分配制度，有利于完善我国收入分配体系，充分发挥市场、政府与社会各界力量，优化现有收入分配格局。

（三）巩固脱贫攻坚成果有效衔接乡村振兴

脱贫攻坚战取得了全面胜利，但城乡区域发展差距依旧过大。乡村产业基础薄弱，文化建设落后，公共服务供给严重不足，必须做好巩固脱贫攻坚成果同乡村振兴有效衔接的各项工作。在乡村经济发展方面，以发展旅游业、特色产业为抓手，整合乡村资源，搭建乡村产业体系，带动乡村产业振兴（杨明月和戴学锋，2022）。吸纳乡村就业人口，拓展低收入群体增收渠道，探索收入持续增长的有效机制。从单一产业拓展到与其他产业的有机融合，促进三大产业协同发展，鼓励低收入群体通过创业致富。在乡村公共服务方面，完善基础设施建设，提升乡村公共服务水平，缩小城乡差距，促进城乡融合发展。在乡村发展过程中必须坚持绿色发展理念，保护乡村生态环境，构建宜居宜业的乡村生活新风貌。

（四）持续推进重点区域与重点领域建设

加强重点区域建设，平衡各地区发展水平，缩小地区差距。充分发挥市场配置资源的决定性作用，使各种资源和生产要素流入贫困地区，要形成各种资源双向流动的机制（李实，2021）。加大对贫困地区的财政扶持力度，为其后续

---

① 岳希明，范小海. 共同富裕：不同的收入分配目标需要不同施策 [J]. 国际税收，2022（01）：3－12.

② 杨灿明. 实现共同富裕的内在机理与制度支撑 [J]. 国家治理，2021（39）：2－6.

发展提供物质前提。

　　进城务工人员和流动人口规模越来越大，这部分群体对城市发展作出了重大贡献。必须加快推进户籍制度改革，使进城务工人员与城市人口享受同等的社会待遇，保持人口相对稳定。同时，这一举措也有利于帮助他们的子女获得更好的教育资源，促进教育公平，缓解农村公共服务压力，有助于提升农村居民收入、缩小城乡收入差距（程名望等，2022）。此外，还要着力解决人民群众在住房、养老、教育、就业等方面的问题，关注老百姓切身利益，积极回应公众诉求。提高对公共服务的投入规模，促进基本公共服务均等化（李实和杨一心，2022）。最后，完善多层级的社会救助体系与社会保障体系，发挥财政兜底作用，保障低收入阶层的基本生活水平，守住共同富裕的底线（杨穗和赵小漫，2022）。

（五）丰富精神文化生活，实现人的全面发展

　　共同富裕是一个持续性的过程，精神层面的共同富裕更非易事。必须坚持以人民为中心，大力发展文化事业与文化产业。在文化供给方面，针对目前文化产品供给无法满足需求的现状，要鼓励更多的市场主体参与文化产品供给，利用市场机制，解决城乡区域文化供给失衡，提供更加多元优质的文化产品，满足人民群众更高层次的精神文化需求。在文化创作方面，要以人民群众的需求为导向，充分调动人民群众的积极性与创造性，让更多的人参与到精神文明建设中来，倾听人民文化诉求。在文化治理方面，建立高质量的文化治理体系，完善以人民为中心的公共文化治理机制，形成以政府为主导、社会各界积极参与的文化治理新格局（王慧莹和田芝健，2022）。在此基础上，不断提升人民教育水平和思想道德素养，纠正部分人漠视文化教育的错误观念，激发群众内生动力，提升人民主动追求更高层次的精神文化的自觉性。与此同时，在全社会弘扬核心价值观，发挥价值观的引领作用，为共同富裕创造良好的舆论环境，使全社会以高昂饱满的精神状态迎接共同富裕。

第三节　中国居民共同富裕概况

一、共同富裕主观感知

　　党的二十大报告指出，到2035年收入差距要明显缩小。收入差距是否明显缩小，一方面可以用基尼系数、泰尔指数等客观指标衡量；另一方面也可以通过居民的主观感受来判断居民在多大程度上认同现有的收入分配结果，综合判断收入差距是否缩小（李实，2022）。因此，本节设置了共同富裕主观感知这一板块，考察户主对于共同富裕政策的直观认知与主观感受。

图 8-1 展示了居民对所在地区城乡差距的主观感受。从全国来看，66% 的居民认为所在地区城乡间有一定差距，认为差距很大和差距不大的居民分别占比 16%、17%。分区域来看，我国东部、中部、西部认为城乡有一定差距的居民占比分别为 63%、69%、66%。在认为差距不大方面，东部在所有地区中占比最高，为 21%；在认为差距很大方面，西部在所有地区中占比最高，为 18%。由此可知，我国居民普遍认为目前城乡之间存在一定差距，且城市化水平越低的地区，认为差距越大。这与现有研究结果一致，即城市化水平越高的省份，城乡收入差距越小（程名望等，2022）。

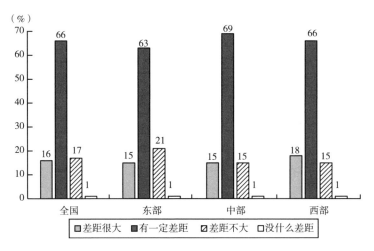

图 8-1　地区与城乡差距

图 8-2 报告了不同地区的户主对共同富裕政策的了解程度。从全国来看，44% 的户主比较了解共同富裕政策；49% 的户主不太了解。分城乡来看，49% 的城镇家庭户不太了解或完全不了解共同富裕政策；这一比例在农村家庭户中则高达 59%。可见，我国居民家庭对共同富裕政策的了解远远不够，且在城乡之间存在较大差距。

人的受教育程度会影响其对政策的了解和认知。图 8-3 报告了不同学历的户主对共同富裕政策的了解情况。随着学历的提高，对共同富裕政策的了解程

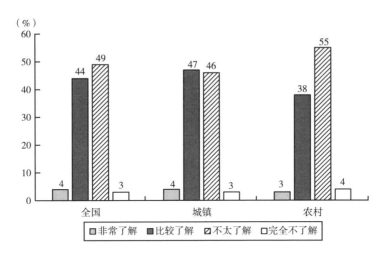

图 8－2　地区与共同富裕政策

度呈上升趋势。户主未上过学的对政策比较了解的程度最低，为 24%。户主学历为研究生的了解程度最高，为 60%，是未上过学的 2.5 倍。

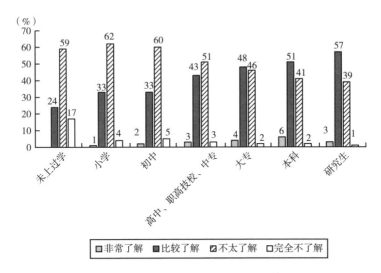

图 8－3　户主学历与共同富裕政策

　　图 8－4 报告了不同地区户主对贫富差距的认知。全国 41% 的户主认为贫富差距逐渐缩小；39% 认为没有太大变化；还有 13% 认为当前贫富差距在逐渐扩大。分地区来看，我国东部、中部、西部认为贫富差距逐渐缩小的户主占比分别为 40%、41%、42%，西部略高于东中部地区。分城乡看，城镇有 43% 的户

主认为贫富差距逐渐减小，农村仅为 38%，低于全国平均水平。直观上表明，农村地区居民对贫富差距缩小的获得感不强。

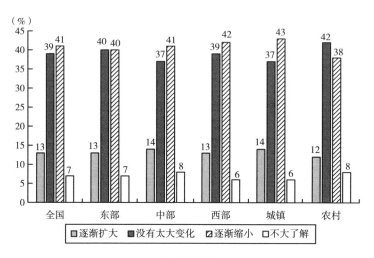

图 8-4　地区与贫富差距缩小

图 8-5 报告了我国居民所认为的共同富裕主要体现的方面。户主普遍认为共同富裕主要体现在城乡收入差距显著缩小（19%）；其次是城乡区域发展差距缩小（15%）、基本公共服务均等化（15%）、城乡教育全面协调发展（15%）、医疗卫生资源丰富（14%）、居民收入与经济增长基本同步（12%）和更高质量的就业率（10%）。

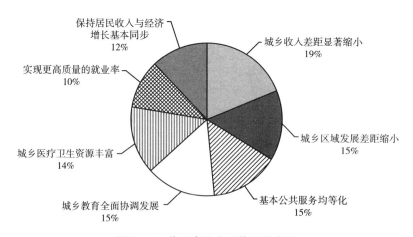

图 8-5　共同富裕主要体现的方面

图 8 - 6 报告了我国居民所认为的现阶段实现共同富裕的主要障碍。实现共同富裕最大的障碍主要是区域经济发展不足，占比为 29%；其次分别是城乡居民文化教育程度不足（26%）、城镇化水平有待提高（23%），以及基础设施建设不足（22%）。

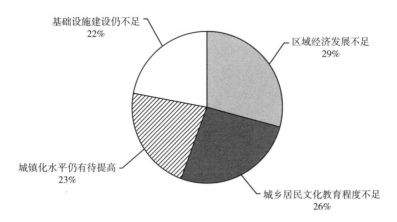

图 8 - 6 现阶段实现共同富裕的主要障碍

图 8 - 7 报告了我国居民对共同富裕的直观感受，最大的感受是生活环境更舒适，占比为 20%；其次是公共交通出行更加便利（17%）、公共设施现代化（17%）、医疗保障更好（17%）、教育环境改善（15%）以及可支配收入提高（14%），表明户主们更加注重生活环境与公共服务的改善。

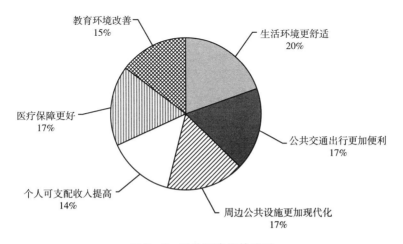

图 8 - 7 对共同富裕的感受

二、慈善捐赠与亲属赠予

分配制度是促进共同富裕的基础性制度。目前我国已经形成了相对完善的三次分配体系，包括初次分配、再分配和第三次分配。第三次分配主要是指社会主体通过慈善捐赠和志愿服务的方式让渡资源，依靠的是社会主体的道德和社会责任感，是对市场机制和政府调控在收入分配领域的一种补充（杨灿明，2022）。除此之外，有学者提出了"第四次分配"，主要是指基于血缘关系和代际转移所产生的分配方式，这种分配方式存在于家庭或家族内部，例如遗产的分配、亲属之间的赠予等（杨灿明，2021）。因此，本节设置了慈善捐赠与亲属赠予这一板块，考察户主在第三次分配和第四次分配中的参与情况。

图 8-8 报告了 2021 年家庭慈善捐赠支出情况。2021 年全国约有 47% 的家庭有过慈善捐赠行为，其中户均慈善捐赠金额为 452.37 元。分区域来看，东部户均慈善捐赠支出最高，为 629.40 元；中部和西部分别为 321.82 元和 411.34 元，区域间慈善捐赠支出差异较大。分城乡来看，城镇户均慈善捐赠支出为 572.10 元；农村户均慈善捐赠支出为 231.56 元，相当于城镇的 40%。

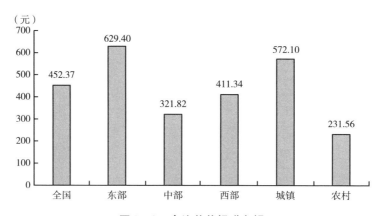

图 8-8 户均慈善捐赠金额

进一步地，来看一下家庭慈善捐赠支出金额的具体分布情况。如图 8-9 所示，2021 年 69.47% 的家庭慈善捐赠在 500 元以内，其中在 100 元以内的比例为 22.27%；100~200 元的比例为 18.26%；400~500 元的比例为 19.61%。只有 4.58% 的家庭慈善捐赠支出超过了 2000 元。

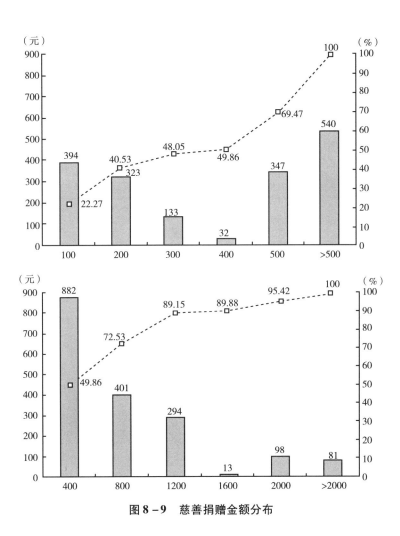

图 8 - 9　慈善捐赠金额分布

图 8 - 10 报告了志愿服务情况。全国有 50% 的户主没有做过志愿服务；26% 的户主每年志愿服务的次数较少；较多参与志愿服务的户主比例只有 7% 。

如图 8 - 11 所示，从政治面貌看，在经常做志愿服务的户主中，中共党员的比例最高，为 14% 。其次是共青团员，为 12% ；民主党派的比例为 9% ；群众的比例最低，为 4% 。总体而言，拥有政治身份的户主每年志愿服务的次数明显高于群众，具有较强的社会责任感。

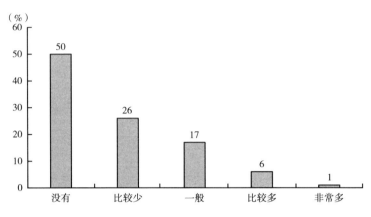

图 8 - 10 志愿服务次数

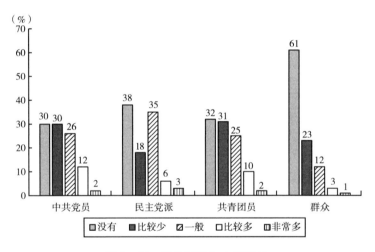

图 8 - 11 政治面貌与志愿服务

图 8 - 12 报告了户主家庭在 2021 年接受亲属间资金帮助的情况。2021 年全国接受过亲属间资金帮助的家庭占比为 10%，其中接受资金帮助金额在 1000 元以内的比例最大，为 23.97%；其次是 5000 ~ 10000 元，为 16.71%；只有 14.04% 的家庭接受资金帮助超过了 30000 元。

是否为流动人口与接受亲属间资金帮助有紧密的联系。如图 8 - 13 所示，从全国来看，2021 年平均每户接受亲属资金帮助为 1709.47 元。非流动人口所在家庭每户接受亲属资金帮助为 1545.18 元；流动人口所在家庭每户接受亲属资金帮助为 2312.56 元，相当于非流动人口家庭的 1.5 倍。这表明了流动人口较非流动人口生活压力更大，接受亲属资金帮助的更多。

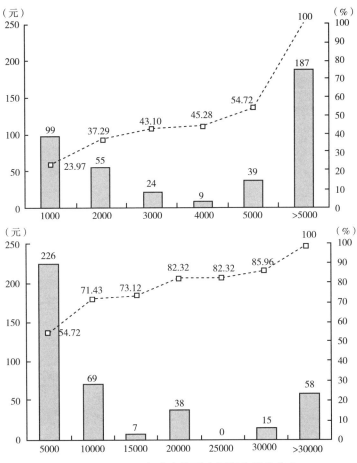

图 8 - 12　2021 年家庭接受亲属资金帮助分布

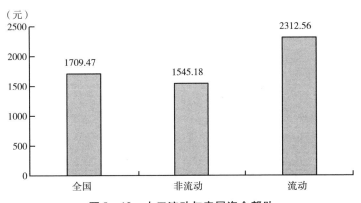

图 8 - 13　人口流动与亲属资金帮助

图 8－14 报告了户主家庭在 2021 年接受亲属间劳动帮助的次数分布。2021 年全国接受过亲属间劳动帮助的家庭占比为 16%，其中接受劳动帮助次数在 3 次以内的比例最大，为 60.41%；接受劳动帮助在 3 ～ 6 次之间的比例为 21.54%；6 次以上的比例为 18.05%。

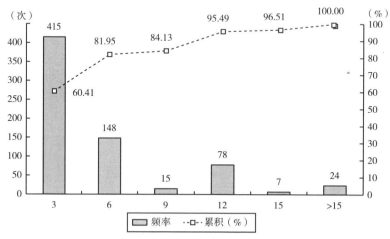

图 8－14　2021 年家庭接受亲属劳动帮助次数分布

图 8－15 报告了户主家庭在 2021 年接受亲属间物资帮助的情况。2021 年全国接受过亲属间物资帮助的家庭占比为 10%，其中 800 ～ 1000 元的比例为 25.34%；200 元以内的比例为 18.78%；400 ～ 600 元的比例为 17.64%。总体而言，绝大部分家庭接受物资帮助金额在 1000 元以内，这一比例为 71.72%。

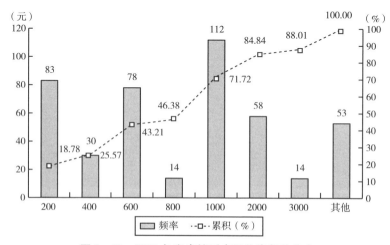

图 8－15　2021 年家庭接受亲属物资帮助分布

如图 8－16 所示，分城乡来看，全国 2021 年平均每户接受亲属的物资帮助为 187.18 元；城镇家庭平均每户接受亲属的物资帮助为 183.09 元；农村家庭平均每户接受亲属的物资帮助为 194.68 元。分地区来看，东部地区平均每户接受亲属的物资帮助为 167.71 元；中部地区为 174.87 元；西部地区为 241.1 元。西部地区接受亲属物资帮助显著高于中东部地区。

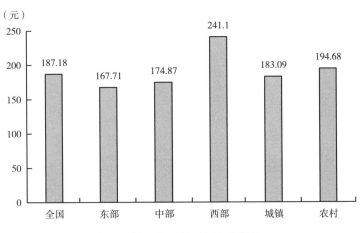

图 8－16　地区与亲属物资帮助

三、精神富裕

人的社会活动包括物质和精神两个基本维度，随着物质生活水平不断提高，必须促进人们精神生活的共同富裕，以实现人的全面发展。精神生活的共同富裕是新时代实现共同富裕的重要内容和维度（贾磊，2022）。相比物质层面看得见的财富，精神生活更为隐性。精神生活主要涉及文化消费、文化活动参与、文化创造等方面，精神生活共同富裕不仅包括个体精神生活的质量问题，而且也体现着社会精神文化资源的供给和全体人民的享有程度①。在精神富裕这一板块，我们主要分析公共基础设施建设概况和户主个人文化活动、文化消费情况。

图 8－17 报告了户主所在社区（村）基础设施建设情况。从全国来看，69% 的户主所在社区（村）有体育场地；81% 的户主所在社区（村）有健身器

---

① 魏泳安. 精神生活共同富裕：刻度、短板及实现路径［J］. 探索，2022（05）：177－188.

材；42% 的社区（村）有图书室等文化场所；52% 的社区（村）周边有电影院。分城乡来看，城镇地区拥有体育场地、健身器材、文化场所和电影院的比例分别为 69%、85%、47% 和 68%；农村地区则为 69%、74%、34% 和 23%。由此表明，目前城乡之间在健身器材、文化场所和电影院建设方面存在较大差距。生活类基础设施可以提高农民的身体素质和科学文化素质，进而全面增加农村劳动力的人力资本，促进经济发展的可持续性（张亦弛和代瑞熙，2018）。农村基础设施建设是今后的政府工作重点。

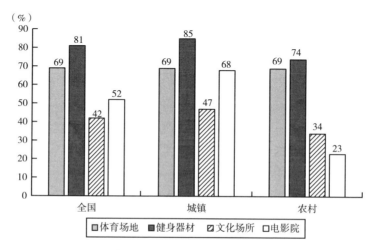

图 8-17　户主所在社区（村）基础设施建设情况

图 8-18 报告了户主每周锻炼身体时间。全国有 63% 的户主有锻炼身体的习惯，其中只有 2% 的户主每周花费大量时间锻炼，约为 5 天以上；16% 的户主每周花费较多的时间锻炼身体，一周锻炼 3~5 天。分城乡来看，城镇户主中每周锻炼 5 天以上的比例为 3%，锻炼时间在 3~5 天的比例为 17%；农村地区户主相较于城镇户主每周锻炼时间更少，对应的比例仅有 1% 和 12%。相较于农村地区，由于城镇的健身器材与健身场地相对充足，城镇户主健身意识更强，他们每周会花费更多的时间锻炼，更加注重身体健康。

图 8-19 报告了不同受教育程度的户主每周的读书时间。从户主学历看，随着学历的提高，每周读书的时间呈上升趋势。未上过学的户主中有 80% 没有阅读；学历为研究生的户主中这一比例仅为 3%。由此可知，越高学历的户主越会保持良好的读书习惯以获取更多的知识滋养。

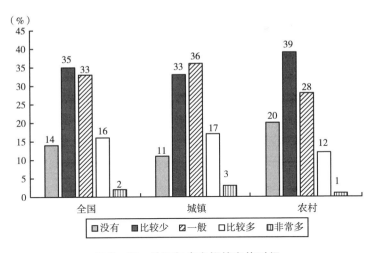

图 8-18 地区与户主锻炼身体时间

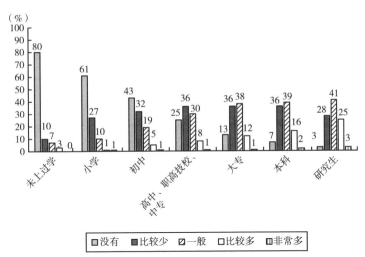

图 8-19 户主学历与每周阅读时间

图 8-20 报告了户主鉴赏音乐、绘画等艺术的情况。全国有 29% 的户主完全不会鉴赏音乐、绘画等艺术；41% 的户主不太会鉴赏；比较会和非常会的比例分别为 5% 和 1%。分城乡来看，城镇户主中有 23% 完全不会鉴赏；而农村中这一比例为 40%。由此可知，目前居民的艺术修养还有待提高，农村地区更是如此。艺术能够将外生资源转变为内生动力，进而推动实现共同富裕（张丙宣和王怡宁，2022）。今后还需大力提升居民艺术素养，帮助其塑造完善的人格。

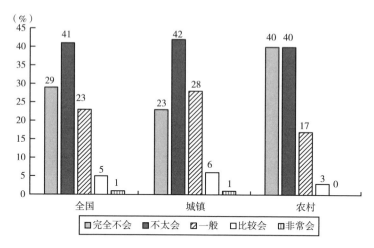

图 8－20　地区与户主鉴赏音乐、绘画等艺术

第四节　共同富裕指标测度

　　基于对共同富裕内涵、实现路径以及现状的分析，本节将具体说明共同富裕的指标测度。构建共同富裕的指标体系必须遵循一定的原则：首先，共同富裕的内涵包括富裕和共享两个方面，因此共同富裕的指标体系必须同时度量富裕程度和共享程度。要将共同富裕的指标在城乡、不同地区、不同人群之间进行充分比较，以在最大程度上反映发展成果共享的程度。其次，共同富裕是一个长期的过程，在不同发展阶段需要制定不同的发展目标。目标的设定必须充分考虑社会发展的实际，并根据实际情况进行动态调整。最后，度量共同富裕的指标必须尽可能地丰富，除常见的基尼系数、最低值、最高值和平均值外，还可以加入中位数、中位数与最低值之比等指标。对于不太适宜用货币量的指标，可以选择实物进行度量。现有关于共同富裕程度测算的研究较少（袁艺和张文彬，2022；陈子曦等，2022），一部分侧重于共同富裕视角下高质量发展的指标测度，无法全面反映共同富裕的程度；另一部分则着重测度了共同富裕的综合水平，缺少具体的指标体系。基于前述原则，本节根据刘培林等（2021）构建的指标体系框架，划分为总体富裕程度和发展成果共享程度两个维度，并对每一维度进行了具体的测算，并将主要结果报告在表 8－1 中。

表 8 - 1　　　　　　　　　　　　　　共同富裕指标

地区	人均可支配收入（元）	人均财富（元）	可支配收入基尼系数	人均财富基尼系数
全国	51253. 51	432278. 50	0. 52	0. 61
东部	64829. 57	687948. 43	0. 51	0. 60
中部	44772. 52	288811. 79	0. 52	0. 57
西部	42245. 62	300082. 41	0. 51	0. 53
城镇	64300. 89	601333. 00	0. 52	0. 59
乡村	31531. 90	175760. 38	0. 49	0. 52

一、总体富裕程度的度量指标

总体富裕程度将从以下三个方面加以度量。一是人均可支配收入水平和相对于发达国家的水平；二是人均财富水平和相对于发达国家的水平；三是人均物质财富保有量水平和相对于发达国家的水平。这些指标数值越高，表明总体富裕的程度越高。

（一）人均可支配收入水平

可支配收入包括四项，分别为工资薪金收入、经营性净收入、财产性净收入和转移性净收入。工资薪金收入是指税后收入，既包括现金收入，也包括实物收入。转移性净收入包括财政转移性净收入和非财政转移性净收入。前者是财政转移性收入减去财政转移性支出的余额；后者是非财政转移性收入减去非财政转移性支出的余额。根据问卷调查中所有样本户的收入数据可得 2021 年全国居民人均可支配收入为 51253. 51 元。而国家统计局数据显示，2021 年全国居民人均可支配收入为 35128 元[1]。这可能是因为我们的样本户大多为中东部较发达地区，居民可支配收入较高。据美国劳工统计局的数据显示，美国 2021 年家庭可支配收入64751 美元，户均人口 2.4 人，人均可支配收入 26980 美元，折合人民币 174047. 98 元，是我国的 4. 95 倍[2]。据韩国统计局数据显示，2021 年韩国人均可支配收入折合人民币 128738. 44 元[3]。据澳大利亚统计局数据显示，2021 年财政年度平均每周家庭可支配收入为 1889 美元，户均人口 2. 6 人，人均可支配收入折合人民币

---

① 国家统计局《中国统计年鉴 2021》。

② U. S. Bureau of Labor Statistics.

③ Statistics Korea.

244388.34 元①。由此可知，我国人均可支配收入与发达国家存在较大差距。

（二）人均财富水平

瑞士信贷《2021 年全球财富报告》中对财富的定义是家庭净资产，即家庭拥有的金融资产加上非金融资产的价值减去债务。根据调查问卷中所有样本户的财富数据，得出 2020 年全国居民人均财富为 432278.50 元。而瑞士信贷《2021 年全球财富报告》中显示我国 2020 年人均财富为 58544 美元，折合人民币 373076 元，世界排名 44。这可能是由于我们的样本户大多为中东部较发达地区，居民财富保有量整体上高于西部地区。《2021 年全球财富报告》显示瑞士和澳大利亚分别以人均财富折合人民币 3597968.91 元和 2459961.58 元居于第一、二位，我国的邻国日本人均财富折合人民币为 1517198.69 元，排名第八位。与发达国家相比，我国人均财富水平偏低。

（三）人均物质财富水平

物质财富包括住房面积、医疗床位、基础设施等方面，由于数据限制，我们主要测算了人均住房面积和人均社会保障水平。住房面积主要是指房屋的建筑面积，包括公摊面积。国家统计局《中国人口普查年鉴 2020》显示，2020 年我国家庭户人均居住面积达到 41.76 平方米②。根据样本户的数据，计算出 2021 年人均住房建筑面积为 47.79 平方米，与国家统计局的数据相比，略有增加。从全球来看，2021 年的统计显示，美国人均住房面积为 67 平方米。且美国住房面积不包括公摊面积，按 0.7 折算，我国人均住房使用面积只有 33.45 平方米，约为美国的 50%。关于社会保障水平，我们测算了居民社会保障的参与率，包括医疗保险、最低社会保障或社会救济以及养老保险的参与情况。平均而言，每人仅享有 0.68 种社会保障。社会保障水平还需进一步提高，满足群众对健康、养老、安全保障等方面的需要。

二、发展成果共享程度

发展成果共享程度将从以下三个子维度加以度量。一是人群差距；二是区域差距；三是城乡差距。这些指标反映了发展成果在不同群体、不同区域以及

---

① Australian Bureau of Statistics.
② 国家统计局《中国人口普查年鉴 2020》。

城乡之间的共享程度。

（一）人群差距

1. 中等收入群体比重。国家统计局指出，一个标准三口之家的年收入在 10 万 ~50 万元的为中等收入群体。根据国家统计局数据，我国中等收入群体规模约为 4 亿人，如果以 14 亿人的基数计算，中等收入人口占比约为 30%。根据问卷调查所有样本户的收入数据，测算出中等收入群体比重为 45%。由于样本大部分来源于中东部地区，居民收入整体偏高，因此这一比例显著高于国家统计局的标准。

2. 中等收入群体平均收入水平。李实和杨修娜（2021）测算出 2018 年中等收入群体日均收入应为 91 ~457 元。按照这一标准，一个三口之家的中等收入群体年收入应为 99645 ~500415 元。根据样本户的数据测算出中等收入群体平均家庭收入为 230467.8 元，符合上述标准。

3. 中等收入群体与低收入群体收入中位数比值。我们将家庭年收入在 10 万元以下的人群定义为低收入群体。根据样本户数据，测算出中等收入群体中位数为 198000 元，低收入群体中位数为 55500 元，两者中位数之比为 3.57。

4. 全体人口可支配收入和人均财富基尼系数、中位数与最低数之比。基尼系数是衡量收入差距的重要指标。国家统计局公布的数据显示，近 10 年来全国居民收入的基尼系数基本维持在 0.47 左右，收入差距仍较大（罗楚亮等，2021）。根据问卷调查的样本户数据，测算出全体人口可支配收入基尼系数为 0.52，可支配收入中位数为 120000 元，最低值为 -233000 元，中位数与最低数之比为 -0.52。在人均财富方面，测算出人均财富基尼系数为 0.61，中位数为 800000 元，最低值为 -4729000 元，中位数与最低数之比为 -0.17。此前，北京大学中国社会科学调查中心发布的《中国民生发展报告 2014》中指出，2012 年我国家庭净财产的基尼系数为 0.73；瑞士信贷《2019 年全球财富报告》中则为 0.7。与之相比，财富基尼系数有所下降。

5. 贫困家庭收入保障水平。根据问卷调查的所有样本户数据，筛选出贫困户家庭，测算了其享有的财政转移收入、最低生活保障或社会救济。平均而言，2021 年贫困家庭每人享有财政转移净收入 969 元。52% 的贫困户没有任何低保或社会救济，贫困群体平均每人享有 0.53 种社会保障。

（二）区域差距——地区间人均可支配收入和人均财富基尼系数

为深入了解不同地区的发展成果共享程度，本书课题组进一步分区域测算了人均可支配收入和人均财富。

如图 8 - 21 所示，2021 年东部地区人均可支配收入为 64829. 57 元；中部地区人均可支配收入为 44772. 52 元；西部地区人均可支配收入为 42245. 62 元。东部地区人均可支配收入显著高于中西部地区，中西部差距不大。东部可支配收入的中位数与最低数之比为 - 0. 91；中部最高为 - 1. 95；西部则为 - 0. 48。可支配收入基尼系数方面则差别不大，东部和西部为 0. 51，中部为 0. 52，均超过了 0. 5，表明各地区间人均可支配收入悬殊。

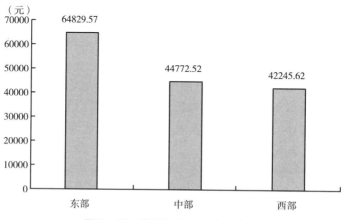

图 8 - 21　地区与人均可支配收入

如图 8 - 22 所示，2021 年东部地区人均财富为 687948. 43 元；中部地区人均财富为 288811. 79 元；西部地区人均财富为 300082. 41 元。东部地区人均财富

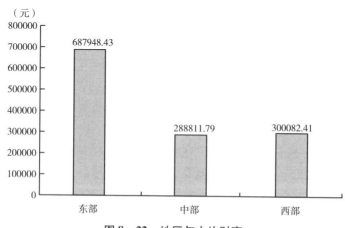

图 8 - 22　地区与人均财富

相当于中部地区的 2.38 倍,西部地区的 2.29 倍,人均财富地区间分布十分不均衡。东部中位数与最低数之比为 -0.58;中部为 -0.13;西部则为 -0.31。东部财富基尼系数为 0.60;中部财富基尼系数为 0.57;西部则为 0.53,各地区间人均财富悬殊。

(三) 城乡差距——城乡人均可支配收入和人均财富基尼系数

为深入了解城乡间发展成果共享程度的差异,接下来分城乡测算人均可支配收入和人均财富。

如图 8-23 所示,2021 年城镇人均可支配收入为 65241.75 元,农村人均可支配收入为 30104.26 元,城镇人均可支配收入相当于农村的 2.04 倍。城镇可支配收入基尼系数为 0.52,农村可支配收入基尼系数为 0.49。2021 年城镇人均财富为 601333.00 元;农村人均财富为 175760.38 元。城镇人均财富相当于农村的 3.42 倍,城乡人均财富分布差距较大。城镇人均财富基尼系数为 0.59,农村则为 0.52。

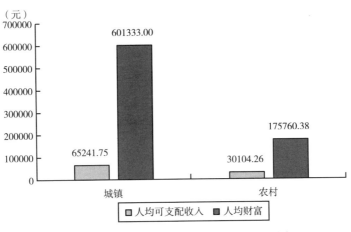

图 8-23 城乡与人均可支配收入、人均财富

第五节 本章小结

本章从政治、经济、社会三个角度具体阐述了共同富裕的内涵,并多方位讨论了其实施路径。通过对 2021 年中国居民收入调查数据的分析,构建系统指标体系并详细测算了共同富裕程度，得到的主要结论如下：

一、共同富裕调查分析

第一，我国大部分居民认为当前城乡之间有一定的差距，相较中东部地区而言，西部地区的居民认为其所在地区城乡差距更大。受地理位置、社会资源等因素影响，西部地区城市化进程较缓慢，居民收入水平较中东部地区有较大差距。这与现有研究结果一致，即城市化水平越高的省份，城乡收入差距越小（程名望等，2022；陆铭和陈钊，2004）。

第二，关于对共同富裕的主要认识，相较于可支配收入提高而言，我国居民更注重生活环境与公共服务的改善。此外，对共同富裕政策的认知在城乡、不同学历之间存在显著差异。城镇居民对共同富裕政策的了解程度高于农村居民；居民对共同富裕政策的了解程度随着学历的提高而逐渐提高，学历为研究生的居民对共同富裕政策的了解程度最高。这表明人们对共同富裕的认知受教育、政策宣传的影响较大，城镇地区较农村地区宣传力度更大，居民的学历相对更高。

第三，全国将近一半的居民有过慈善捐赠行为，大部分家庭的慈善捐赠金额在500元以内，且家庭慈善捐赠金额在城乡、不同地区之间存在较大差异。农村家庭慈善捐赠支出明显低于城镇家庭，只有城镇家庭的40%；东部地区的家庭慈善捐赠支出显著高于中部和西部地区的家庭。慈善捐赠受居民个人的收入水平、慈善意识以及配套制度等因素的影响。一般来说，由于收入高、慈善意识较强、相关法律法规等制度体系更完善，城镇居民的慈善捐赠行为会更加普遍，捐赠金额也更高。

第四，居民每年志愿服务的次数不多。拥有政治身份的户主每年志愿服务的次数明显高于群众，具有较强的社会责任感。根据《世界慈善捐赠指数报告2021》，在2009～2019年的十年间，中国在志愿服务的指标排名由第125位上升至第73位[①]。尽管排名有较大上升，但当前我国居民志愿服务水平仍较低，社会互助意识不强。

第五，接受亲属帮助在不同群体、城乡之间有较大差异。流动人口所在家庭接受的亲属资金帮助高于非流动人口所在家庭；农村家庭接受的亲属物资帮

---

① Charities Aid Foundation（*World Giving Index* 2021）.

助高于城镇家庭。

第六，我国居民艺术鉴赏能力整体偏低，尤其是农村地区。此外，农村地区在体育场地、健身器材、文化场所等基础设施建设方面也落后于城镇地区。当前基础设施建设落后，居民难以展开丰富的精神活动，必须加快推进精神生活的共同富裕，促进个人全面发展，帮助其塑造完善的人格。

二、共同富裕指标测度

第一，在总体富裕程度方面，2021 年我国人均可支配收入为 51254 元，人均财富为 432279 元，人均住房建筑面积为 47.79 平方米，人均享有社会保障仅有 0.68 种。总体富裕程度不高，与发达国家仍存在较大差距。社会保障水平还需进一步提高，满足群众对健康、养老、安全保障等方面的需要。

第二，共享程度从人群、区域、城乡差距三个子维度进行衡量。在人群差距方面，不同收入群体间的共享程度仍十分不均衡，我国社会保障的水平和效率还有待提高。在区域差距方面，东中西部地区可支配收入基尼系数与财富基尼系数均高于国际警戒线，我国居民可支配收入差距与财富差距都较大，且东部地区财富差距远大于中西部地区。在城乡差距方面，城乡可支配收入基尼系数与财富基尼系数均高于国际警戒线，且城镇居民的收入与财富分配差距远远大于农村居民。总体而言，当前人群、区域和城乡发展差距仍较大，且城市化水平越高、收入水平越高的地区其发展程度更加不均衡，共同富裕的共享程度还有待提高。

我们的分析结果表明，整体上看，我国居民的富裕程度不高，且发展成果在区域、人群、城乡之间十分不均衡，全体人口可支配收入基尼系数和人均财富基尼系数均超过国际警戒线。由于我国长期以来的二元经济结构，地区间发展差距较大，使得城乡收入差距和地区收入差距非常明显。因此，实现共同富裕必将是一个长期的过程，需要几代人的共同努力。在推进共同富裕的过程中，要有以下几点认识：第一，必须把高质量发展作为今后政府工作的重点。与发达国家相比，我国人均可支配收入与人均财富较低。低生产力无法提供共同富裕的物质基础，无法满足人民群众对美好生活的需要，必须要在高质量发展中实现经济总量的增强。第二，促进农村地区的基本公共服务建设，加大教育、医疗、体育、文化等方面的投入。受制于自然资源、社会资本等因素，农村居民享有的公共服务严重不足。提高农村地区公共服务享有水平，既是共同富裕共享性的要求，也有利于提升农村地区的富裕程度。第三，重点关注低收入群体。据有关研究估算，2019 年全国低收入人群大约有 9 亿人左右（李实等，2020）。低收入群体享有的社会保障或救济较少，不得不依靠亲属赠予。因此，要加快建立配套机制，积极鼓励社会各界的慈善捐赠和志愿服务，提升第三次分配在全社会的影响力。

参 考 文 献

［1］蔡萌，岳希明．我国居民收入不平等的主要原因：市场还是政府政策？
［J］．财经研究，2016，42（04）：4－14.

［2］陈燕．中国共产党的共同富裕：理论演进与实现路径［J］．科学社会
主义，2021（03）：115－120.

［3］陈子曦，青梅，杨玉琴．中国共同富裕逻辑、测度、时空动态及收敛
研究［J］．四川轻化工大学学报（社会科学版），2022，37（03）：1－20.

［4］程名望，韩佳峻，杨未然．经济增长、城乡收入差距与共同富裕［J］．
财贸研究，2022，33（10）：1－17.

［5］段义德．财政支出促进教育公平的作用机制分解及验证——基于
CHIP2013数据的分析［J］．四川师范大学学报（社会科学版），2018，45
（04）：94－102.

［6］龚勤林，贺培科，曹邦英．共同富裕目标下四川民族地区农村居民的
收入结构差异与持续增收［J］．民族学刊，2022，13（09）：119－129，165.

［7］郭杰，陶凌峰．基于异质性资产回报率的中国财富不平等研究［J］．
经济研究，2022，57（04）：154－171.

［8］洪兴建，李金昌．关于基尼系数若干问题的再研究——与部分学者商
榷［J］．数量经济技术经济研究，2006，（02）：86－96.

［9］黄姝菡，张奎，谭永生．新发展格局下构建高质量收入分配体系的路
径研究［J］．经济问题探索，2022，（02）：58－66.

［10］黄意武．精神生活共同富裕评价指标体系的构建［J］．观察与思考，
2022（09）：70－76.

［11］贾磊．精神生活共同富裕的内涵意蕴、时代价值和现实前提［J/OL］．前
沿：1－9［2022－11－28］．

［12］李晶，牛雪红．基于收入结构的个人所得税收入分配效应研究［J］．
宏观经济研究，2022，（02）：16－26.

［13］李军军，李建平. 中国特色社会主义共同富裕：科学内涵、制度保障和分配改革［J］. 当代经济研究，2022（10）：35 – 42.

［14］李实，陶彦君，詹鹏. 全球财富不平等的长期变化趋势［J］. 社会科学战线，2022（04）：71 – 84，281.

［15］李实，魏众，丁赛. 中国居民财产分布不均等及其原因的经验分析［J］. 经济研究，2005（06）：4 – 15.

［16］李实，吴凡，徐晓静. 中国城镇居民养老金收入差距的变化［J］. 劳动经济研究，2020，（5）：3 – 21.

［17］李实，杨修娜. 中等收入群体与共同富裕［J］. 经济导刊，2021（03）：65 – 71.

［18］李实，杨一心. 面向共同富裕的基本公共服务均等化：行动逻辑与路径选择［J］. 中国工业经济，2022（02）：27 – 41.

［19］李实，朱梦冰. 推进收入分配制度改革 促进共同富裕实现［J］. 管理世界，2022，38（01）：52 – 61.

［20］李实. 共同富裕的目标和实现路径选择［J］. 经济研究，2021，56（11）：4 – 13.

［21］李实. 以收入分配制度创新推进共同富裕［J］. 经济评论，2022（01）：3 – 12.

［22］李实. 扎实推进农民农村共同富裕［J］. 中国党政干部论坛，2022（06）：59 – 62.

［23］李正图，徐子健. 中国特色共同富裕实践：制度保障、精神动力与科学理论［J］. 经济纵横，2022（04）：1 – 10.

［24］刘赫，洪业应. 欠发达地区"倒 U 型"城乡收入差距的新型城镇化路径——基于贵州省的经验分析［J］. 贵州财经大学学报，2022，（06）：98 – 108.

［25］刘培林，钱滔，黄先海，董雪兵. 共同富裕的内涵、实现路径与测度方法［J］. 管理世界，2021，37（08）：117 – 129.

［26］刘影. 论精神生活共同富裕与人的全面发展［J/OL］. 世界社会主义研究，2022（10）：60 – 68，118 – 119.

［27］陆铭，陈钊. 城市化、城市倾向的经济政策与城乡收入差距［J］. 经济研究，2004（06）：50 – 58.

［28］罗楚亮，李实，岳希明. 中国居民收入差距变动分析（2013—2018）

[J]．中国社会科学，2021（01）：33 - 54，204 - 205．

[29] 马鸽，孙群力．我国城乡家庭财富差距的测度与分解 [J]．统计与决策，2022，38（08）：129 - 133．

[30] 马金华，杨宏，刘宇．税收学理下的共同富裕：历史逻辑、理论渊源与现实选择 [J]．税务研究，2022（10）：5 - 11．

[31] 穆红梅．城镇化水平与城乡收入差距关系研究——基于收入结构视角 [J]．经济问题，2019，（08）：112 - 120．

[32] 强国令，商城．数字金融、家庭财富与共同富裕 [J]．南方经济，2022（08）：22 - 38．

[33] 孙楚仁，田国强．基于财富分布 Pareto 法则估计我国贫富差距程度——利用随机抽样恢复总体财富 Pareto 法则 [J]．世界经济文汇，2012（06）：1 - 27．

[34] 唐任伍，李楚翘．共同富裕的实现逻辑：基于市场、政府与社会"三轮驱动"的考察 [J]．新疆师范大学学报（哲学社会科学版），2022，43（01）：49 - 58．

[35] 万广华，江葳蕤，张杰皓．百年变局下的共同富裕：收入差距的视角 [J]．学术月刊，2022，54（08）：32 - 44．

[36] 万海远，陈基平．收入分配极化的最新变动与成因 [J]．统计研究，2023，40（02）：117 - 131．

[37] 王慧莹，田芝健．以精神生活共同富裕为价值导向的公共文化治理研究 [J]．社会主义研究，2022（04）：107 - 114．

[38] 王小鲁，樊纲．中国收入差距的走势和影响因素分析 [J]．经济研究，2005，（10）：24 - 36．

[39] 魏泳安．精神生活共同富裕：刻度、短板及实现路径 [J]．探索，2022（05）：177 - 188．

[40] 吴文新，程恩富．新时代的共同富裕：实现的前提与四维逻辑 [J]．上海经济研究，2021（11）：5 - 19．

[41] 谢伏瞻．中国经济学的形成发展与经济学人的使命——《中国经济学手册·导言》[J]．经济研究，2022，57（01）：47 - 15．

[42] 谢宇，胡婧炜，张春泥．中国家庭追踪调查：理念与实践 [J]．社会，2014，34（02）：1 - 32．

[43] 谢志华．论收入分配公平和效率的统一 [J]．北京工商大学学报（社

会科学版），2023，38（01）：36 - 46，97．

[44] 邢春冰，陈超凡，曹欣悦．城乡教育回报率差异及区域分布特征——以 1995—2018 年中国家庭收入调查数据为证 [J]．教育研究，2021，42（09）：104 - 119．

[45] 熊小林，李拓．中国居民收入分配差距测算及其影响因素研究 [J]．统计与信息论坛，2022，37（10）：39 - 52．

[46] 徐家鹏，张丹．城镇化转型与中国城乡收入差距的收敛 [J]．地域研究与开发，2019，38（01）：17 - 21．

[47] 许宪春．准确理解中国居民可支配收入 [J]．经济学报，2023，10（01）：1 - 14．

[48] 杨灿明，孙群力，鲁元平．新发展格局中的收入分配政策优化方向与路径——第四届中国居民收入与财富分配论坛综述 [J]．经济研究，2021，56（07）：205 - 208．

[49] 杨灿明，孙群力，詹新宇．社会主要矛盾转化背景下的收入与财富分配问题研究——第二届中国居民收入与财富分配学术研讨会综述 [J]．经济研究，2019，54（05）：199 - 202．

[50] 杨灿明，孙群力．中国财富分配差距扩大的原因分析 [J]．财政科学，2016（12）：5 - 9．

[51] 杨灿明，孙群力．中国居民财富分布及差距分解——基于中国居民收入与财富调查的数据分析 [J]．财政研究，2019（03）：3 - 13．

[52] 杨灿明，孙群力．中国居民收入差距与不平等的分解——基于 2010 年问卷调查数据的分析 [J] 财贸经济，2011（11）：51 - 56．

[53] 杨灿明．社会主义收入分配理论 [J]．经济研究，2022，57（03）：4 - 9．

[54] 杨灿明．实现共同富裕的内在机理与制度支撑 [J]．国家治理，2021（39）：2 - 6．

[55] 杨灿明．在新起点上推进全体人民共同富裕 [J]．国家治理，2022（20）：7 - 11．

[56] 杨灿明．中国共产党百年减贫理论与实践创新 [J]．财政研究，2022（01）：6 - 11．

[57] 杨明月，戴学锋．乡村振兴视域下全域旅游促进共同富裕研究 [J]．当代经济管理，2023，45（03）：11 - 16．

[58] 杨穗，李实．转型时期中国居民家庭收入流动性的演变 [J]．世界经

济，2017，40（11）：3-22.

[59] 杨穗，赵小漫. 走向共同富裕：中国社会保障再分配的实践、成效与启示 [J]. 管理世界，2022，38（11）：43-56.

[60] 杨志勇. 实现共同富裕的税收作用 [J]. 税务研究，2021（11）：5-7.

[61] 易行健，李家山，张凌霜. 财富不平等问题研究新进展 [J]. 经济学动态，2021（12）：124-140.

[62] 郁建兴，任杰. 共同富裕的理论内涵与政策议程 [J]. 政治学研究，2021（03）：13-25.

[63] 袁旭宏，张怀志，潘怡锦，刘思，陈攀. 性别不平等观念束缚了女性就业？来自中国综合社会调查（CGSS2017）的证据 [J]. 中国人力资源开发，2022，39（12）：112-130.

[64] 袁艺，张文彬. 共同富裕视角下中国经济高质量发展：指标测度、跨区比较与结构分解 [J]. 宏观质量研究，2022，10（04）：95-106.

[65] 岳希明，范小海. 共同富裕：不同的收入分配目标需要不同施策 [J]. 国际税收，2022（01）：3-12.

[66] 张丙宣，王怡宁. 转化与回馈：艺术催化乡村共同富裕的实践机制研究 [J]. 中共杭州市委党校学报，2022（06）：36-43.

[67] 张建刚. 实现共同富裕的路径辨析：生产还是分配 [J]. 当代经济研究，2023，（01）：62-70.

[68] 张建华. 一种简便易用的基尼系数计算方法 [J]. 山西农业大学学报（社会科学版），2007（03）：275-278.

[69] 张文宏. 扩大中等收入群体促进共同富裕的政策思考 [J]. 社会科学辑刊，2022，（06）：86-93，209.

[70] 张亦弛，代瑞熙. 农村基础设施对农业经济增长的影响——基于全国省级面板数据的实证分析 [J]. 农业技术经济，2018（03）：90-99.

[71] Anand S. Inequality and Poverty in Malaysia: Measurement and Decomposition [M]. New York: Oxford University Press, 1983.

[72] Ashman, H. et al. (2020), "Can income differences explain the racial wealth gap? A quantitative analysis", Review of Economic Dynamics 35: 220-239.

[73] Benhabib, J. et al. (2017), "Earnings inequality and other determinants of wealth inequality", American Economic Review 107 (5): 593-597.

[74] Piketty, T. & E. Saez (2003), "Income inequality in the United States,

1913 – 1998", Quarterly Journal of Economics 118 （1）： 1 – 39.

［75］ Pyatt G. On the Interpretation and Disaggregation of Gini Coefficient ［J］. The Economic Journal, 1976, （86）.

［76］ Saez, E. & G. Zucman （2016）, "Wealth inequality in the United States since 1913： Evidence from capitalized income tax data", Quarterly Journal of Economics 131 （2）： 519 – 578.

［77］ Tsokhas K. Poverty, Inequality, and Inclusive Growth in Asia： Measurement, Policy Issues, and Country Studies ［J］. Journal of Contemporary Asia, 2013 （1）： 201 – 205.

后　　记

　　《中国收入分配与共同富裕调查报告》（2022年）是在严格遵照国家统计局抽样调查县级抽样框开展抽样，访员经过长期培训，严格进行实地调查的情况下，在收入分配与现代财政学科创新引智基地老师们的共同努力下，历经五个月的时间所完成的。该报告全面、客观地反映了当前我国居民收入与财富的现状，是收入分配与现代财政学科创新引智基地收入分配课题的重要成果之一。

　　《中国收入分配与共同富裕调查报告》（2022年）由中南财经政法大学校长、收入分配与现代财政学科创新引智基地主任杨灿明教授主导，是中南财经政法大学和中南财经政法大学财政税务学院双一流建设的重要组成部分。中南财经政法大学一直秉承着"博文明理，厚德济世"的大学精神，以其深厚的财政领域背景、独特的财政学科优势和出色的行业影响力，为我国经济改革与发展贡献着自己的力量。收入分配与现代财政学科创新引智基地成立十余载，结合学校所拥有的湖北省级重点学科和省级人文社科重点研究基地的优势和特色，集聚了各学院的优秀人才，已经构建起一支专门从事收入分配研究的学术创新团队，为国内的收入分配研究添砖加瓦。

　　该报告涵盖了就业、家庭收入、家庭财富、家庭消费、数字经济与收入分配、当前农村居民的生产与生活、居民主观幸福感与共同富裕八章内容。该报告的形成与各位老师的辛苦努力密不可分。杨灿明教授负责整个调查报告基本框架的确定；万千助理教授负责第一章；孙群力教授负责第二章；万欣副教授负责第三章；李珊珊助理教授负责第四章；邹伟助理教授负责第五章；刘二鹏副教授、张亦驰负责第六章；鲁元平教授负责第七章；高思涵助理教授负责第八章。

　　中国收入分配与共同富裕调查是一项规模浩大的工程，虽穷经皓首，也难尽善其事，敬请各位专家学者批评指正！

收入分配与现代财政学科创新引智基地

2023年3月16日